Ris de veau, curry, Paneer 18 $

Corn flake eel nuggets deux sauces 1

Bagna Cauda & Wing 16 $

Gnocchi de ricotta, queue de veau 14 $

Salade Joe Beef 9 $ 2

Small batch, artisanal, rustic Prosci

Squid farci, homard & Persillade 16

Tuma un petit peu fumée, légumes

Plats ; Quenelle de turbot Nantua. 2

Foie de veau à la Venetienne 25 $

Spaghetti de homard-lobster 49 $

Pétoncles-Pulled Pork 34 $

Filet de Boeuf aux champignons.

Spaghetti aux clams (1re), Sauce r

Joe Beef Ambassador Steak Beau

L'ART DE VIVRE SELON JOE ⚜ BEEF

L'art de vivre
selon

JOE ✤ BEEF

PLUS QU'UN LIVRE DE RECETTES

FRÉDÉRIC MORIN, DAVID McMILLAN ET MEREDITH ERICKSON
Photographies de Jennifer May

TABLE DES MATIÈRES

*L*es gens me demandent tout le temps quel est mon restaurant préféré au monde et je ne leur dis jamais la vérité. Mon restaurant préféré au monde, c'est Joe Beef.

La première fois que je suis allé à Montréal, je me suis immédiatement pointé au bar du Pied de Cochon (PDC), le restaurant phare de Martin Picard. Pendant mon repas, tout le monde me demandait sans cesse : « Es-tu allé chez Joe Beef ? »

PRÉFACE
par David Chang

Le nom Joe Beef était, à mon avis, horrible. Je me disais : « C'est quoi, ce foutu Joe Beef ? Qu'est-ce qu'on y sert ? » J'avais des visions de *sloppy joes*, de viande hachée noyée dans le ketchup et de filets à cheveux. Pire encore, c'était peut-être une de ces grilladeries sombres décorées de velours rouge et de boiseries foncées. Je m'imaginais un truc vraiment mal fagoté.

Quand j'y suis finalement allé, j'ai d'abord trouvé ce restaurant un peu à l'écart, pas très près du centre-ville. Certainement pas chic, ni branché.

Je me suis installé au bar où un colosse trapu écaillait des huîtres. L'ambiance m'a tout de suite séduit. Ça me faisait penser à certains grands restaurants new-yorkais. À une version masculine du Prune, ou encore, au 71 Clinton Fresh Food, du temps que Wylie Dufresne faisait la cuisine. J'ai jeté un œil à l'ardoise, seul endroit où l'on peut voir la carte des vins et le menu. Si vous n'arrivez pas à lire, on vous traitera sans doute de vieux. Le décor a un côté rustique qui fait en sorte qu'on voudrait ne plus jamais quitter l'endroit.

Ce restaurant a une personnalité. Il est vivant. Une denrée rare et souvent éphémère en restauration.

J'ai placé ma commande et lancé à David McMillan le classique: «Hey, je suis aussi un gars de restaurant.» Il m'a regardé et m'a balancé d'un ton plein de méchanceté: «Es-tu un flic?» À l'époque, je ne connaissais pas David. Le Joe Beef était ouvert depuis environ un an et j'ignorais tout de la restauration montréalaise, sauf en ce qui concernait le PDC. Et ce type me questionnait sur ce que je faisais. C'était bizarre et déconcertant. Il a monté le ton: «Pour qui tu te prends, toi?»

Je suis costaud, mais Dave, lui, il pourrait tuer un ours à mains nues. J'étais complètement pris de court. Qu'est-ce que j'avais fait? Il m'a lancé: «Es-tu cuisinier? Qui es-tu? Pour quel restaurant travailles-tu? Ne serais-tu pas ce foutu Chang?»

Je ne savais plus où donner de la tête et juste comme j'allais balbutier mes excuses, il a subitement déposé un verre devant moi, tout en écaillant furieusement une quantité phénoménale d'huîtres, visiblement pour moi, et en marmonnant: «Chang n'y connaît rien. Comme si à Montréal, on ne savait pas ce qui se passe à New York.» Puis, il s'est tourné vers moi et m'a dit: «Je me rends à New York chaque année. Je vais à ton restaurant. Je l'adore. Toi, tu arrives ici, en douce, tu commandes ton repas et tu n'es pas foutu de t'identifier?»

On s'est mis à discuter pendant que je mangeais une montagne d'huîtres. Un verre de vin blanc est apparu près de mon gin, et Dave et moi avons partagé une bouteille de

vin. La soirée serait bonne, il buvait plus que moi.

Alors que j'étais convaincu qu'il était le génie de la place, il m'a dit: «Tu sais quoi? Ce restaurant, ce n'est pas moi, c'est Fred. C'est lui qui cuisine. Je ne fais qu'écailler les huîtres. C'est tout.» J'ai rencontré Fred cette nuit-là; il s'est mis à m'engueuler, ce qui m'a immédiatement plu. Il m'a présenté à son équipe en cuisine – des gens incroyables.

On m'a servi une telle quantité de plats délicieux que je n'ai pu m'empêcher de demander la provenance de chaque aliment. Fred m'a donc amené derrière le restaurant et m'a montré le potager, et d'autres choses qu'on ne peut pas décrire ici, comme où il fait pousser son absinthe.

Le lendemain, j'y suis retourné et j'ai commandé des huîtres. Fred m'a demandé: «Aimes-tu la bavette de bœuf?» J'ai répondu Oui. «C'est ça que tu vas manger alors.»

Épaisse, cuite à point, cette bavette était juste foutument parfaite. Je l'ai dévorée. Puis Fred est revenu me parler. «Tu aimes l'agneau? Je pense que tu aimes.» J'avais la sensation que mon ventre allait exploser. Il m'a lancé: «Je vais te cuisiner de l'agneau.»

Je m'attendais à une ou deux côtelettes, mais c'est un carré d'agneau complet qu'on m'a servi. Je me demandais: «Qu'est-ce qui se passe ici?» Mais c'était parfait et j'ai tout mangé. Nous avons bu jusqu'à ce que la faim me tenaille de nouveau. Puis, je me suis retrouvé avec Fred et son équipe à la cuisine en train de cuire des choux de Bruxelles.

Les nuits chez Joe Beef peuvent être surprenantes…

C'est ainsi que je suis tombé amoureux de l'endroit. Le fait qu'on puisse y admirer les serveuses les plus *sexy* de tous les temps n'y était, hum, pas étranger non plus… D'ailleurs, Fred en a marié une (salut Allison), et une autre a participé à l'écriture de ce livre (salut Meredith). L'équipe s'amusait beaucoup, tout en étant professionnelle et performante. Un restaurant de rêve.

Après avoir quitté Montréal, j'ai appris que Dave et Fred étaient pratiquement des frères siamois. Ils étaient incroyablement calés en cuisine et en vins français. C'était le duo le plus en vue de Montréal. Ce qui me fascinait, c'est qu'ils avaient décidé de quitter les feux de la rampe pour ouvrir ce troquet qui leur ressemblait totalement, où ils pouvaient faire les cons – ou rester fidèles à eux-mêmes –, et fermer quand ça leur chantait. Tout était possible. Vous savez, ils ont une vie hors du commun. Et pourtant, chez Joe Beef, tout est discret. On essaie de travailler le moins possible et le résultat est quand même exceptionnel.

Maintenant, ils possèdent aussi le McKiernan et le Liverpool House. Fred me racontait ses rêves de construction du Liverpool House sur un ton d'extase mystique. Il avait une vision de l'endroit et il m'expliquait sans cesse comment il allait transformer l'arrière-cour de ces bâtiments, à mes yeux dignes

d'un ghetto. Je ne me l'imaginais pas, mais ce qu'ils ont fait est merveilleux.

Tout ce qu'ils entreprennent est remarquable. Quand ils ont un projet, on a l'impression qu'ils le réalisent sans le vouloir, et ça fonctionne. Ils sont si doués qu'ils réussissent. Et ils en font le moins possible. Comme le dit Dave: «Ça me fait chier d'avoir à travailler quatre foutus jours… chiiier. Je veux juste travailler trois jours. Est-ce que j'ai tort?» L'argent, la belle vie, tout ce que je connais en tant que restaurateur et chef new-yorkais, ils l'ont défié – ils ont défié ce que représente le monde de la restauration. Depuis le début, ils ont une vision complètement différente: «Il faut s'amuser. Si jamais ça devient autre chose qu'un plaisir, nous allons tout arrêter».

Beaucoup de gens en disent autant, mais peu y arrivent réellement. Et aucun endroit sur la planète n'arrive

aux chevilles du Joe Beef. Voilà pourquoi cet endroit m'est si cher.

Pour ce qui est des recettes de ce livre, je ne crois pas que quiconque puisse les reproduire comme le font ces types. Mais ça vaut la peine d'essayer. La nourriture, bien sûr, il faut apprendre à la préparer. Il faut aussi apprendre à aimer les trains, à souder, à construire son propre fumoir, comme l'ont fait ces deux gars. Je pense que Joe Beef est imprégné d'une quelconque magie noire montréalaise qui ne fonctionne qu'à cet endroit, en présence de tous ces Québécois un peu fous. Mais bon, après avoir survolé les bonnes recettes, les secrets de cuisine, les histoires drôles et les anecdotes de ce livre, je suis prêt à reconsidérer ma position.

David Chang
New York
Janvier 2011

*L*orsque j'ai accepté de servir aux tables à temps partiel chez Joe Beef, jamais je n'aurais imaginé que, cinq ans plus tard, je finirais par écrire le livre de recettes de la maison. Mais c'est exactement ce qui s'est passé.

INTRODUCTION
par Meredith Erickson

J'ai rencontré Frédéric Morin en 2004, lorsque j'ai commencé à travailler dans un restaurant où il était chef de cuisine. Peut-être était-ce à cause de sa curiosité maladive, de ses passe-temps obsessionnels ou de son sens de l'humour un peu tordu (les employés du Joe Beef ont pratiquement tous été victimes du «codtini», le célèbre cocktail de Fred): peu importe, il m'a tout de suite plu. Je ne connaissais pas très bien David McMillan, mais j'avais entendu des tas d'histoires sur lui. J'étais donc surprise de voir son numéro apparaître sur l'afficheur de mon téléphone à l'été 2005. Il m'a dit: «Viens faire un tour à Saint-Henri. Fred et moi voulons te parler.» Je n'avais aucune idée de quoi il en retournait.

En me garant devant le 2491, rue Notre-Dame O., j'ai vu un gros type assis sur une petite chaise devant un café dont les vitrines étaient recouvertes de papier d'emballage. Il buvait un expresso, le petit doigt bien levé, et lisait la revue d'art *Modern Painters*; à l'arrière, on entendait les actualités de la CBC. Pouvait-il être ce David McMillan dont on prétendait qu'il jetait les aide-serveurs dans des bennes à ordures, calait une après l'autre les bouteilles de chablis tous les soirs et, de façon générale, réussissait soit à terroriser ou séduire complètement son entourage?

En parcourant ce qui allait devenir le Joe Beef, David et Fred m'ont expliqué leur projet et j'ai vu l'endroit se matérialiser devant moi: quatre banquettes ici, un poisson géant monté dans le coin, derrière le bar, le vin entreposé dans une penderie (c'était la seule place qui restait). Une énorme ardoise détaillant les plats et les vins couvrirait tout un mur, et au mur adjacent, on accrocherait douze à quinze tableaux de Peter Hoffer.

Puis David m'a dit: «Nous voulons que tu déniches des informations sur Charles McKiernan (voir p. 6). C'était un homme du peuple qui tenait une cantine au Vieux-Port dans les années 1870. Ses clients étaient des putes, des «rats de quai» et des matelots; c'était une brute qui effrayait tout le monde et son surnom était Joe Beef. C'est le nom que nous pensons donner à l'établissement: Joe Beef. Nous voulons que tu écrives un beau paragraphe sur lui pour le verso de notre (surdimensionnée) carte professionnelle... En passant, veux-tu travailler ici?»

Nous étions adossés au camion de David dans la cour arrière jonchée d'ordures. Allison, la troisième partenaire du restaurant et la blonde de Fred (aujourd'hui sa femme), était venue nous rejoindre. Elle était organisée, calme, tranquille, rusée lorsqu'il était question d'argent et propre, c'est-à-dire qu'elle n'était pas recouverte de bran de scie, de peinture, de marc de café et de fèves au lard cuites. Elle s'occuperait d'embaucher le personnel de la salle à manger et de faire la comptabilité (un poste peu enviable). Elle était, et est toujours, une des héroïnes sans gloire de cette histoire. Elle m'expliquait ses exigences lorsque Fred s'est interposé: «Voici l'endroit où sera le potager.» Nous avons mangé et ri ensemble chez Bonnys (qui, aujourd'hui, a cédé sa place au McKiernan), et j'ai accepté de travailler chez Joe Beef deux ou trois soirs par semaine (ou ce que mon travail de jour dans l'édition me permettrait de faire).

J'ai commencé chez Joe Beef comme serveuse le jour de l'ouverture

et j'y suis restée presque cinq ans. J'adorais les gens avec lesquels je travaillais, les plats français que nous servions, les conversations avec David sur l'art, la littérature et la musique rap, et le fait que j'avais sa permission de signifier à certains clients dédaigneux qui faisaient la vie dure au personnel que ce restaurant n'était peut-être pas pour eux. Travailler pendant cinq ans au même restaurant, ce n'est vraiment pas normal. Mais demandez pourquoi j'y suis restée si longtemps et on vous répondra que c'est parce que le Joe Beef n'a rien d'un restaurant normal.

L'ambiance qui règne chez Joe Beef est unique: c'est à la fois celle d'un temple culinaire sacré et celle d'une émission survoltée pour enfants hyperactifs. De 14h à 2h, cinq jours par semaine, les cuisiniers se promènent d'un restaurant à

l'autre, parlant un mélange d'anglais et de français. À tout moment, les employés peuvent s'amuser à rempoter des fougères, faire fumer du *baloney* ou coudre minutieusement des boyaux à saucisses. À l'ouverture du restaurant, il n'y avait rien dans le quartier de la Petite Bourgogne, sauf une gargote et quelques antiquaires discrets. Il y eut un temps où, en jetant un regard par la fenêtre, on ne voyait que la poussière soulevée par le vent et quelques paumés qui squattaient les portes de magasins abandonnés.

Aujourd'hui, c'est nous qui sommes devenus les squatteurs de la place. Il n'y a qu'à regarder nos trois établissements: le Joe Beef, un restaurant très achalandé qui sert une cuisine française du marché et novatrice; le Liverpool House, une taverne; le McKiernan, un casse-croûte.

Ce cliché du petit coin décrépit entre le McKiernan et le magasin voisin est une belle métaphore visuelle de notre établissement : le but était de créer quelque chose de grand dans un petit espace. Comme le dit Fred, c'est comme construire un bateau dans un appartement juste pour s'amuser : on sait qu'il ne passera jamais par la porte, mais on y prend quand même plaisir.

UN MOT DE FRED SUR LA BALANCE

JE VOUDRAIS AVOIR LA VERVE D'ANTHONY ROBBINS afin de vous convaincre d'acheter une balance métrique à 20 $. Même si toutes les recettes de ce livre donnent les mesures impériales de volume et de poids, il est plus précis de peser les ingrédients en grammes sur une balance fiable.

Je ne tente aucunement d'imposer les mesures métriques. J'adore utiliser les pouces et leurs fractionnements pour travailler le métal ou le bois. Je cours cinq milles et cela me convient aussi. Toutefois, les onces liquides et solides et les livres me compliquent la vie. Avec les grammes, tout devient simple et précis. Pourquoi pensez-vous que les trafiquants de drogue utilisent les grammes pour peser leur marchandise?

À l'époque du *foodisme*, où nous avons tous (ou souhaitons tous avoir) des couteaux d'acier Damas, un batteur sur socle et une trancheuse de haricots, on méprise la balance. Pourtant, elle n'est ni coûteuse ni compliquée. En revanche, un livre de recettes, c'est cher, et s'engager dans un rond-point, c'est compliqué.

Optez pour une balance électronique. J'en ai acheté une en solde à 11 $ dans un grand magasin et elle est aussi précise que la balance de bijoutier de mon *dealer* de truffes.

Pesez l'aliment sur une feuille de papier, c'est plus facile de le déplacer de cette façon. Après chaque utilisation, remettez le compteur à zéro et nettoyez la balance.

J'aime décrire Fred et David comme de fructueux sophistes. Ils sont doués et savent utiliser leurs multiples intérêts dans le but d'assurer le succès de leurs restaurants. Le Joe Beef est un univers en soi. Et on pourrait voir les chapitres de ce livre comme les planètes en son orbite. Chacun représente une facette du restaurant, un élément physique, comme le jardin ou le fumoir, ou une des obsessions de Fred ou David. Pour David, il y a le chapitre 2, *Les bâtisseurs, les brasseurs, les banquiers et les gangsters: une courte histoire de la restauration à Montréal* (p. 45). Pour Fred, c'est le chapitre 3, *Prendre le train!* (p. 81).

En parlant de son ami, David affirme: «Fred prépare des plats que j'ai toujours envie de manger, même si je l'ignore parfois.» J'ai le même sentiment lorsque je pénètre dans un des restaurants et que je jette un coup d'œil à l'ardoise. Le menu est renouvelé chaque semaine depuis le début, avec cinq ou six nouveaux plats chaque fois. Pour choisir les recettes de ce livre, Fred, David et moi avons parcouru les brouillons d'anciens menus proposés au cours des ans. À partir d'une liste de (à vue de nez) près de 2000 plats, nous avons choisi 125 recettes susceptibles de plaire aux gens. C'était aussi l'occasion de transcrire pour la première fois les recettes sur papier. En raison de la petitesse du commerce et de la fiabilité du personnel, nous n'avions jamais pris la peine d'écrire nos recettes (sauf quelques-unes qui ont été publiées dans des journaux et des magazines ou diffusées à la télévision). C'était un énorme défi de mettre par écrit ces recettes et de les tester pour les amateurs de bonne bouffe.

Ce livre de recettes est né d'un véritable effort collectif. Fred et David ont chacun dicté la moitié des chapitres et j'ai fait de mon mieux pour coucher par écrit leurs personnalités plus grandes que nature. Les recettes ont été élaborées par Fred et David, mais l'âme de chacune d'entre elles, c'est Joe Beef. Chaque recette correspond au chapitre dans lequel elle se trouve. Par exemple, au chapitre 3, *Prendre le train!*, vous trouverez la recette du *Foie de veau comme dans un wagon restaurant* (p. 95), que Fred a concoctée d'après un plat tiré d'un ancien menu du Canadien National. Le *smörgåsbord* gargantuesque (encart) appartient au chapitre 4, *Le casse-croûte maritime*. Quant au chapitre 1, *La naissance d'un tout petit restaurant au milieu de nulle part* (p. 11), il regroupe tous les plats classiques du Joe Beef, comme le spaghetti au homard-lobster.

Vous trouverez également dans ce livre de curieux petits textes qu'on ne trouve habituellement pas dans un livre de recettes. Ainsi, *Anecdotes sur le goût et quelques théories* (p. 166) est un texte malicieux rempli de théories, de conjectures et d'insultes. On y trouve les recettes de base du Joe Beef: le *Jus de peau de poulet* (p. 174), la *Mayonnaise* (p. 175) et la *Sauce hollandaise facile* (p. 177), entre autres. Ce livre s'inspire aussi des exemplaires du *Reader's Digest* et du *Harrowsmith* de nos parents en proposant des «recettes» d'un tout autre genre pour les gens qui ne mettent jamais les pieds dans une cuisine: *La construction de son propre fumoir* (p. 146) et (en théorie bien sûr…) *La préparation d'une absinthe maison* (p. 234). Et pour ceux qui habitent un univers parallèle au nôtre (ou un quartier défavorisé), il y a le chapitre 6, *Aménager un potager au milieu d'une piquerie* (p. 183).

Chaque chapitre aurait pu devenir un livre à part entière. *L'art de vivre selon Joe Beef*, c'est notre appréciation de la nourriture, des vins et des spiritueux; une description de quelques-unes de nos expériences uniques; et une collection de recettes que nous aimons préparer et manger. Nous avons tenté de représenter notre minuscule restaurant le mieux possible afin que vous puissiez saisir toute l'ampleur de son style, de son ambiance et de son humour. C'est un ouvrage complexe qui a pour objectif de rendre la vie plus facile. Ce n'est pas qu'un simple livre de recettes, c'est un guide sur l'art de vivre: l'art de vivre selon Joe Beef.

JOE BEEF DE MONTRÉAL

La classe ouvrière et la taverne, 1869-1889*

PAR PETER DELOTTINVILLE

CHARLES McKIERNAN EST NÉ le 4 décembre 1835 dans une famille catholique du comté de Cavan en Irlande. Après une formation à l'école d'artillerie Woolwich, il a rejoint l'armée britannique et a été affecté à la 10ᵉ brigade du *Royal Regiment of Artillery.* Pendant la guerre de Crimée, le talent de McKiernan pour débusquer de la nourriture et un abri lui a valu le surnom de «Joe Beef», qui lui est resté jusqu'à la fin de sa vie. En 1864, la brigade de McKiernan est envoyée au Canada pour appuyer les forces britanniques à Québec. Alors sergent, McKiernan était responsable de la cantine militaire à la caserne de Québec et, plus tard, à l'île Ste-Hélène. Même si la vie militaire lui paraissait préférable à son avenir en Irlande, il était tenté par ce que lui offrait la vie en Amérique du Nord. En 1868, il a obtenu son licenciement de l'armée et s'est installé avec sa femme et ses enfants à Montréal, où il a ouvert la taverne *Crown and Sceptre* sur la rue Saint-Claude.

En s'installant à Montréal, McKiernan s'est joint à la communauté irlandaise déjà bien établie : elle représentait alors 20 % de la population totale. Regroupés à Griffintown, les Irlandais, pour la plupart de classe ouvrière, avaient leurs propres églises, sociétés nationales, œuvres de bienfaisance, chefs politiques et hommes d'affaires. En tant que propriétaire de taverne, McKiernan occupait une profession populaire : la ville comptait en effet un permis d'alcool pour 150 habitants. Vu le nombre grandissant de tavernes, un sympathisant antialcool a déclaré à l'époque que, si la tendance se maintenait, Montréal était destinée à devenir «la ville la plus ivre du continent». La taverne *Crown and Sceptre*, communément appelée la

«Cantine de Joe Beef», était très bien située, avec Griffintown et le canal de Lachine à l'est et les vastes arsenaux maritimes qui s'étendaient de part et d'autre. Les affaires étaient bonnes pour McKiernan.

Malgré le grand nombre de tavernes, la cantine de Joe Beef avait une ambiance unique et une excellente réputation. Située dans le quartier des entrepôts au bord de l'eau et repérable la nuit grâce à une seule lumière pâle qui éclairait la porte, la cantine abritait un assortiment d'objets exotiques et ordinaires. Un visiteur l'a un jour décrite comme étant «un musée, une scierie et une distillerie de gin réunis par un tremblement de terre ; tout était confusément mélangé». Le bar était meublé simplement, avec des tables et des chaises en bois, et le plancher était recouvert de bran de scie pour faciliter le nettoyage. D'un côté du bar, on empilait de grandes quantités de pain, de fromage et de bœuf en guise de repas simples pour les clients. Derrière le bar, un grand miroir reflétait un assortiment de bouteilles, de boîtes à cigares et de curiosités diverses. Dans un bocal placé bien en vue, on avait déposé un morceau de bœuf qui s'était fatalement logé dans la trachée d'un malheureux client. Avec son esprit vif, McKiernan savait charmer sa clientèle. C'était un personnage imposant doté d'une allure militaire et d'un sale caractère : les bagarres et les querelles lui posaient peu de problèmes.

La cantine de Joe Beef accueillait une clientèle particulière et McKiernan lui-même parlait de son établissement comme de la « Grande maison des gens vulgaires ». C'étaient des gens issus de la classe ouvrière pour la plupart : ouvriers du canal, débardeurs, matelots et ex-militaires comme McKiernan lui-même étaient les piliers du commerce. En plus de ces ouvriers des quais, la cantine de Joe Beef comptait dans sa clientèle des gens de la côte atlantique. W. H. Davies, dans son *Autobiographie d'un clochard*, affirmait que « pas un clochard de tout le continent nord-américain […] n'ignorait l'existence de [la cantine de Joe Beef] et beaucoup étaient clients à un moment ou à un autre ». La taverne de McKiernan était aussi un point de rencontre bien connu pour les « rats de quai », qui

JOE BEEF

OF MONTREAL

The friend of the working man.

vivotaient entre les petits boulots et la pauvreté. Les journalistes venaient faire un tour pour se renseigner sur les petits malfaiteurs qui se mêlaient à la foule. Les chômeurs passaient tôt le matin à la recherche d'un emploi et y restaient souvent toute la journée en espérant finir par se faire embaucher. C'était somme toute une clientèle peu respectable, sans doute mal vue par les artisans plus dignes du voisinage.

Pour la classe ouvrière montréalaise, la taverne offrait d'autres attraits que la nourriture et la boisson. Il n'y avait pas de parc public dans le voisinage immédiat et les fêtes organisées par les sociétés nationales et les paroisses étaient peu nombreuses. Les principales activités récréatives avaient donc lieu dans des endroits comme la cantine de Joe Beef. La taverne de McKiernan était exceptionnellement riche en loisirs populaires. De temps en temps, on

exhibait une ménagerie de singes, de perroquets et de fauves dans la cantine, mais c'étaient les ours qui attiraient les foules. Le premier ours de Joe Beef, une femelle surnommée Jenny et déclarée « unique captive » de l'expédition « courageuse » de 1869 aux Territoires du Nord-Ouest, était complètement ivre à la fin de la journée pendant les trois dernières années de sa vie. Un de ses oursons, Tom, avait hérité de la faiblesse familiale. Il consommait quotidiennement 20 chopines de bière et était souvent « ivre comme un chargeur de charbon » à la fermeture. En effet, Tom était un habitué, généralement assis sur son arrière-train avec sa chope entre les pattes, qu'il calait sans en gaspiller une seule goutte. On avait toujours prétendu que l'alcool transformait les hommes en bêtes, mais en observant les manières de Tom, Joe Beef pouvait constater que le contraire était possible. D'autres ours étaient gardés au sous-sol et les clients pouvaient les observer par une trappe dans le plancher du bar. Parfois, McKiernan faisait monter les ours et les laissait se

bagarrer avec les chiens ou jouer une partie de billard avec le propriétaire…

Malgré sa faible scolarité, Charles McKiernan se considérait comme quelqu'un d'instruit et lisait couramment le *New York Journal*, le *Irish American*, le *Irish World* et les journaux locaux. Il employait un musicien pour divertir les clients, même si son permis l'interdisait. Parfois, les habitués jouaient au piano de la taverne. McKiernan, toutefois, était souvent au centre des divertissements. En comptant sur son expérience personnelle et ses lectures variées, McKiernan aimait débattre des sujets du jour ou amusait les clients en leur lisant des poèmes humoristiques de son cru. Il était remarquablement habile pour discourir en vers pendant des heures. Pour ce faire, il modifiait parfois la prononciation de certains mots, et ses propos pouvaient devenir pratiquement incompréhensibles. Certains clients de classe moyenne détestaient sa façon de parler, mais les habitués prenaient manifestement plaisir à ses exploits de rhétorique. Derrière le bar, deux squelettes pendaient au mur et servaient d'accessoires pour les contes de McKiernan. Ils représentaient tour à tour les restes mortuaires de la première femme de McKiernan, sa parenté en Irlande ou un malheureux adepte de la sobriété qui était un soir entré dans sa cantine par erreur.

* Extrait de : DELOTTINVILLE, Peter. *Joe Beef de Montréal : La classe ouvrière et la taverne, 1869-1889*. Labour / Le Travail, Amérique du Nord, 8 juin 1981.

Joe Beef's Death

Fifty years ago, The Gazette reported a great loss to the city of Montreal. "Joe Beef," who had fed and housed more down-and-outers than he could count, and to whose establishment many men alive to-day were taken by their fathers to see the bears (while the fathers enjoyed themselves in other ways), was a Montreal character whose fame extended far beyond the limits of the Dominion. His waterfront saloon was patronized by bums, as he openly termed many of his patrons, as well as other more or less respectable drinkers of his day. In addition to the bottles and the beer barrels which graced his establishment, bread was piled up on the bar and there was soup and other provender.

"Joe" was a powerful man who would stand little nonsense at the expense of himself and his house, but he had a kindly feeling for the unfortunate and seldom denied food to a man down-and-out. In a pit in the centre of his taproom was a big bear, chained to a pole, up which it was wont to climb for the amusement of spectators. Visitors from the United States, other parts of Canada and Great Britain frequently went down to the wharf to see "Joe Beef's." Indulgent Montreal fathers would take their small boys to see the bear and gaze in awe upon the frowsy customers, who were always present. On one occasion the bear, which was as independent as the proprietor, jabbed at a child and scratched its fingers. "Joe" brought Bruin back to reason with a shot from a blunderbuss, into the ground of the pit, of course. The roar of the firing-piece was louder than the answering roars of the bear, and was effective, for the indignant animal settled down to its customary task of dancing on its hind feet and climbing the pole for the benefit of the visiting onlookers. After "Joe's" death, the tavern became the Salvation Army Lighthouse. One of his sons is living in Montreal today, a blacksmith on Vitre street.

The Gazette of January 16, 1889, reported Joe Beef's death as follows:

"JOE BEEF" DEAD.

A City Character Gone to His Rest.

Yesterday evening Mr. Charles McKiernan, proprietor of "Joe Beef's Canteen," died suddenly from what is thought to have been heart disease. The deceased was formerly in the Imperial Artillery and saw service in the Crimea. It was there that he received the name of Joe Beef. He made a capital forager and could find beef when no one else could; hence the name. Twenty-five years ago, when the Royal Artillery came to Canada, he accompanied them, and was canteen sergeant on St. Helen's island for about two years. He then procured his discharge and opened a restaurant named the Crown and Sceptre on Claude street. When the street was widened he removed to his present quarters on Nos. 4, 5 and 6 Common street.

Two Days I[n]

His[tory]

Janua[ry]

1840—Death at [...]
land, of Rt. R[...]
Macdonell, Rom[an]
Bishop of Kingst[on]

1876—Halifax [...]
sued.

1879—Hon. J. [...]
transferred from [...]
Ontario to Supr[eme]
Canada.

1898—Hon. Fra[...]
appointed Judge [...]
Court of Quebec [...]

1902—Death of [...]
Prowse, senator [...]
ward Island.

1902—Supreme [...]
ada upheld pro[...]
Prince Edward I[...]

1907—E. W. P[...]
appointed judge [...]
Court, Montreal.

1921—Death of [...]
Gage, Toronto, [...]
upon tuberculosi[s]

1929—Death o[f]
Warburton, Pren[...]
Edward Island, [...]

1930—Hon. A[...]
judge of Appeal, [...]
ferred to Supr[eme]
Canada.

1932 — Premie[r]
Manitoba propos[...]
three central pro[...]

1936—Levy of [...]
Ontario announc[...]

1936—Hon. Th[...]
sworn as Premier [...]
ward Island.

1938—J. L. Bar[...]
M.P. for Champl[...]
Legislative Counc[il]

Januar[y]

1808—Sir Geor[ge]
pointed Lieutenan[t]
Nova Scotia.

1832 — Tracy [...]
Montreal editors, [...]
islative Council [...]
ada.

1838—Militia oc[...]
land and Macken[zie]
was no more.

1852—Trinity C[...]
opened by Bisho[p]

1896—Dominion [...]
stituted; A. R. D[...]
Minister of Ju[...]
Charles Hibbert [...]
Charles Tupper [...]
retary of State; [...]
ter, Finance; H[...]
Trade and Com[...]
G. Haggart, Post[...]
Hon. W. H. Mor[...]
ture; and Alpho[...]
Militia.

1896 — Genera[l]
Manitoba; Green[...]
istry sustained.

1899—Death o[f]
Chiniquy, tempe[...]

1901 — Manitob[a]
took over North[...]
ways in provinc[e]

1902—Hon. Ja[...]
sworn as Ministe[r]
Fisheries.

1904—Hon. H. [...]
sworn as Minist[er]
and Canals.

1907—Hon. Joh[n]
Dan. Gillmor (N[...]
Hon. George W. [...]
Beith (Ontario), [...]
eau (Nova Sco[...]
Senate.

1910 — Acade[...]

*L*a Petite Bourgogne était un refuge. Pour nous évader de notre ancien lieu de travail, Fred et moi nous promenions dans Montréal, nous arrêtant dans les quincailleries, les marchés, le quartier chinois et les petits restos. On flânait parfois dans les boutiques de bric-à-brac, ou l'on faisait une rafle à l'Armée du Salut. Peut-être échafaudions-nous déjà l'idée d'un restaurant, ou peut-être n'avions-nous besoin que de nous éloigner un peu de la scène de ce resto où nous travaillions, boulevard Saint-Laurent. Nous étions toujours à farfouiller partout pour trouver de la vaisselle ancienne, des fourchettes à huîtres, du crabe royal d'Alaska vivant, des chaises merdiques, des armoires à pharmacie ou encore l'ultime sandwich à la mortadelle. Tous les chemins menaient à la Petite Bourgogne.

CHAPITRE 1
LA NAISSANCE D'UN TOUT PETIT RESTAURANT AU MILIEU DE NULLE PART

Située au sud-ouest de Montréal et bordant le canal de Lachine, la Petite Bourgogne fut ainsi nommée dans les années 1700 par les colons français et doit son nom à sa ressemblance avec son homonyme en France. Installée sur un plateau, au sud du mont Royal et juste au nord du fleuve Saint-Laurent, elle loge les dépôts du *Canadian National Railway* et l'usine de *Canadian Steel*. Elle était et demeure essentiellement un quartier ouvrier. Ces dix dernières années, dans les publications locales, la Petite Bourgogne a été présentée comme un quartier à l'avenir prometteur, mais pour des raisons à la fois évidentes et obscures, son potentiel se développe lentement.

La rue Notre-Dame en est la voie principale. Elle regorge d'inimitables individus, d'édifices historiques et d'attrayantes boutiques – dont l'incroyable *Grand Central Antiques*, de l'éclectique et aujourd'hui tristement disparu *Arcadia*, du bric-à-brac de la dame irlandaise et du magasin *All Things Vintage*. Tout près se trouve l'antiquaire, Madame Cash, qui s'est méritée ce surnom dans les années 1960 en encaissant les chèques du gouvernement pour les résidents du quartier. En face se dresse le majestueux Théâtre Corona. Ella et Oliver Jones y ont joué, de même qu'Oscar Peterson, né dans la Petite Bourgogne. Au coin se trouve l'incontournable marché Atwater. Tout dans ce quartier parle pour lui.

Au milieu se trouvait le Café Miguel, diamant (très) brut situé au 2491, rue Notre-Dame O., propriété d'un homme-troll passif-agressif. Il préparait six sandwiches d'enfer et des expressos aussi forts que bons. Mais en dépit de ses ambitions louables d'avoir un petit restaurant, il s'est vite attiré des ennuis – les trolls, hélas, ne font pas de bons restaurateurs. Ses problèmes furent l'occasion qu'il nous fallait; et Allison, Fred et moi nous sommes mis à réfléchir. On savait cuisiner, on savait de quoi devrait avoir l'air le resto et, intuitivement, nous étions convaincus d'attirer les gens vers la Petite Bourgogne. Mais il y avait du boulot.

D'abord, le café avait l'air d'un dépotoir, comme d'un cochon sale portant une robe, trop d'accessoires et du parfum. Endroit à la carcasse solide, quoique dégoûtante, il était meublé de tables IKEA, de chaises d'écoliers et d'un tableau noir dont le menu était plein de fautes d'orthographe. Il y avait une gazinière, une friteuse, une hotte, une machine à expresso et une vraie cheminée. Nous serions acquéreurs d'un squelette de restaurant, ce qui n'était pas si mal puisqu'on n'avait très peu d'argent.

La cour était pleine de graffitis, de mégots, de bouteilles de bière, de sachets de plastique et de ce que Fred croyait être des déchets industriels. La clientèle consistait en restaurateurs de vieux meubles et antiquaires – somme toute des gars aux doigts jaunis qui puaient le diluant à laque. Allison, Fred et moi nous sommes réunis dans mon camion, dans la cour, pour discuter de la décoration du resto, de la bouffe qu'on y servirait et de qui on allait harceler – ou terroriser – pour de l'aide, afin de le faire décoller. On se demandait comment s'y prendre, et avec raison : des talents d'organisateurs, on n'en a aucun. N'importe qui vous le dira : nous avons autant d'attention qu'un furet bourré d'amphétamines.

À tout le moins Fred et moi. Allison, elle, est la voix de la raison. On a donc rencontré trois de nos amis qui sont dans la finance, Ronnie Steinberg, Jeff Baikowitz et David Lisbona, afin d'évaluer le projet. On se souvient seulement que la rencontre était ennuyante, et qu'après cinq minutes, je portais un casque de baseball (déniché sur une tablette tout près), poursuivi dans la salle conférence par un Fred sans chemise. Conclusion : Ronnie, Jeff et David nous ont convaincus que ça marcherait (à condition d'être économes), et ont accepté de s'associer à 10 %. Jeff nous a plus tard avoué avoir conseillé à Ronnie et David d'investir seulement une somme qu'ils étaient prêts à ne jamais plus revoir.

Ils sont toujours nos partenaires et si ce n'était d'eux, rien de tout ceci ne serait possible. David Lisbona affiche aujourd'hui, sur les murs de son bureau, 75 coupures de journaux laminées sur Joe Beef, à côté d'une photo de ses gamins. Leur fierté et leur foi en nous sont stupéfiantes.

CONSTRUIRE LE JOE BEEF

Ça nous a pris deux mois. On a tout fait pour y arriver. Le restaurant s'est monté avec de l'amour, environ 20 paquets de lambris, et la générosité et l'attention infinies d'amis. Mathieu Gaudet, un sculpteur montréalais de Saint-Henri et un ami, a construit, entre autres choses, nos tables. Au premier coup d'œil, on dirait de l'ébène et de l'acajou, mais c'est en fait du MDF (panneaux de particules) et du contre-plaqué avec plusieurs couches de vernis. Il a aussi construit le bar à partir d'un vieux plancher de ferme, sur lequel il y avait sûrement quinze bonnes couches de peinture à base de plomb.

(Ne craignez rien, c'est scellé ; manger au bar du Joe Beef ne rend pas fou.)

Nos belles chaises de taverne, on les a trouvées par hasard. Nous les avons aperçues un jour en conduisant et nous nous sommes arrêtés pour demander au gars combien il voulait. Il nous a dit 20 $ – pas par chaise, pour tout le lot.

Notre ami Peter Hoffer nous a fait un superbe montage de ses peintures : une vingtaine de petites toiles abstraites et de paysages montés sur un mur. Nous avons toujours aimé son esthétique, qu'il s'agisse d'arbres du Québec ou de filles sans chemises. Ses œuvres sont parfaites dans cet environnement rustique et donnent l'impression d'avoir toujours été là.

Le farfelu et un peu dingue Joe Battat, un autre de nos amis et clients favoris, est un jour apparu dans la salle à manger avec une tête de bison géante. Elle a l'air vraie et fait au moins la moitié d'une Honda

Civic. On l'a foutue sur le mur de la salle de bains, où elle épouvante les gosses depuis.

Il y a environ deux ans, un de nos clients, Howie Levine, a donné à Fred une machine à pets avec commande à distance. Fred l'a immédiatement cachée dans une des oreilles du bison ; dès que quelqu'un allait à la toilette et fermait la porte, il s'acharnait alors sur la télécommande et attendait de voir sortir le client, hébété et confusément humilié.

Dans cette pièce sont aussi fièrement affichées des photos prises par Joe Battat aux concerts de Bob Dylan et de Neil Young, et la porte est couverte de vieilles plaques d'immatriculation du Québec, de permis de pêche et de panneaux routiers. Par un heureux hasard, tout ce bazar insensé semble cohérent.

Les gens arrivent encore avec de vieux objets chargés de nostalgie qui s'accordent avec le décor – des trucs trouvés dans des braderies, le grenier de grand-mère ou au fond du garage. On a ainsi hérité d'un barracuda attrapé par un politicard québécois, de candélabres vikings, de têtes d'ours, d'une superbe annonce sur la béatification de notre très estimé frère André, d'os de baleines, d'un trophée (du plus gros mangeur : Kevin), de photos d'oncle Jack pêchant le saumon en Colombie-Britannique, et de verres en forme de femme nue.

Autrement dit, l'ambiance y est pour beaucoup chez Joe Beef. L'éclairage, la musique et ce qu'il y a sur les murs sont très importants pour nous. Le vin et la bouffe ne sont pas tout. Un bon restaurateur est aussi un touche-à-tout.

On voit ça tout le temps en restauration : la cuisine est bonne et la carte des vins géniale, mais les chaises sont nulles, les tableaux infects et comme musique de fond, on a droit au CD du Café Del Mar qui tourne en boucle. Vous pouvez être un bon cuisinier ou même un grand chef, cela ne fait pas de vous un restaurateur. Il faut d'autres domaines d'intérêts, et il faut lire.

Fort heureusement, Fred, Allison et moi sommes passionnés par les mêmes choses : une chaise Adirondack parfaite, une banquette en vinyle rouge à rivets de laiton, un joli comptoir pour bar à huîtres, de vieux éviers en fonte émaillée,

des lampes fluo, une machine à café Rancilio amochée. On aime le bois, la vieille peinture et une simple touche campagnarde. C'est la raison pour laquelle on aime tant le Maine, Gaspé et Kamouraska. J'ai eu tellement de mauvaises expériences avec les designers les plus en vue de Montréal, qui n'arrivaient tout simplement pas à me dessiner un poste de travail adéquat, que j'ai fini par acheter une vieille armoire à pharmacie pour le Joe Beef. Les étagères, Les tiroirs et les bouteilles de verre, dans lesquels il y avait naguère des tampons, contiennent maintenant des couteaux. Ça marche bien, et elle s'intègre parfaitement. À mesure que le Joe Beef prenait forme, c'était l'impression générale : comme si tout avait toujours été là.

Les gens pour lesquels nous travaillions avant n'ont jamais rien compris à notre cuisine, mais

les clients, si. L'expérience a été profitable, mais ce n'était simplement pas pour nous. Notre nouveau projet, nous le voulions différent de ce qu'on avait fait avant. Un petit bistro tout simple, assez semblable à celui de Sam Hayward, le Fore Street, à Portland (Maine), et de son excellente cuisine du terroir.

On s'imaginait aller au marché et acheter nos produits tous les jours. Je m'occuperais m'occuper de la cuisson des viandes, Fred des hors-d'œuvre et des légumes, et puis on ferait la vaisselle… ensemble. Allison dirigerait la salle à manger et John Bil serait barman et ouvrirait à l'occasion les huîtres. Nous serions ouvert le midi. Le vin le plus cher coûterait 70 $. Fred proposerait un plat de homard au menu, plus pour lui que quiconque d'ailleurs. On croyait servir un ou deux spaghettis au homard par jour, pas plus.

Tout ce qu'on voulait c'était vendre quelques huîtres, un peu de poisson et un peu de steak.

Le jour de l'ouverture, le restaurant était bondé. Tout a bien roulé. Le seul truc idiot, c'est que Fred et moi avons décortiqué des fèves dans la cour pendant trois heure, et on a vraiment cru que ça allait être comme ça tous les jours. Le lendemain, on a compris qu'il nous fallait un meilleur lave-vaisselle. À 16 h, on a réalisé qu'on était là depuis 9 h et qu'on voulait rentrer à la maison. Un moment fort fut, un midi, d'observer M. Barber, *gentleman-farmer* vêtu d'une tenue de chasse ultra-classique, manger du crabe d'Alaska en buvant du meursault. C'est ainsi que le service du midi chez Joe Beef a disparu aussi vite qu'il était apparu.

Au début, nous pensions servir les antiquaires et autres résidants du canal de Lachine. En fait, nos anciens clients nous ont suivis et certains étaient prêts à payer pour des homards de deux livres, du bœuf de grain, des champagnes de petits producteurs et des bourgognes premier cru. C'était excitant pour Fred de préparer tous ces plats, et moi, j'étais ravi de travailler avec des négociants en vins privés qui auraient refusé de traiter avec nous sur Saint-Laurent. On avait la chance d'approcher des fournisseurs modestes parce que le contexte était différent. Soudainement, ces petits importateurs voulaient non seulement vendre au Joe Beef, mais ils fréquentaient aussi l'établissement!

On n'a jamais expérimenté avec le concept de la cuisine chez Joe

Beef. Bien sûr, la bouffe a évolué d'une certaine manière, mais elle a toujours été celle qu'on voulait servir au premier jour. Véritable cuisine du marché bocusienne-lyonnaise, elle nous permet de tourner avec les produits saisonniers, ce qu'un menu imprimé rendrait impossible. Bien que certains se soient plaints d'un «manque de présentation» ou d'une cuisine «trop simpliste», nous avons commencé à récolter les bonnes critiques et à gagner nos galons très tôt après l'ouverture. Des chefs de tous les coins des États-Unis se sont présentés à nos portes.

Un soir, Fred a remarqué un type dépenaillé, américain d'origine coréenne, qui commandait tout ce qu'il y avait au menu. Ô surprise! c'était David Chang, propriétaire du Momofuku à New York.

Envolé pour Montréal, atterri, deux soirs plus tard, il était assis au bar du Joe Beef. La semaine se passa dans un brouillard de bouffe, de vin et de nuits sans fin et depuis, David est devenu un bon ami et un inconditionnel du Joe Beef. Ce soutien a tout changé et nous semblons faire maintenant partie de l'itinéraire culinaire nord-américain. Nous lui en sommes absolument reconnaissants. Et nous sommes vraiment heureux de venir travailler tous les jours.

LE LIVERPOOL HOUSE

Six mois après l'ouverture du Joe Beef, le resto affichait complet un mois d'avance. Cet achalandage peut sembler enviable, mais vu la taille de l'endroit, la gestion des réservations était un cauchemar. Chaque jour, au

téléphone, on devait dire non à tous ces gens qui étaient là à nos débuts, nos mères comprises.

Quand notre propriétaire et ami Danny Lavy nous a annoncé, deux ans plus tard qu'un espace-resto se libérait à deux portes de là, on a sauté sur l'occasion. «Plus de tables et d'espace pour notre foutoir du sous-sol», avons-nous cru.

Le 2501, rue Notre-Dame O. est un magnifique édifice victorien. Il a une entrée double et ressemble de l'extérieur à deux bars laitiers côte à côte. Quand on a signé le bail, l'intérieur était une catastrophe. Du papier peint à fleurs recouvrait les fils électriques et un grillage qui se voulait moderne décorait le plafond. On a évacué quatre chargements de déchets, puis on a repeint les murs et les planchers du vert original du *Canadian National Railway*. On a travaillé sans interruption pendant cinq ou six semaines et à l'exception de la chute de Pelo (un des premiers cuistots chez Joe Beef) à travers le plancher, directement dans la cave, tout s'est assez bien passé.

Dès le début, le Liverpool House possédait une touche plus féminine que le très masculin Joe Beef. Il y régnait cependant une odeur qui n'avait rien de féminin. Ça nous a pris quelques semaines pour trouver la coupable : une moufette morte sous la réserve. Comme tous les animaux morts, elle s'était décomposée rapidement, à l'exception de ses glandes anales. Chaque fois qu'un client entrait, on priait pour que l'odeur passe inaperçue. Mais bien sûr, tout le monde la remarquait. Ça empestait! On a donc appelé monsieur Caron, nettoyeur

spécialiste des scènes de crime, des installations clandestines, et parfois, des endroits aux prises avec une moufette. Il est venu avec son épouse (qui l'appelle aussi monsieur Caron) et nous a aussitôt déclaré: «La bonne nouvelle, c'est que vous n'avez pas de moufette vivante. La mauvaise, c'est que vous en avez une morte.» Il a tout essayé, du parfum au patchouli au composé oxydant. Rien ne fonctionnait. Il a finalement sorti l'artillerie lourde, un générateur d'ozone qu'on devait démarrer tous les soirs après le service (et il fallait se sauver en courant parce que c'était toxique). Il a fallu environ six mois pour se débarrasser complètement de l'odeur.

À part cet incident, l'ouverture du Liverpool n'a pas vraiment posé problème... enfin, sauf peut-être le truc italien. Fred, Allison et moi (qui n'avons pas une goutte de sang italien) avons eu l'idée assez marrante d'ouvrir une version italienne du Joe Beef. Nous ne voulions rien risquer pour le Joe Beef, on l'aimait comme il était, et on voyait le Liverpool comme son complément, et vice-versa. On pensait offrir de la bouffe italienne comme on en trouverait à Londres, au River Café, plutôt qu'à

Rome. Si, au Joe Beef, vous pouviez commander des champignons avec un œuf poché et de la mimolette, au Liverpool, la même recette assaisonnée au parmesan prenait tout à coup un petit air d'Italie. On rêvait de commander du chianti en corbeille, de suspendre de lourds rideaux violets et de trouver quelqu'un de vraiment riche qui nous prêterait un Caravaggio (vous inquiétez pas pour lui, c'est le coin le plus paumé de la ville ici, il ne craint rien).

On a persisté dans cette voie pendant environ six mois, pour finalement laisser tomber. Personne n'a trop posé de questions. Le Liverpool House est maintenant la version bistro du Joe Beef, sa formule allégée. On y accueille avec plaisir nos voisins, quotidiennement. Un écran télé est suspendu dans un coin pour suivre les matchs des Glorieux et, grand bien nous fasse, Joe Beef est l'une des destinations préférées

des joueurs du Canadien. Le bar est toujours achalandé et je dirais que quatre des huit tabourets sont occupés presque en permanence par des gens de la restauration. Le Liverpool est le genre d'endroit où vous pouvez débarquer après le travail, vous régaler d'une douzaine d'huîtres de Malpèque, d'un ou deux verres de muscadet et d'un filet de poisson, converser avec le barman ou regarder un match, avant de rentrer à la maison.

LE CASSE-CROÛTE McKIERNAN

Tenant son nom du vénérable propriétaire de taverne Charles McKiernan (voir l'extrait du texte de Peter DeLottinville, p. 6), notre casse-croûte se trouve de l'autre côté du Joe Beef. Leur cour commune sert de terrasse au McKiernan le midi et au Joe Beef le soir. À peu près de la taille d'une penderie, le resto peut accueillir 18 personnes au grand max.

On souhaitait un casse-croûte d'un genre particulier, le truc introuvable que tout le monde cherche. Fred avait l'habitude de s'enfermer au Liverpool House, en compagnie de quelques outils et d'une paire de sous-fifres, et moi, je leur glissais une pizza sous la porte pour les nourrir. On a décidé d'adopter ce principe pour le McKiernan. Comme toujours, j'ai cherché mon inspiration dans des magazines de déco. Allison s'est occupée de l'ouverture des comptes bancaires et Fred a entamé les travaux. En deux mois, tout était prêt.

Le brunch au McKiernan consite en des plats tel le demi-homard avec œufs pochés et mortadelle, des *smörgåsbord* et des sandwiches au saucisson maison. Au menu du midi : des soupes classiques, des sandwiches et des salades pour femmes pragmatiques. En soirée, le McKiernan sert plutôt de salon privé pour les fêtes. Quand il n'est

pas loué, c'est un coin tranquille où l'on peut découvrir un nouveau menu chaque soir. C'est aussi un endroit unique parce que c'est là, au sous-sol, que se trouve l'établi de Fred, avec ses ébauches et ses calendriers de trains. On raconte également qu'un tunnel relierait les trois restaurants : une version mythique du « tunnel du plaisir ».

Cinq ans plus tard, dans cette enceinte, nous partageons ce qui semble être une cour immense, avec des chefs se ruant d'un établissement à l'autre, parlant le « franglais » et terminant leur journée un verre à la main, sous l'éclairage du terrain de baseball à l'arrière. Ce « nous » est passé de six employés au début à trente-cinq, au moment où nous écrivons ces lignes.

L'idée de trois restos côte à côte dans la même rue pourrait paraître étrange. En fait, nous désirions quelque chose de différent et de bien à nous. Le reste a suivi. On avait besoin de plus d'espace, d'où le Liverpool House. On désirait tout fumer nous-mêmes, nous avons construit un fumoir. Fred rêvait de légumes maison pour le Joe Beef, alors on a aménagé un jardin. Puis a germé l'idée d'une serre et, en une semaine, (avec l'aide d'un John Bil « en vacances ») elle était bâtie.

Le Joe Beef est empreint de nostalgie, et on est convaincus que la valeur de sa peinture originale est probablement plus grande que celle qui la recouvre, et tout comme l'importance de *L'Art Culinaire Français*, livre utilisé plus que tout autre. C'est la tradition québécoise et ce qu'il y a dans notre cour qui nous inspire. Les recettes, ici, sont les classiques du Joe Beef. **—DM**

LA NAISSANCE D'UN TOUT PETIT RESTAURANT AU MILIEU DE NULLE PART

PARFAIT DE FOIE GRAS, GELÉE AU MADÈRE

Donne 10 à 12 ramequins

Ce plat, qui exige un foie gras de canard entier, est sur le menu depuis le premier jour. Nous l'aimons avec une mince couche de notre gelée au madère, mais on peut la remplacer par une compote, une confiture ou une gelée de son choix en accompagnement.

1 foie gras de canard entier frais, environ 18 oz (500 g)

4 tasses (1 litre) de lait

1 ½ tasse (375 ml) de crème à fouetter (35 % M.G.)

1 c. à soupe de brandy

1 c. à thé de sucre

sel et poivre

6 jaunes d'œufs

2 œufs entiers

eau bouillante

copeaux de truffe noire, pour garnir (facultatif)

gelée au madère (voir la recette ci-après)

brioche ou pain de campagne grillé, pour servir

1. Mettre le foie gras dans un grand bol et verser le lait dessus. Couvrir et laisser reposer à la température de la pièce 1 ½ à 2 h. Il faut ramollir le foie pour qu'il ait l'apparence et la consistance d'un gros morceau de pâte à modeler. Retirer le foie du bol et l'éponger avec du papier essuie-tout. Jeter le lait.

2. Préchauffer le four à 325 °F (165 °C). Mettre la crème dans une petite casserole et cuire à feu vif.

3. À l'aide d'un couteau de table, couper le foie en deux dans le sens de la longueur. Retirer le système veineux, essentiellement tout ce qui est rouge ou vert. Ce n'est pas grave si tout n'est pas enlevé. Éponger les deux morceaux.

4. Couper le foie en cubes. Plus ils sont petits, plus ils sont faciles à mélanger. Les mettre dans un grand bol large, ajouter le brandy et le sucre, et saupoudrer généreusement de sel et de poivre. Mélanger les cubes délicatement pour que tous les côtés soient enduits de la préparation.

5. Mettre les cubes dans un mélangeur ou un robot culinaire et mélanger jusqu'à l'obtention d'une consistance crémeuse. Ajouter les jaunes d'œufs et les œufs entiers. Retirer la crème du feu lorsqu'elle bout. Mélanger 10 secondes, ajouter un peu de crème, mélanger 10 secondes de plus, ajouter un peu plus de crème et mélanger de nouveau. Continuer ainsi jusqu'à ce que toute la crème soit ajoutée et que le foie soit lisse et crémeux, comme un lait frappé de chez McDonald.

6. Passer le foie liquide dans un tamis à grosses mailles en le versant dans un bol avec bec verseur ou dans une grosse tasse à mesurer. Cette étape permet de retirer les morceaux amers qui pourraient rester. Diviser le mélange également entre 10 à 12 ramequins ou pots de confiture de ½ tasse (125 ml). Choisir un plat de cuisson juste assez grand pour contenir les ramequins sans qu'ils se touchent et tapisser le fond de deux couches de papier essuie-tout. Déposer les ramequins dans le plat et assurez-vous qu'ils ne se touchent pas. SUITE…

7. Retirer la grille du four, déposer le plat de cuisson par-dessus et verser de l'eau bouillante dans le plat jusqu'à mi-hauteur des ramequins; remettre la grille dans le four. Cuire au four 25 min, puis retirer la grille et agiter légèrement les ramequins. Si le foie semble raide, c'est prêt. Sinon, remettre au four 5 à 8 min, puis vérifier de nouveau.

8. Lorsque les parfaits sont prêts, retirer les ramequins du plat de cuisson et les laisser refroidir à la température de la pièce. Garnir chaque parfait de copeaux de truffe (facultatif). Recouvrir les parfaits et les réfrigérer. Verser une mince couche de gelée au madère tiède sur chaque parfait refroidi, recouvrir de nouveau et remettre au réfrigérateur 15 min. Les parfaits se conservent jusqu'à quatre jours. Retirer du réfrigérateur 10 min avant de servir et accompagner de brioche ou de pain de campagne grillé.

GELÉE AU MADÈRE

Donne 1 tasse (250 ml)

6 feuilles de gélatine
1 tasse (250 ml) de madère
6 1/2 c. à soupe (100 ml) d'eau
2 c. à soupe de sirop d'érable
1 c. à thé de vinaigre de vin blanc

1. Faire tremper les feuilles de gélatine dans un bol d'eau fraîche pendant 5 à 10 min ou jusqu'à ce qu'elles gonflent.

2. Dans une petite casserole, mélanger le madère, l'eau, le sirop d'érable et le vinaigre de vin blanc à feu moyen. Lorsque le mélange est chaud, retirer du feu. Essorer délicatement les feuilles de gélatine,

les ajouter au mélange de madère et fouetter pour les dissoudre complètement.

3. Pour utiliser avec les parfaits, verser une mince couche de liquide tiède sur chaque parfait refroidi et réfrigérer 15 min pour que la gelée prenne. La couche de gelée doit avoir une épaisseur de $\frac{1}{8}$ po (3 mm). Pour une utilisation ultérieure, verser le liquide tiède dans un bocal avec un couvercle étanche et réfrigérer. La gelée se conserve jusqu'à sept jours. Pour la servir dans une assiette, nous la passons dans un presse-purée pour lui donner l'apparence d'un amas de « kryptonite ».

OS À MOELLE CULTIVATEUR

Donne 2 portions pour souper (2 os par personne)
ou 4 pour dîner (1 os par personne)

De nos jours, tous les restaurants semblent avoir de l'os à moelle au menu. Depuis des décennies, après le boulot, les chefs montréalais se retrouvent souvent pour leurs soirées bien arrosées au même endroit : à L'Express, avec son fameux plat de trois gros os à moelle, sel gris et ronds de chou. Un os à moelle chaud possède un je-ne-sais-quoi ; c'est le genre de plat qu'on veut manger quand la neige fond sur nos bottes.

Classique hivernal chez Joe Beef, cette recette est essentiellement une épaisse soupe paysanne accompagnée d'un os à moelle. Les os à moelle se trouvent toujours dans les pattes arrière de la bête. Il vous faut la coupe transversale pour obtenir un long tube de moelle. Si vous avez acheté le produit surgelé, faites-le dégeler au réfrigérateur d'abord.

4 os à moelle d'environ 6 po (15 cm),
    coupés transversalement

sel et poivre

3 c. à soupe de beurre non salé

¹/₃ tasse (45 g) ou 6 tranches de bacon,
    coupées en dés

¹/₃ tasse (50 g) d'oignon, coupé en dés

¹/₃ tasse (55 g) de pommes de terre
    pelées, coupées en dés (Yukon Gold
    ou Fingerling)

¹/₃ tasse (55 g) de carottes,
    coupées en dés

¹/₃ tasse (25 g) de chou, coupé en dés

¹/₃ tasse (45 g) de petits fleurons
    de chou-fleur

¹/₃ tasse (25 g) de poireau, partie
    blanche seulement, coupé en dés

¹/₃ tasse (55 g) de rabiole, coupée
    en dés

¹/₃ tasse (45 g) de courgette, coupée
    en dés

6 pois *Sugar Snap*, tranchés finement
    en biseau

2 brins de thym

2 tasses (500 ml) de bouillon de poulet

1 c. à thé de vinaigre de cidre

1 c. à soupe de moutarde de Dijon
    et un peu plus pour servir

huile de canola, pour saisir

1 gousse d'ail, écrasée

feuilles de persil plat frais, pour garnir

pain italien, au besoin

sel de mer, pour servir

1. Mettre les os à moelle frais dans un grand bol, couvrir d'eau et ajouter 2 c. à soupe de sel. Laisser reposer au réfrigérateur au moins 4 h ou jusqu'au lendemain.

2. Pour préparer les légumes, chauffer une marmite en fonte à feu moyen et ajouter 2 c. à soupe de beurre. Lorsqu'il commence à mousser, ajouter le bacon. Saisir 2 min, puis ajouter l'oignon. Cuire 1 à 2 min, en remuant à l'occasion, puis ajouter le reste des légumes, sauf les courgettes et les pois *Sugar Snap*. Calculer le temps de cuisson en fonction des pommes de terre ; celles-ci auront mauvais goût si elles sont insuffisamment cuites. Cuire les légumes 5 min en remuant à l'occasion. Pendant la dernière minute de cuisson, ajouter les courgettes et les pois *Sugar Snap*.

SUITE...

3. Ajouter 1 c. à thé de sel, 1 brin de thym et une pincée de poivre, puis verser le bouillon de poulet et porter à ébullition. Cuire 1 à 2 min, puis ajouter le vinaigre de cidre. À la dernière minute, ajouter le reste du beurre et la moutarde de Dijon. Bien remuer. Assaisonner de sel et de poivre et laisser reposer à feu très doux.

4. Pour préparer les os, préchauffer le four à 425 °F (220 °C). Égoutter les os et les éponger. Chauffer à feu vif un grand plat allant au four et verser une mince couche d'huile de canola. Ajouter l'ail et l'autre brin de thym. Cuire 1 min en remuant. Ajouter les os, moelle vers le bas, et saisir 2 min. Il ne s'agit pas de les colorer, mais simplement de les chauffer. Tourner les os et enfourner. Rôtir 12 min. Utiliser un thermomètre pour tester la cuisson, en l'enfonçant au cœur de la moelle. La température doit être de 140 °F (60 °C). Un couteau devrait pénétrer la moelle facilement. Si les os basculent, les faire tenir avec une boule de papier d'aluminium.

5. Retirer le plat du four et déposer 1 ou 2 os dans des assiettes creuses, côté coupé vers le haut. Répartir le mélange de légumes entre les bols. Garnir de persil. Servir avec le pain, la moutarde de Dijon et le sel de mer.

SPAGHETTI AU HOMARD-LOBSTER

Donne 2 portions

Le nom de cette recette vient d'un vieil épisode de l'émission culinaire japonaise *Iron Chef* où l'animateur déclarait: «Bataille Homard-Lobster!» Oui, ça veut dire la même chose (comme «soupe minestrone»).

Parlant de choses insensées, ce plat est sans doute le plus populaire chez Joe Beef.

8 litres plus 2 tasses (500 ml) d'eau

sel et poivre

1 homard vivant d'environ 2 lb (1,2 kg)

2 portions de spaghettis

1 c. à soupe d'huile d'olive

2 tasses (500 ml) de crème à fouetter (35 % M.G.)

1 c. à thé de beurre non salé

2 c. à soupe de brandy

1 brin d'estragon

1 gousse d'ail, écrasée

3 tranches de bacon, coupées en fines lanières (les faire revenir dans la poêle pour les rendre croustillantes)

persil frais, en julienne, pour garnir

1. Répartir les 8 litres d'eau également dans deux marmites, (une pour le homard, l'autre pour les spaghettis). Ajouter 2 c. à soupe de sel dans chacune, puis porter l'eau des deux marmites à vive ébullition.

Les homards vivent dans la mer. Et le meilleur homard de toute votre vie, vous le mangerez sur un bateau ou près de la rive, bouilli dans de l'eau de mer. Donc avant d'ajouter le homard, saler l'eau. Lorsque celle-ci est aussi salée que de l'eau de mer, y déposer le homard vivant. Il faut le cuire environ 5 min par livre (455 g), ce qui veut dire 12 min pour cette recette. Si vous répugnez à regarder un homard vivant bouillir, vous êtes probablement du genre à fermer la lumière pour faire l'amour. C'est correct.

2. Pour mesurer les spaghettis, faire un rond de la dimension d'un 25 ¢ avec le pouce et l'index: la quantité de pâtes qui y entre équivaut à 1 portion.

Mesurer 2 portions et les ajouter à la deuxième marmite d'eau bouillante. Cuire les pâtes selon les indications de l'emballage. Nous ne faisons pas nos propres pâtes et nous n'attendons rien de plus de vous. Égoutter, puis rincer à l'eau courante froide en ne tenant nullement compte des gourous des pâtes qui interdisent de le faire. Ajouter de l'huile d'olive pour les empêcher de coller et réserver à proximité à la température de la pièce.

3. À ce stade, le homard devrait être cuit. À l'aide d'une longue pince, le retirer de l'eau et le mettre dans un bol. Laisser tiédir jusqu'à ce qu'il soit manipulable, puis retirer les pinces et les articulations. Briser les pinces avec un couteau ou une pince à homard, selon ce qui convient le mieux. Retirer la queue et la briser en deux. (Voir p. 28.)

SUITE...

Il faut laisser la carapace intacte avec la chair. Mettre les pinces, les articulations et les morceaux de queue dans un bol et réserver.

4. Reste le thorax. Le couper grossièrement en 4 ou 5 morceaux avec un couperet. Si ça vous semble trop dramatique, utiliser un gros couteau. Conserver ces morceaux à part des autres.

5. Pour préparer la sauce, mélanger dans une grande marmite les morceaux du thorax, la crème, le beurre, le brandy, l'estragon, l'ail et l'eau restante. Cuire à feu moyen jusqu'à ce que le mélange commence à faire des bulles. Réduire à feu très doux et laisser mijoter doucement 30 min, en s'assurant de ne pas trop réduire. Il faut qu'il reste environ 1 tasse (250 ml) de liquide à la fin.

6. Filtrer la crème et jeter les morceaux. La crème ne doit pas être coulante, elle devrait napper le dos d'une cuillère. Assaisonner de sel et de poivre.

7. Dans un grand plat peu profond, faire chauffer la crème et les morceaux de homard à feu moyen. Ajouter les spaghettis et le bacon et mélanger avec une cuillère en bois de 3 à 4 min pour les réchauffer. Garnir de persil et servir à la bonne franquette, puis allumer le téléviseur et commencer à s'obstiner.

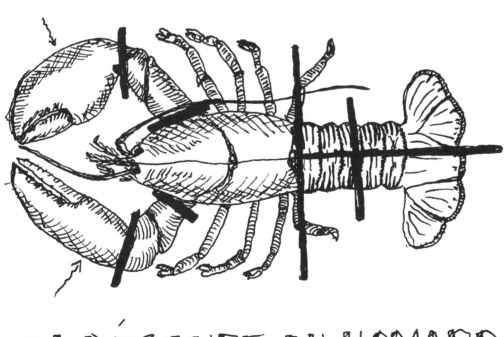

LA DÉCOUPE DU HOMARD

ŒUFS EN POT

Donne 2 portions

Ce qui est bien avec cette recette, c'est que même si vous la ratez (ce qui n'est pas évident), vous obtenez quand même une crème de champignons au bacon que vous pouvez verser sur du pain grillé. Tadam! C'est un œuf mi-cuit classique, mais avec plein de garnitures.

8 oz (225 g) de chanterelles
ou de morilles

3 c. à soupe de beurre non salé

1 échalote, tranchée finement

6 tranches de bacon, coupées
en dés (environ 1 ²/₃ oz ou 50 g)

sel et poivre

¹/₂ tasse (125 ml) de crème à fouetter
(35 % M.G.)

¹/₂ tasse (125 ml) de *Jus de peau
de poulet* (p. 174), de *Bouillon
de jarret de bœuf* (p. 249)
ou de Bouillon de poulet, réduit
à ¹/₄ de tasse (60 ml)

1 c. à soupe de vin jaune ou de xérès
sec (facultatif)

2 œufs

pain grillé beurré, coupé en pointes,
pour servir

1. Dans une poêle, faire suer les champignons avec le beurre environ 2 min à feu moyen ou jusqu'à ce que les champignons aient perdu leur eau. Ajouter l'échalote, le bacon et une pincée de sel et de poivre. Laisser mijoter 5 min.

2. Pendant ce temps, préparer un bain-marie : mettre deux ramequins d'environ ²/₃ de tasse (160 ml) dans un petit plat. Remplir le plat d'eau jusqu'à mi-hauteur des ramequins. Retirer les ramequins et mettre le plat d'eau à bouillir.

3. Pendant ce temps, ajouter la crème, le bouillon et le vin jaune aux champignons et cuire à feu moyen, en remuant à l'occasion, 5 à 7 min ou jusqu'à ce que la crème ait réduit du tiers.

4. Remplir chaque ramequin aux deux tiers du mélange crémeux. Casser 1 œuf au-dessus de chaque ramequin, en le déposant sur la crème.

5. À ce stade, l'eau devrait bouillir. À l'aide d'une pince, déposer soigneusement chaque ramequin dans le plat d'eau bouillante et couvrir le plat immédiatement. Cuire 5 min ou jusqu'à ce que les blancs soient cuits et les jaunes légèrement coulants.

6. Retirer les ramequins du plat et servir immédiatement avec le pain grillé beurré.

PÉTONCLES AU *PULLED PORK* (PORC DÉCHIQUETÉ)

Donne 4 portions

Chez Joe Beef, nous servons ce plat avec des pétoncles de la côte est, environ 5 ou 6 par personne, avec quelques cuillérées de sauce hollandaise et une grosse cuillerée de porc déchiqueté par-dessus. Une telle portion a un coût de revient désastreux et peut en intimider certains*, mais les pétoncles s'engloutissent aisément et sont meilleurs avec du porc qu'avec une quelconque préparation mousseuse. Pour réaliser ce plat, il faut commencer par le porc déchiqueté, ensuite la sauce hollandaise et, en dernier lieu, les pétoncles, qui ne prennent que quelques minutes à cuire. Vous aurez une quantité excessive de viande que vous pourrez utiliser dans la version porc déchiqueté du *Hot chicken, lapin, canard...* (p. 151).

PULLED PORK

2 c. à soupe de paprika

1 c. à soupe de sel

1 c. à soupe de poivre

1 c. à soupe de sucre

1 soc (épaule) de 4 à 5 lb (environ 2 kg)

¼ tasse (60 ml) de moutarde jaune

½ tasse (125 ml) d'eau

Sauce barbecue (p. 176)

Sauce hollandaise facile (p. 177)

16 à 20 pétoncles géants (taille U10),
4 ou 5 par personne

huile de canola, pour frire

sel de mer et poivre

Un mot sur le porc: *Le soc (ou Boston butt en anglais et coppa di spalla en italien) provient de la partie supérieure de l'épaule. Il convient au braisage et au fumage. C'est une bonne idée de tester le four avec un thermomètre avant de tenter la cuisson lente demandée. Une différence aussi minime que 15 degrés peut avoir un effet sur le temps de cuisson. Mettez le thermomètre au four, allumez le four à la température spécifiée et préchauffez-le. Vérifiez à nouveau la température du four à l'aide du thermomètre et réglez-la en conséquence.*

1. Pour préparer le porc déchiqueté, préchauffer le four à 275 °F (135 °C). Dans un petit bol, mélanger le paprika, le sel, le poivre et le sucre. Enduire parfaitement la viande de moutarde, puis du mélange de paprika.

2. Mettre le porc dans une grande rôtissoire et ajouter de l'eau. Mettre au four et rôtir. Vérifier le porc après 5 h, puis à toutes les heures pour s'assurer qu'il ne brûle ni ne sèche. Si cela arrive, recouvrir la viande de papier d'aluminium. Retirer le porc du four après 9 h et vérifier qu'il se déchiquette aisément avec une fourchette. La meilleure façon de procéder est de l'appuyer contre la paroi du plat. S'il ne se déchiquette pas bien, le remettre au four 10 à 15 min de plus. Lorsqu'il est prêt, retirer le porc du four et laisser refroidir 10 min.

3. Pendant que le porc est encore chaud, le déchiqueter à la main ou à l'aide d'une fourchette et mettre dans un bol. Mélanger le porc avec autant de sauce barbecue que désiré et garder le bol au chaud jusqu'au service.

4. Préparer la sauce hollandaise et la réserver, puis préparer immédiatement les pétoncles. Éponger ceux-ci avec du papier essuie-tout. Ne pas les assaisonner tout de suite. Porter un chandail à manches longues et utiliser une longue pince. Faire chauffer une poêle en fonte ou antiadhésive à feu vif. Lorsque la poêle est chaude, verser une couche d'huile de ⅛ à ¼ po (3 à 6 mm). Lorsque l'huile est sur le point de fumer, déposer soigneusement les pétoncles dans le plat, en les espaçant de 1 po (2,5 cm). Après 1 min, agiter tout doucement chaque pétoncle avec une pince. Après 2 min de plus, les tourner vers l'extérieur (pour éviter les éclaboussures d'huile brûlante en cas de chute!). Retirer du feu et assaisonner de sel de mer et de poivre.

5. Pour servir, répartir les pétoncles également entre quatre assiettes. Garnir chacune de quelques cuillerées de sauce hollandaise, puis d'une bonne quantité de porc. Servir immédiatement.

* Ceci est vrai pour la plupart des gens, à l'exception de notre ami Dan «L'Automate» Nakamura, qui a déjà mangé devant nous quatre plats principaux de chez Joe Beef, suivis d'une «collation» de hamburgers Big Ed, de poutine et de hot-dogs de chez Moe's à Montréal, quatre heures plus tard. À lui seul, il peut vider les réserves alimentaires d'un petit pays et affamer ses habitants. Monsieur, nous vous levons notre chapeau.

OMBLE AU CRABE DU GOLFE POUR DEUX

Donne 2 portions (vous l'aviez deviné…)

Certains chefs ont décidé que le poisson cuit sur une planche de cèdre est démodé, mais nous le faisons encore de cette façon aujourd'hui pour deux raisons : d'abord, c'est délicieux, et aussi, notre ami Mathieu, un sculpteur extraordinaire, nous arrive parfois avec des planches de cèdre hallucinantes.

Avant de commencer cette recette, c'est une bonne idée de remplir l'évier d'eau froide et d'y tremper la planche aussi longtemps que possible. Ceci l'empêche de brûler et en fait une parfaite machine à vapeur pour cuire le poisson.

12 oz (340 g) de chair de crabe des neiges du golfe du Saint-Laurent ou de crabe nordique (à égoutter si surgelée), en flocons, sans morceaux de carapace ou de cartilage

2 c. à soupe de ciboulette, émincée

2 c. à soupe d'aneth frais, émincé

1 œuf

1 tranche de pain blanc, coupée en petits cubes

1 c. à soupe de moutarde de Dijon

2 c. à soupe de câpres, hachées

sel et poivre

1 omble (ou truite arc-en-ciel) de 2 à 2 ½ lb (environ 1 kg), coupé en papillon et désossé par un poissonnier

1 ou 2 tranches de bacon

3 feuilles de laurier

3 c. à soupe d'huile de canola

haricots et palourdes (voir la recette ci-après), pour garnir (facultatif)

1. Préchauffer le four à 400 °F (200 °C).

2. Pour préparer la farce au crabe, mélanger délicatement dans un bol le crabe, la ciboulette, l'aneth, l'œuf, le pain, la moutarde et les câpres. Assaisonner légèrement de sel et d'environ six tours de moulin à poivre.

3. Farcir la cavité du poisson avec le mélange de crabe et recouvrir l'ouverture avec les tranches de bacon pour retenir la farce en place (comme une clôture de bacon !). Ficeler avec de la corde de cuisine en faisant quatre ou cinq tours. Glisser les feuilles de laurier sous la corde. Arroser d'huile et assaisonner encore légèrement de sel et de poivre.

4. Cuire au four 35 à 40 min ou jusqu'à ce qu'une brochette en métal insérée dans la partie la plus charnue en ressorte chaude lorsque mise sur votre menton. Sur un thermomètre, la température doit être d'environ 140 °F (60 °C).

5. Retirer le poisson du four, le transférer sur un plateau et couper la corde. À l'aide d'un couteau denté, trancher le poisson en suivant les marques de corde. Apporter le poisson entier à la table et servir chaque portion avec une bonne cuillérée de haricots et de palourdes en accompagnement.

HARICOTS
ET PALOURDES

Donne 4 portions

¼ tasse (55 g) de beurre non salé

24 petites palourdes du Pacifique,
 lustrées ou japonaises, bien
 brossées pour en retirer le sable

1 lb (455 g) de haricots jaunes, parés
 et coupés en deux dans le sens
 de la largeur

¼ tasse (60 ml) de vin blanc sec

1 c. à thé d'ail, haché

½ c. à thé de piment chili frais, haché

1 c. à thé de paprika fumé

¼ tasse (40 g) d'amandes entières
 rôties

1 c. à soupe d'oignon vert, haché

sel et poivre

1. Dans une grande poêle, faire
fondre la moitié du beurre à feu
moyen-vif. Ajouter les palourdes,
les haricots, le vin, l'ail, le piment
et le paprika. Couvrir et cuire
environ 5 min ou jusqu'à l'ouverture
des coquilles. Soulever le couvercle
pour s'assurer que le mélange ne
sèche pas. Si c'est le cas, ajouter
un peu d'eau.

2. Enlever le couvercle, puis
retirer et jeter toute palourde non
ouverte. Ajouter le beurre restant,
les amandes et l'oignon vert, et
mélanger pour faire fondre le beurre.
Assaisonner de sel et de poivre
et servir immédiatement.

SANDWICH AU FOIE GRAS POUR LE PETIT-DÉJEUNER

Donne 1 sandwich

Lorsque nous avons ouvert le Joe Beef, nous avons fait toutes sortes de promesses : pas de jus de canneberge, nous laverions la vaisselle nous-mêmes, nous allions ouvrir les lundis soirs. Nous avons également juré de toujours proposer un petit-déjeuner (au moins) au menu du souper. Évidemment, nous sommes fermés les lundis et nous ne lavons jamais la vaisselle nous-mêmes, mais nous avons effectivement un plat pour le petit-déjeuner au menu du soir. Et nous n'utilisons toujours pas de jus de canneberge.

Le foie gras, c'est comme la planche à roulettes : nous en avons fait un temps, comme tout le monde. Puis on a arrêté et maintenant, nous y revenons parfois, à petites doses. Si vous arrivez en ville et voulez vous gaver de foie gras, allez faire un tour au Pied de Cochon ; ce sont de bons amis qui le font mieux que quiconque.

Notre façon préférée de servir le foie gras est de l'accompagner d'une galette de saucisse à déjeuner ou de bacon enrobé de farine de maïs, d'un œuf tourné bien poivré et d'un muffin anglais. Ajoutez à ce sandwich un filet de moutarde à l'érable et vous serez aux anges, qu'il soit 7 h ou 19 h. (Il vous restera plein de moutarde à l'érable que vous pourrez utiliser avec tout, du saumon aux pogos.) Lorsque vous saisissez le foie gras, souvenez-vous de saler généreusement et d'utiliser une bonne poêle, et – détail très important – préparez-vous à être enfumé. Travaillez rapidement et placez un plateau et une pince à proximité avant de commencer.

MOUTARDE À L'ÉRABLE
³/₄ tasse (230 g) de sirop d'érable
¹/₂ tasse (125 ml) de moutarde de Dijon
1 c. à soupe de graines de moutarde
¹/₂ c. à thé de poivre

2 minces tranches de bacon de dos canadien ou de *Bacon canadien au maïs* (p. 100)
1 œuf
1 muffin anglais, séparé
2 c. à soupe d'huile de canola
1 foie gras de canard ou d'oie frais de 4 oz (115 g) d'une épaisseur de ³/₄ po (2 cm)
sel et poivre

1. Pour préparer la moutarde à l'érable, porter le sirop d'érable à ébullition dans une casserole épaisse à feu moyen-vif, et laisser bouillir 6 min ou jusqu'à la formation de gros bouillons. Retirer du feu, laisser tiédir environ 3 min, puis incorporer la moutarde de Dijon, les graines de moutarde et le poivre en fouettant. Laisser refroidir complètement avant l'utilisation. La moutarde à l'érable se conserve bien dans un contenant hermétique au réfrigérateur au moins quelques semaines.

2. Le meilleur instrument pour cette opération est une plaque chauffante électrique antiadhésive comme celles utilisées pour les dégustations dans certains commerces. On peut cuire l'œuf, le bacon et le muffin sur la plaque pendant que le foie gras est saisi sur la cuisinière. Préchauffer le four à 350 °F (180 °C), ce qui permettra de garder le bacon au chaud après la cuisson ou de réchauffer le foie gras au besoin. Allumer la plaque chauffante et régler à feu moyen-vif. Lorsqu'elle est chaude, cuire le bacon jusqu'à ce que les bords soient bien dorés

et légèrement croustillants, préparer l'œuf tourné et griller les côtés coupés du muffin.

3. Faire chauffer l'huile dans une poêle à feu vif. Lorsque la poêle est très chaude, ajouter le foie gras et le faire cuire, en le tournant une fois, jusqu'à ce qu'il soit bien coloré, comme la peau d'un poulet rôti. Ceci ne prend qu'une ou deux minutes dans une poêle très chaude. Souvenez-vous de tourner le foie vers l'extérieur pour éviter les éclaboussures sur la bedaine. Transférer soigneusement le foie

gras sur une plaque. S'il est encore dur au toucher, le mettre au four une ou deux minutes. Le gras qui s'accumule sur la plaque (non celui de la poêle) peut servir à arroser le muffin.

4. Pour préparer le sandwich, placer une moitié de muffin dans une assiette, le côté coupé vers le haut. Ajouter le bacon, l'œuf et le foie gras. Arroser d'un peu de moutarde à l'érable, saupoudrer de sel et de poivre, et déposer l'autre moitié de muffin sur le dessus.

SCHNITZEL'S
(ESCALOPE DE PORC PANÉE)

Donne 4 portions

Il n'y a pas si longtemps, les restaurants étaient des endroits agréables où manger – et non des temples gastronomiques comme maintenant. Ils rendaient souvent hommage à la patrie, à un passe-temps ou au gagne-pain du propriétaire : pavillon de ski ou de pêche, cabine de plage des Bahamas, pagode chinoise. En haut de notre liste : le *stube*, bicoque de ski autrichienne, avec skis croisés au-dessus du manteau de cheminée, chopes de bière, bretzels pour remplacer le pain, schnaps et vin *kabinnet*. Au menu, on trouvait immanquablement moutarde en pot, pommes de terre persillées, saucisses de toutes sortes et, pour couronner le tout, l'escalope de porc panée – croustillante et chaude, débordant de l'assiette comme Dom DeLuise sur un tabouret de bar.

Le *schnitzel's* est au menu du Joe Beef deux fois par année : au printemps, avec des pois, de la crème et des morilles ; et à l'automne, avec des chanterelles, des œufs et des anchois (bien sûr). Demandez à votre boucher de vous donner quatre grosses escalopes attendries. Utilisez votre plus grande poêle. Vous pouvez garnir l'escalope avec des *Œufs en pot* (p. 29) ou un œuf frit avec un quartier de citron en accompagnement.

---

3 tasses (385 g) de farine tout usage

sel et poivre

4 œufs

1 tasse (250 ml) de crème sure

¼ c. à thé de muscade, fraîchement râpée

4 tasses (170 g) de chapelure *panko* (chapelure japonaise), mélangée quelques secondes dans un robot culinaire pour obtenir la texture d'une chapelure ordinaire

1 tasse (115 g) de fromage sbrinz ou grana padano

4 grosses escalopes de porc (dans la longe), attendries par le boucher à une épaisseur de ¼ po (6 mm)

¼ tasse (60 ml) d'huile de canola, et un peu plus au besoin

---

1. Préparer trois plats assez grands pour contenir chacun une seule escalope à la fois. Mettre la farine et une bonne pincée de sel et de poivre dans le premier récipient. Dans le deuxième, fouetter les œufs, la crème sure et la muscade, puis ajouter une autre bonne pincée de sel et de poivre. Dans le troisième, mélanger la chapelure et le fromage.

2. Tremper une escalope dans la farine et secouer l'excédent. La tremper ensuite dans le mélange d'œufs et égoutter. Puis, la déposer dans le troisième récipient pour bien l'enduire de chapelure. Secouer l'excédent et déposer sur un plateau. Répéter pour les autres escalopes, puis déposer le plateau au réfrigérateur sans le recouvrir pour laisser un peu sécher la viande.

3. Faire chauffer l'huile dans une grande poêle à feu moyen-vif. L'huile doit être assez chaude pour faire grésiller une pincée de chapelure sans toutefois dégager de fumée. Déposer une escalope dans la poêle (vers l'extérieur pour éviter les éclaboussures). Cuire 3 min de chaque côté, ou jusqu'à ce que la viande soit bien dorée. La viande doit grésiller pendant toute la cuisson, mais sans trop se colorer. Transférer sur du papier essuie-tout pour absorber l'excédent d'huile et assaisonner. Répéter avec les autres escalopes, en ajoutant de l'huile au besoin.

4. Servir les escalopes une à la fois lorsqu'elles sont prêtes ou les laisser sur le papier essuie-tout, et les mettre dans un four à basse température jusqu'au service.

CÔTES DE VEAU POJARSKI

Donne 2 portions

Voici un de nos plats préférés du répertoire français classique : une grosse boulette de viande juteuse servie sur un os. D'après la légende, Pojarski, un aubergiste qui avait la faveur du tsar Nicolas, est devenu célèbre en préparant ces boulettes de viande sublimes refaçonnées sur un os de côte de veau. Servez-les avec des feuilles de fenouil blanchi.

4 grosses noix de beurre non salé

$^1/_4$ tasse (8 g) de cèpes séchés, réhydratés dans de l'eau tiède, égouttés et hachés

1 échalote, hachée finement

1 gousse d'ail, hachée finement

1 lb (455 g) de veau haché

feuilles d'un brin de thym

$^1/_4$ de tasse (15 g) de cubes de pain blanc rassis de $^1/_4$ de po (6 mm), trempés dans $^1/_4$ de tasse (60 ml) de lait pendant 15 min.

1 œuf, légèrement battu

1 c. à thé de sel

1 boule (de la taille d'un poing) de gras de coiffe, dégelée au réfrigérateur et trempée dans l'eau froide, jusqu'à ce qu'elle puisse être aplatie doucement

2 os de côtes de veau ou d'agneau du boucher (facultatif, mais sans les os, les boulettes ont l'air dégarnies)

fenouil, pour garnir

1. Préchauffer le four à 450 °F (230 °C).

2. Dans une poêle, faire fondre 2 noix de beurre à feu moyen. Ajouter les champignons, l'échalote et l'ail et faire suer 4 ou 5 min, ou jusqu'à tendreté. Laisser refroidir 5 min.

3. Dans un grand bol, mettre le veau, le mélange de cèpes, le thym, le pain trempé, l'œuf et le sel. Malaxer avec les mains. On peut laisser une petite poêle chauffer sur un brûleur

et cuire un petit morceau, histoire de tester l'assaisonnement et de le rectifier au besoin.

4. Diviser le mélange en deux, puis façonner une boulette avec chaque moitié. Aplatir légèrement, puis façonner chaque boulette pour qu'elle ressemble à une grande côtelette. À l'aide d'un couteau aiguisé, couper le gras de coiffe en deux et envelopper chaque côtelette d'une moitié de coiffe. Enfin, percer un trou dans chaque côtelette et y introduire un os.

5. Mettre les 2 noix de beurre qui restent au fond d'une grande cocotte. Déposer soigneusement les côtelettes côte à côte dans la cocotte. Cuire au four 30 à 40 min, en badigeonnant de beurre toutes les 4 ou 5 minutes, jusqu'à ce que la viande grésille et dégage un arôme, et que la coiffe ait fondu.

6. Pendant ce temps, porter une petite casserole d'eau à ébullition. Ajouter le fenouil et blanchir 2 min.

7. Lorsque le veau est prêt, déposer le fenouil dans le gras de cuisson. Apporter la cocotte à la table et servir immédiatement.

LIÈVRE À LA ROYALE

Donne 6 à 8 portions

Au Québec, il n'y a que deux viandes de gibier que l'on peut vendre légalement : le caribou du Grand Nord et le lièvre capturé en hiver. Le goût de ces viandes est surprenant au début, mais tout comme les truffes et le fromage bleu, on finit par être incapable d'y résister.

De nombreux petits restos parisiens classiques offrent ce plat en saison, et il existe autant de façons de l'apprêter qu'il y a de chefs. Les bases : lièvre, vin rouge, échalotes, thym et ail. Tout le reste peut varier. Chez Joe Beef, nous utilisons le lièvre et le lapin. La compagnie D'Artagnan (www.dartagnan.com) expédie des lièvres écossais en saison, et nous les avons essayés. Le goût « sauvage » est prononcé, mais c'est authentique. Si vous ne trouvez pas de lièvre, vous pouvez utiliser du lapin. Prévoyez deux jours pour préparer cette recette, qui donne six à huit portions que l'on peut congeler.

PREMIER JOUR

1 petit lapin de 2 à 2 1/2 lb (environ 1 kg), coupé en quatre

1 lièvre d'environ 1 3/4 lb (800 g), coupé en quatre (réserver le sang si possible et conserver au réfrigérateur)

1 morceau de bacon d'environ 9 oz (250 g)

1 pied de veau (idéalement) ou 2 pieds de cochon (pas la patte, seulement le pied) d'une longueur d'environ 8 po (20 cm)

2 grosses carottes, pelées

2 branches de céleri

1 bouquet garni (1 brin de persil, 1 brin de thym, 1 feuille de laurier et grains de poivre)

1 bouteille (750 ml) de vin rouge charnu tel que merlot ou cabernet

1/4 tasse (60 ml) de brandy

sel et poivre

DEUXIÈME JOUR

LA SAUCE

1/4 tasse (25 g) d'échalotes, finement hachées

3 c. à soupe de beurre non salé

4 brins de thym

feuille de laurier

4 baies de genièvre

1 gousse d'ail, émincée

6 c. à soupe (90 ml) de brandy

2 tasses (500 ml) de vin rouge charnu tel que merlot ou cabernet

1 c. à soupe de poudre de cacao

3 tasses (750 ml) de jus de cuisson réservé du premier jour

LA MATIGNON

10 échalotes, hachées finement

3 gousses d'ail, émincées

1/4 tasse (55 g) de beurre non salé

2 c. à soupe de persil plat frais, haché

sel et poivre

LE MONTAGE

6 à 8 tranches de foie gras de canard ou d'oie frais, environ 3 3/4 oz (100 g) chacune, d'une épaisseur de 3/4 à 1 po (2 à 2,5 cm)

sel et poivre

12 oz (340 g) de gras de coiffe, dégelé au réfrigérateur si surgelé et trempé dans de l'eau froide jusqu'à ce qu'il puisse être aplati doucement

1 ou 2 truffes noires fraîches ou en conserve, tranchées finement (facultatif)

beurre non salé pour le plat de cuisson

SAUCE À LA ROYALE, POUR SERVIR

1 bouteille (750 ml) de vin rouge charnu tel que merlot ou cabernet

jus de cuisson réservé du premier jour

1 c. à soupe de crème à fouetter (35 % M.G.)

1 c. à soupe de vinaigre de vin rouge

1 c. à soupe de brandy

sel et poivre

1/4 tasse (55 g) de beurre non salé, coupé en morceaux de 1 po (2,5 cm)

2 jaunes d'œufs

sang réservé (facultatif)

Purée de pommes de terre (p. 180)

PREMIER JOUR

1. Préchauffer le four à 275 °F (135 °C). Dans une grande marmite en fonte émaillée, mélanger lapin, lièvre, bacon, pied de veau, carottes, céleri, bouquet garni, vin et brandy. Assaisonner de sel et de poivre et ajouter de l'eau jusqu'à la hauteur de la viande moins 1 po (2,5 cm).

2. Couvrir et cuire au four 9 h ou jusqu'à ce que les viandes commencent à se défaire. Vérifier le niveau d'eau et en ajouter au besoin.

3. Retirer du four et transférer délicatement les viandes et le pied de veau sur une plaque à pâtisserie avec rebords ; laisser refroidir. Filtrer le jus de cuisson au-dessus d'un bol propre et jeter les restes solides. Recouvrir le bol et réfrigérer.

4. Désosser la viande en la laissant en gros morceaux. Travailler soigneusement pour ne pas laisser de petits os, qui présentent un risque d'étouffement. Retirer la viande du pied ; jeter la gélatine, la peau et les os, puis hacher finement la viande. Déchiqueter le bacon. Recouvrir et réfrigérer toutes les viandes.

SUITE...

DEUXIÈME JOUR

1. Pour préparer la sauce, faire suer, dans une casserole de 2 litres, les échalotes dans le beurre à feu doux 4 à 5 min, ou jusqu'à ce qu'elles dégagent un arôme et soient translucides. Ajouter le thym, la feuille de laurier, les baies de genièvre et l'ail, et cuire 2 min de plus. Ajouter le brandy pour déglacer la casserole.

2. Augmenter à feu moyen. Ajouter le vin et la poudre de cacao, remuer, puis cuire 15 à 20 min, jusqu'à ce que la sauce prenne une consistance sirupeuse.

3. Ajouter 3 tasses du jus de cuisson réservé et cuire 20 à 25 min, jusqu'à qu'il ait réduit de moitié. Retirer du feu et filtrer la sauce dans un tamis fin, en pressant les échalotes pour en extraire la pulpe.

4. Pour préparer la matignon, faire suer dans une poêle les échalotes et l'ail dans le beurre à feu moyen 4 à 6 min, ou jusqu'à ce qu'ils dégagent un arôme et soient translucides. Incorporer le persil et assaisonner de sel et de poivre. Réserver.

5. Pour faire le montage du plat, assaisonner de sel et de poivre les tranches de foie gras des deux côtés. Chauffer une grande poêle à feu moyen-vif. Lorsque la poêle est chaude, ajouter le foie gras et saisir 1 min de chaque côté. Transférer dans une assiette et laisser reposer. Réserver le gras de la poêle pour ajouter au mélange de viande ou à la sauce.

6. Dans un bol, combiner le mélange de viande, la matignon et suffisamment de sauce pour humecter le plat. Assaisonner généreusement de sel et de poivre, puis vérifier le mélange de nouveau pour extraire les os.

7. Préchauffer le four à 400 °F (200 °C). Couper 6 à 8 morceaux de gras de coiffe de la taille d'une feuille de papier ministre et plier chaque morceau en deux. Utiliser le mélange de viande pour façonner 12 à 16 galettes de la taille d'un paquet de cigarettes américaines. Mettre une tranche de foie gras entre deux galettes, puis disposer un rang de tranches de truffe par-dessus. Envelopper le paquet dans une feuille de gras de coiffe pliée, en retranchant l'excédent et en repliant les extrémités par en dessous. Les tranches de truffe seront visibles à travers la couche de gras.

8. Beurrer un plat de cuisson assez grand pour contenir les paquets côte à côte et y disposer ceux-ci. Cuire au four 35 min ou jusqu'à ce qu'ils soient légèrement dorés.

9. Juste avant de sortir les paquets du four, préparer la sauce. Dans une casserole, réduire le vin de moitié à feu moyen. Ajouter le reste du jus de cuisson réservé et cuire pour le réduire à 2 tasses (500 ml). Ajouter la crème, le vinaigre et le brandy ; bien mélanger et assaisonner de sel et de poivre. Porter à ébullition, incorporer le beurre en fouettant, un morceau à la fois, et retirer du feu. Dans un bol, fouetter les jaunes d'œufs et le sang, ajouter à la sauce et malaxer avec un mélangeur à main jusqu'à l'obtention d'une consistance lisse. (À ce stade, pour que la sauce reste liée, on ne peut la réchauffer au-delà de 180 °F ou 84 °C.)

10. Pour servir, mettre une cuillérée de pommes de terre dans chaque assiette chaude et déposer une portion de lièvre par-dessus. Faire une ouverture sur le dessus de chaque portion et verser un peu de sauce à l'intérieur. Garder le reste de la sauce à proximité. Servir immédiatement. Il faudra prévoir un grand bourgogne pour boire avec ce plat.

CÔTELETTES D'AGNEAU, SAUCE PALOISE

Donne 2 portions

À l'occasion, pour nous inspirer, nous nous référerons au *Répertoire de la cuisine*, le classique des classiques de la cuisine française. Il contient des trésors de connaissances culinaires oubliées, dont la sauce paloise, une variante classique de la sauce béarnaise qui remplace l'estragon par de la menthe. À vous de choisir la viande. Si vous raffolez des rognons, utilisez des rognons. Nous avons une préférence pour la côtelette d'agneau, une par personne.

SAUCE PALOISE

½ tasse (50 g) d'échalotes, coupées en dés

½ tasse (125 ml) de vinaigre de vin blanc

2 c. à soupe de menthe séchée

2 c. à soupe de poivre concassé

6 jaunes d'œufs

1 tasse (225 g) de beurre non salé, fondu

sel et poivre

feuilles de 4 brins de menthe, hachées

SAUCISSE

8 oz (225 g) de porc haché

8 oz (225 g) d'agneau haché

1 ¼ c. à thé de sel

1 c. à thé d'aneth sauvage ou de graines de fenouil

1 gousse d'ail, hachée finement

1 c. à thé de sauce *sriracha*

½ c. à thé de poivre

1 c. à soupe d'eau froide

cresson, pour servir

Vinaigrette au jus de pomme, pour servir (p. 196)

1. Pour préparer la sauce, mélanger dans une casserole antiadhésive échalotes, vinaigre, menthe séchée et poivre concassé. Cuire à feu vif en remuant à l'occasion pour nettoyer les parois de la casserole, jusqu'à ce que le tout ait réduit de moitié. Filtrer la réduction et jeter les restes solides. C'est le début de votre paloise.

2. Dans une casserole, fouetter les jaunes d'œufs et la réduction. Dans un bain-marie, verser de l'eau à une hauteur de 2 po (5 cm). Porter à ébullition et déposer par-dessus la partie supérieure du bain-marie contenant le mélange de jaunes d'œufs (sans qu'il touche à l'eau bouillante). Fouetter sans arrêt.

3. C'est le bon moment pour sortir un thermomètre à lecture instantanée. Le mélange ne doit pas dépasser 183 °F (85 °C), pour éviter de faire tourner les œufs. Au moment où les œufs commencent à chauffer, incorporer doucement le beurre, en fouettant sans arrêt. Lorsque le beurre est complètement fondu, ajouter quelques cuillères à soupe d'eau chaude pour délayer la sauce

un peu, puis ajouter une ou deux pincées de sel et de poivre. Conserver la sauce dans un endroit chaud. Garder la menthe à portée de main.

4. Pour préparer la saucisse, allumer le gril du four, un gril au charbon de bois ou un gril au gaz. Dans un bol, mélanger porc, agneau, sel, aneth, ail, sauce *sriracha*, poivre et eau froide. Bien mélanger avec les mains. Façonner en petites saucisses de 2 po (5 cm).

5. Mettre les saucisses sur une plaque à pâtisserie avec rebords, et déposer sous le gril ou sur la grille du four. Cuire 4 à 5 min, en retournant au besoin, jusqu'à ce qu'elles soient parfaitement dorées.

6. Mettre les saucisses sur un plateau et revenir immédiatement à la sauce paloise. Incorporer la menthe fraîche et bien mélanger. Servir les saucisses avec la sauce paloise – dans une saucière ancienne si possible – et avec, en accompagnement, le cresson arrosé de vinaigrette au jus de pomme.

Un bon restaurateur montréalais doit s'adapter à la culture de ses clients. Glisser d'une table à l'autre, passer de l'anglais au français, être à l'aise avec chacun. David incarne tout cela. Il ne s'attable pas avec la clientèle pour une conversation intime : il s'adresse à sa cour. D'abord barman chez Joe Beef, il évoquait à l'époque ce que j'imaginais du vrai Joe Beef (à supposer que celui-ci soit du genre tyran à propos des listes de lecture d'un iPod et refuse de préparer des Bloody César après 22 h). David s'asseyait avec les clients du bar — son « public » — et racontait des histoires sur le Vieux-Montréal, Winslow Homer à Québec, ses expéditions en canot à Kamouraska et ses filles, Dylan et Lola.

CHAPITRE 2
LES BÂTISSEURS, LES BRASSEURS, LES BANQUIERS ET LES GANGSTERS :
une courte histoire de la restauration à Montréal

Depuis qu'il a brisé ses chaînes et s'est évadé de ses tâches de barman, David se tient surtout au Liverpool. Debout derrière le bar, à la manière d'un conteur Canadien français, éclusant un magnum de chablis premier cru Montmains Brocard (son « lubrifiant pour conteurs »), et racontant un truc du genre : « Oui, la carte des bordeaux de chez X à Miami est sans doute exceptionnelle. Savez-vous qui d'autre en avait une excellente ? Samuel de Champlain, sur son bateau, il y a plus de 350 ans... »). David est un mordu d'histoire et la restauration montréalaise est son domaine de prédilection. **—ME**

Les Montréalais cultivent l'art de bien manger. Chez Joe Beef, nous cuisinons le lapin. Les clients préfèrent les fromages aux desserts. Les enfants se régalent d'huîtres, de terrine sur baguette, de crevettes de Matane, et restent sagement attablés pendant des heures ; comme on s'attend d'eux.

Le véritable mangeur d'huîtres est une bête démoniaque. Par véritable, j'entends quelqu'un qui en fait son souper en en engloutissant 36 à 48 avec, peut-être, quelques palourdes crues en plus. Les enragés de palourdes, eux, peuvent en consommer jusqu'à 900 g à la fois, lorsqu'elles sont exquises. Il y a quelque chose de primitif à se gaver de bivalves, tranquille et seul devant un match de hockey, avec une bière ou un verre de muscadet.

Ces gens-là, on les rencontre souvent chez Joe Beef. Puristes tranquilles au regard pénétrant, ils saisissent l'essence même de la nourriture, gloussant et aspirant bruyamment un mollusque arrosé de Tabasco. Peu importe leur statut social, chacun est une force car ils sont rusés et souvent adeptes de la magie noire. J'en sais quelque chose, j'en suis un !

Les hommes qui ont construit le Port de Montréal, de l'embouchure du fleuve Saint-Laurent au canal de Lachine, mangeaient des barriques d'huîtres. Un trait de famille légué par les bâtisseurs, brasseurs, banquiers et gangsters d'antan.

Il y a toujours eu un p'tit faible entre les gangsters et les huîtres. Al Capone, célèbre «parrain» à Chicago, était copropriétaire à Montréal d'une boîte de nuit burlesque où l'on servait des huîtres (à l'emplacement de l'actuel Lion D'Or). Charles «Joe Beef» McKiernan régnait sur le port de Montréal comme Bill, dit le «Boucher» dirigeait le district de *Five Points* dans le film «Les Gangs de New York».

Au Québec, nous mangeons bien depuis plus de trois siècles. Et bien que les États-Unis connaissent de ce côté un formidable essor — récent malgré tout — qui se souvient de la scène gastronomique de Las Vegas ou de Miami d'il y a 25 ou 30 ans? Ne vous y trompez pas, je suis emballé par notre souci commun de manger plus sainement mais pour moi, les traditions montréalaises de manger, boire du vin et parler français évoquent — dans une salle à manger éclairée à la chandelle — un sentiment

historique. (Pardonnez-moi tous ces ornements. Ils me semblent assez naturels toutefois, lorsque joints à ma gestuelle et mes jurons. Je suis un grand conteur, vous souvenez-vous?) Cette culture de la bouffe vient, à mon avis, de quatre éléments fondamentaux : le système seigneurial, la tradition des casse-croûte, les grandes immigrations d'après-guerre et Expo 67.

LE SYSTÈME SEIGNEURIAL

Le Québec a été colonisé par les Français, les Anglais, les Écossais et les Irlandais, mais sa cuisine, dans son essence, a toujours été française. Réminiscences d'un système établi en Nouvelle-France, elle tire ses origines de la ferme québécoise. À l'époque de la colonisation, la Couronne de France a divisé en lots les terres qui bordaient le fleuve Saint-Laurent. Des seigneurs, désignés propriétaires de ces terres, devaient fournir aux paysans locataires un moulin, un puits et

un four à bois. En échange de ces services, les fermiers s'engageaient à élever du bétail, à produire la farine et le fromage et le pêcher. De cela sont nées les coopératives, puis les premières bourgades bordant le Saint-Laurent.

À côté de mon chalet, à Kamouraska, se trouve le manoir seigneurial de la famille Taché, dont un des membres est à l'origine de la célèbre phrase «Je me souviens» qu'on peut lire sur les plaques d'immatriculation du Québec. Le domaine est stupéfiant : une immense demeure en bardeaux de bois de dix chambres à coucher, sur fondations de pierre. Sa vaste cuisine d'été est munie d'un foyer assez grand pour y rôtir un bœuf entier, et où pourrait prendre place une marmite en fonte capable à elle seule de contenir 200 cuisses de canard, une centaine d'oies entières, ou encore de la soupe pour tout le village. On trouve également un four à pain et un puits fortifié. À l'époque, les puits étaient couverts et renforcés afin semble-t-il, d'empêcher les ennemis du seigneur d'empoisonner l'eau.

La fabrication du pain et du fromage, de même que plusieurs de nos plats traditionnels québécois, nous viennent de cette époque. Au Québec, des menaces d'ingérences gouvernementales dans la production laitière soulèveront bien plus de protestations que l'annonce d'une hausse de taxes. Nous sommes prêts à nous battre et à brandir des pancartes pour continuer de consommer du fromage au lait cru. De fait, le Québec est le seul endroit au monde où la margarine colorée a été interdite. Nous avons même réussi à interrompre les travaux de l'Assemblée nationale du Québec pour une histoire de fromage!

Le garde-manger du Québécois est drôlement impressionnant, même pour nos amis français. Les chefs en visite font tous état de l'étonnante diversité et de l'étalage des produits offerts dans nos marchés, rendant ainsi la grande cuisine accessible à tous. Montréal possède deux principaux marchés : Jean-Talon au nord et Atwater plus au sud, tous deux ouverts depuis 1933. Tripe, poulet de Cornouailles, lapin farci, rognons de lapin, viande chevaline, toute coupe de viande désirée, foie gras sous toutes ses formes. Vous y trouvez littéralement de tout. Atwater à lui seul a trois fromageries. (Pour une liste des marchés et boutiques du Québec, voir p. 280.)

Les restaurants du coin sont, malheureusement, chose du passé. On s'y retrouvait à midi pour partager pain chaud, œufs et bacon, poulet rôti ou encore sandwiches au jambon et fromage. On pouvait même y faire son épicerie de la semaine. De cette époque ne restent que quelques vestiges épars : peinture au plomb vert absinthe, comptoirs en L et frigos à bière en bois. Bien sûr, il existe toujours des endroits tels que le Wilensky's dans le Mile-End et le Green Spot près du Joe Beef. Un jour, nous ouvrirons quelque chose de semblable, avec les indispensables volutes de fumée, tickets de loterie, frigos à *popsicles*, vin et tous ces petits riens qui rendent la vie plus facile : lasagne chaude tous les mercredis à 17 h et cartes de hockey triées pour ne garder que celles des joueurs des Habs.

Les restaurants où l'on sert la vraie bouffe d'ici ne sont plus si faciles à trouver. Jambon à l'érable, chiard de porc et pets-de-sœur sont en voie de disparition. Notre ami Martin Picard et son équipe travaillent fort heureusement à préserver ce patrimoine québécois. La cabane à sucre du PDC, ouverte seulement quatre mois par année et toujours pleine à craquer, est devenue un monument national. Tout le monde chez Joe Beef se réjouit de chaque nouvelle trouvaille de Martin. La relève québécoise n'imite plus les grands chefs français, elle suit plutôt les traces de Martin. Si vous venez à

Montréal vers la fin de l'hiver ou au printemps, c'est au PDC qu'il vous faut aller (itinéraire p. 278).

LA TRADITION DES CASSE-CROÛTE

Dans ma jeunesse, je n'ai pas saisi l'importance d'une autre grande tradition québécoise : les casse-croûte. C'est aujourd'hui que je réalise le trésor qu'ils représentent, maintenant que nous sommes envahis par les grandes chaînes de malbouffe et les centres commerciaux tous identiques. Bon nombre de ces casse-croûte ont été installés dans de vieux bus ou camions à lait, ou dans des bâtisses faites d'échafaudages de toutes sortes de matériaux recyclés. Étonnamment, on peut encore en trouver de très jolis le long du

JOE BEEF ET LE TRICOLORE :
RIAD RENTRE AU PAYS

JE M'ÉTAIS ÉLOIGNÉ DE MONTRÉAL depuis trop longtemps. Les Habs jouaient deux matchs en trois soirs ; j'ai tout de suite réservé mon vol et j'ai acheté des billets au marché noir pour les deux parties. Le Tricolore avait été prodigieux pendant la saison 2007-2008. On commençait à ressentir l'excitation de 1993 alors que les Habs avaient une chance de remporter la coupe Stanley. Même si les Bruins nous ont poussés jusqu'au septième, nous étions les plus forts : arrivaient maintenant les gros méchants Flyers. Au premier match, Kovy a compté quand notre gardien était au banc et Kosty a scoré le but gagnant en prolongation. Olé ! Olé ! Olé ! Le lendemain, je me suis pointé chez « Les Boys », rue Notre-Dame O.

Je me suis installé au bar chez Joe Beef, face à John Bil, le maître de l'écaillage d'huîtres. J'essayais de suivre sa cadence. Je lui ai dit : « Les huîtres BeauSoleil à New York ne sont pas aussi grosses, sucrées et saumurées qu'ici. » Fred préparait un civet lorsque j'ai mis le pied dans la cuisine. « Bienvenue chez toi », m'a-t-il dit. Nous nous sommes donné l'accolade et j'ai eu le motton.

Puis le sancerre Cotat s'est tari et nous avons passé au morgon Lapierre. Nos vieux amis Martin Picard et Normand Laprise sont arrivés : je ne les avais pas vus depuis l'époque du Toqué !. Encore des histoires invraisemblables, des tapes dans le dos, des moments de nostalgie et, bien sûr, de la boisson. Par bonheur, Fred nous a gratifiés d'une côte de bœuf aux os à moelle et aux gyromitres. C'est ce qu'il nous fallait pour absorber notre « jus de raisin ». Nous l'avons mangée avec les doigts et je devais fermer un œil pour ne pas voir double.

Plus tard, dans la cour, Frédéric et moi avons discuté du jardin qu'il cultivait, et David a parlé du fumoir qu'ils prévoyaient construire. Quelqu'un est arrivé avec du tabac et nous avons vidé un autre magnum. « Bienvenue chez toi », a lancé quelqu'un. Je suis rentré chez moi ce soir-là avec le sentiment d'avoir retrouvé mes racines. John Bil m'a ramené à mon hôtel dans sa minifourgonnette et j'ai été malade en route, mais j'arborais le sourire de quelqu'un qui n'a jamais été si fier d'être montréalais.

—Riad Nasr, chef exécutif, *Minetta Tavern*

Saint-Laurent, sur la route 132 entre Québec et Rivière-du-Loup, ou sur la 148 près du Château Montebello. Reconnaissables à leur enseigne aux couleurs de boissons gazeuses, ils sont devenus un sujet de prédilection pour les photographes et blogueurs amateurs de burgers et de poutine. Tout y est : hot-dogs, hamburgers, frites, poutines et autres spécialités locales. J'ai eu l'occasion de goûter à un « Ti-Gus burger » qui était en fait un burger tout garni, copieusement arrosé de vinaigrette Kraft Mille-Îles.

Mais le meilleur du cassecroûte est encore son nom. Il existe généralement quatre variations sur le thème : Casse-croûte Joe Beef, Casse-croûte chez Joe Beef, Patate Joe Beef ou Pataterie Joe Beef.

Nos favoris sont la Cantine Ben La Bédaine, Patate Mallette, La Patate à Serge, Casse-croûte chez Ti-Gus, Casse-croûte chez Miss Patate, Au Royaume de la Patate, Pataterie Guy La Patate, Le King de la Patate et La Patate d'Or, Marcelle. Leur menu varie selon leur localisation, mais ils ont chacun leurs propres garnitures à poutine : saucisse viennoise hachée, sauce à la viande, crevette nordique, ragoût de chevreuil, tranches de terrine ou encore œufs au miroir. J'ai aussi mangé des hot-dogs et des hamburgers garnis de tomates vertes crues, d'œufs, de capicollo et de maïs en crème. «Pourquoi du maïs en crème?», j'ai demandé. Je me suis fait regarder comme si tout le monde en mettait sur ses hot-dogs : «Franchement, mais d'où il sort celui-là?»

LA VAGUE D'IMMIGRATION

À l'âge de 20 ans, je travaillais avec Fred et Allison sur la *Main*, cette portion du boulevard Saint-Laurent comprise entre le *Chinatown* et la Petite Italie. C'était l'époque où un lien était encore possible entre le commerçant et nous. De la rue Sherbrooke à l'avenue des Pins, par exemple, on pouvait trouver une dizaine de bouchers à l'allure typique : face rougeaude et mains grosses comme des gants de baseball. Dix ans plus tard, il n'en restait qu'un et des restaurants industrialisés, des bars louches, des pizzerias et des comptoirs à souvlakis les avaient remplacés. On trouve encore malgré tout quelques traces de ce passé. Des endroits comme Slovenia, la Boucherie Fairmount, La Vieille Europe et Schwartz's, et des enseignes

portugaises telles que Portus Calle, Coco Rico, Romados et Portugalia. Il y a aussi Moishes, cette institution montréalaise. Entreprise des frères Lighter, le célèbre grill a été ouvert par leur père, Moishe Lighter, en 1938. Son fils, notre ami Lenny Lighter, nous a raconté que son père était arrivé à Montréal en 1925 à l'âge de 15 ans, les mains vides. Il a commencé dans un restaurant du nom de Saffrin, et on raconte qu'il a gagné le restaurant en jouant aux cartes. Je pourrais discuter avec lui de leur resto familial pendant des heures. Il y a beaucoup de gens comme lui à Montréal : des gens qui ont formé le paysage culinaire montréalais.

À la fin de la Seconde Guerre mondiale, Montréal a accueilli de nouveaux immigrants et de nouvelles traditions culinaires,

comme bien d'autres villes d'ailleurs. Les Français, les Écossais et les Irlandais sont arrivés en premier, suivis des Italiens, des Grecs, des Ukrainiens, des Hongrois et des Polonais, et tous ont contribué à façonner la ville. Le recueil de nouvelles *Rue Saint-Urbain*, écrit en 1969 par Mordecai Richler, brosse un tableau vivant des principaux quartiers avoisinant le boulevard Saint-Laurent et la rue Saint-Urbain, remplis de charcuteries juives et de rôtisseries portugaises. Vous y trouverez encore aujourd'hui des aliments de qualité et des arômes qui vous feront saliver. Chaque année, le Québec accueille 45 000 immigrants. On reçoit à bras ouverts Chinois, Sud-Asiatiques, Haïtiens et Latinos ainsi que leur succulente nourriture. Ils s'installent ensemble dans de nouveaux quartiers et nous servent des plats de plus en plus délicieux.

EXPO 67

Un autre événement notable qui a changé notre conception de la nourriture a été Expo 67. Les restaurants et les pavillons qu'on y trouvait ont attiré à Montréal des chefs mondialement réputés et bon nombre ont décidé d'y rester. La majorité de ces chefs était d'origine française. Ils sont venus pour la bouffe et sont restés pour les forêts, les rivières, les lacs et les femmes (en effet, c'était l'été de l'amour!). Pendant les trente années suivantes,

les Français ont régné en maîtres sur Québec et Montréal. C'était l'époque des restaurants comme Les Halles, Chez La Mère Michel, Chez Alexandre, Le Paris, Le Mas des Oliviers, Chez Gauthier, L'Express, Le Béarn, Claude Postel, Bonaparte, L'Actuel, Au Petit Extra, Le Witloof et Maison Serge Bruyère. Les chefs de ces restaurants sont les mentors et les maîtres de nombre de nos pairs et, même si certains restaurants de l'époque sont aujourd'hui fermés, beaucoup existent encore.

Chaque fois que j'ai l'occasion de manger au Mas des Oliviers, je me régale. Je demande à m'asseoir à la table de Mordecai Richler et je rêvasse à ce qui a bien pu se passer dans ce coin. C'est ici qu'il avait sa «cour» le jour et qu'il mangeait en famille le soir. C'est aussi une célèbre planque pour les politiciens, mais quand j'essaie de savoir ce qui s'y trame, le personnel garde jalousement le secret. Parmi les autres grands, on retrouve Jean-Paul Grappe, Marcel Kretz, Daniel Schandelmayer, Rene Pankala, Moreno DiMarchi, les frères Creton, Peppino Perri, André Besson et Jacques Muller. Ce sont les piliers de la cuisine montréalaise. Ce groupe d'expatriés européens a instruit toute une génération de chefs québécois; ces derniers, pour la plupart, travaillent aujourd'hui dans les grands restaurants de France grâce à leurs recommandations.

Montréal a toujours été fière de sa forte tradition française.

Mais Expo 67 a attiré en ville de nouveaux chefs hongrois, alsaciens et parisiens. Elle a également retardé l'arrivée des aliments prêts-à-manger comme la margarine et freiné l'appétit des Montréalais pour des abominations comme la viande en conserve et le fromage fondu, du moins pendant un certain temps. Levons nos verres à Expo 67 et aux expatriés français!

LE CHOC DU RENOUVEAU : NORMAND LAPRISE ET LIENS AVEC LA MÈRE PATRIE

Lorsque Normand Laprise a ouvert Citrus en 1989, c'est comme si un vaisseau extraterrestre venait d'atterrir: des empilades, du rose et du orange, peu de beurre ou de crème. Il bousculait l'ordre culinaire sacré, en faisant frire des aliments à ne pas frire. Il est déménagé sur la rue Saint-Denis quelques années plus tard pour y fonder le Toqué!, où l'on peut voir la cuisine par la vitrine. C'était rafraîchissant, nouveau et cool: tout le monde voulait travailler là. Et nous avons été nombreux à le faire: Martin Picard, Riad Nasr et Frédéric, pour ne nommer qu'eux. Normand est un grand rassembleur dans cette ville; sans lui, Fred et moi ne nous serions peut-être jamais rencontrés. Le Toqué! était le point de rencontre de tous les chefs, jeunes et moins jeunes. C'était comme la Bohème de Paris, un creuset de gens superbement talentueux.

Aujourd'hui, il domine fièrement le Vieux-Port et veille sur nous, nous, gardant sur le chemin de la sagesse.

Bien entendu, il n'y a pas que la cuisine française. En créant notre liste de restaurants pour l'itinéraire (p. 278), amis et collègues se sont empressés de nous recommander les meilleurs restaurants haïtiens, somaliens, éthiopiens, arméniens, grecs, japonais, indiens et jamaïcains en ville. C'est typique des Montréalais. Si l'on ne fréquente pas leurs lieux de prédilection, ils sont vexés :

« Comment ça, t'es pas allé chez Méli Mélo pour un repas haïtien ? Ça va pas ? » Et c'est un Grec qui me dit ça ! Cela me rappelle tristement les « poches de lave » (galettes) du restaurant Mom's Caribbean Heaven, aujourd'hui fermé. Ces délicieuses galettes jamaïcaines de poulet ou de bœuf m'ont causé au menton, aux lèvres, à la langue, au torse et aux bras d'innombrables brûlures au deuxième degré. Dans le quartier Notre-Dame-de-Grâce, tout le monde a vécu une expérience similaire avec ces galettes.

À Montréal, la valeur d'un quartier est définie par ses cafés, ses boulangeries et ses restaurants. Sans ces établissements, la cote d'un quartier dégringole. J'adore cette ville. Et je ne voudrais vivre nulle part ailleurs, sauf peut-être à Kamouraska ou dans le Maine, l'été. Même après avoir travaillé si longtemps en restauration, je suis toujours aussi amoureux de l'histoire et des gens du Québec. Si seulement on pouvait régler le problème de la foutu neige.

Les recettes qui suivent reflètent, selon nous, le caractère des traditions culinaires de notre ville.

—DM

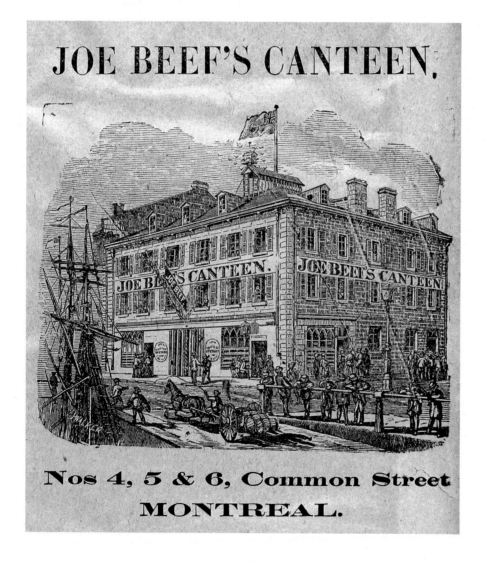

JOE BEEF'S CANTEEN.

Nos 4, 5 & 6, Common Street
MONTRÉAL.

ÉPAULE D'AGNEAU AU FOUR POUR DEUX & *CONDIMENTHE*

Donne 2 portions

La menthe est un aromate classique pour l'agneau. Mais ce n'est que lorsque Jennifer May a photographié cette recette que nous avons su apprécier la vraie beauté de ce plat. C'est un repas qu'on s'imagine sur la table du maire Drapeau, un dimanche. Celui-là même qui a rendu possible Expo 67 et les Jeux olympiques de 1976 à Montréal (et qui a chassé les putes et les gangsters – quoique temporairement).

2 lb (environ 1 kg) d'épaule d'agneau désossée, parée, roulée et ficelée

sel et poivre

3 c. à soupe d'huile neutre

1 oignon, en quartiers

1 carotte, pelée et coupée en morceaux

1 tasse (140 g) de pois surgelés ou de pois frais, écossés

10 gousses d'ail

10 brins de thym

1 tasse (250 ml) de vin blanc sec

CONDIMENTHE

1 tasse (170 g) de dattes, dénoyautées

1/2 tasse (125 ml) d'eau

1/2 tasse (100 g) de cassonade tassée

1 tasse (250 ml) de vinaigre de cidre

une pincée de poivre de Cayenne

1/2 tasse (55 g) de raifort frais, râpé

3 c. à soupe combles de menthe poivrée séchée, les tiges enlevées

1 c. à soupe de sauce Worcestershire

Navets au cidre (p. 196)

1. Préchauffer le four à 375 °F (190 °C). Assaisonner de sel et de poivre tous les côtés de l'agneau.

2. Dans une grande poêle allant au four, faire chauffer l'huile à feu vif. Ajouter l'agneau et saisir 3 ou 4 min de tous les côtés, ou jusqu'à la formation d'une croûte dorée. Transférer dans une assiette.

3. Réduire à feu moyen, ajouter l'oignon, la carotte, les pois (dégelés si surgelés) et l'ail, et cuire environ 4 min, en remuant à l'occasion, jusqu'à ce que la viande soit bien dorée. Ajouter le thym, déposer l'agneau sur les légumes et verser le vin.

4. Couvrir la poêle de papier d'aluminium, mettre au four et braiser 4 h. Toutes les 30 min, arroser le dessus de l'agneau avec le jus de cuisson. Si la poêle commence à sécher, ajouter un peu d'eau.

5. Pendant la cuisson de l'agneau, préparer le condiment. Dans une petite casserole, mélanger les dattes et l'eau, porter à ébullition à feu vif et laisser bouillir environ 10 min ou jusqu'à tendreté. Réduire à feu moyen, ajouter la cassonade, le vinaigre et le poivre de Cayenne, et bien remuer. Cuire environ 10 min, en remuant à l'occasion, jusqu'à ce que la cassonade soit dissoute et que le condiment ait la consistance d'une confiture.

6. Retirer du feu, ajouter le raifort, la menthe et la sauce Worcestershire, et mélanger au fouet ou avec un mélangeur à main. Laisser refroidir complètement avant de servir. (Les restes se conservent au réfrigérateur jusqu'à un mois dans un bocal fermé hermétiquement.)

7. Lorsque l'agneau est prêt, transférer avec les légumes sur un plateau chaud. Couper les ficelles et servir à la cuillère. Servir le condiment et les navets au cidre en accompagnement.

ŒUFS EN GELÉE

Donne 6 portions

Frédéric proposait cet étrange plat aux filles qu'il amenait à L'Express parce qu'il ne coûtait presque rien et qu'il était excentrique. Ce qui lui a, du même coup, valu une réputation de type *cheap* et bizarre! Même si ce plat n'est plus offert à L'Express, nous le préparons parfois chez Joe Beef pour nous rappeler le bon vieux temps, et aussi parce que c'est très bon. Il faut compter deux jours pour la préparation : le premier pour filtrer et refroidir le consommé, et le deuxième pour assembler les aspics. La version classique inclut du jambon cuit, des feuilles d'estragon et des blancs d'œufs coupés et assemblés pour former des lys. Maintenant, nous le préparons avec du jambon *Spam*, du homard, des gourganes, du crabe ou tout ce qui promet d'être délicieux dans un consommé.

Vous pouvez vous procurer des moules à œufs en gelée sur Internet, ou utiliser des moules à muffins standards en silicone.

LE CONSOMMÉ

¹/₂ **tasse (70 g) de céleri, coupé en dés d'environ ¹/₄ po (6 mm)**

¹/₂ **tasse (70 g) de carotte, coupée en dés d'environ ¹/₄ po (6 mm)**

¹/₂ **tasse (60 g) d'oignon, coupé en dés d'environ ¹/₄ po (6 mm)**

1 lb (455 g) de bœuf haché maigre

1 lb (455 g) de dinde hachée

1 feuille de laurier

2 c. à soupe de persil, haché

1 c. à soupe de grains de poivre

1 gousse d'ail

3 litres d'eau glacée

6 feuilles de gélatine

1 c. à thé de vinaigre de xérès

¹/₂ **tasse (60 ml) de madère**

sel

LES ŒUFS

8 tasses (2 litres) d'eau

1 c. à soupe de sel, et un peu plus pour servir

6 à 8 œufs moyens (ou les plus petits possible), à la température de la pièce

n'importe lequel des aliments suivants : tranches de jambon cuit de qualité supérieure; tranches de truffes noires fraîches, surgelées ou en conserve; gourganes écosséeset pelées; morceaux de crabe; tranches de queue de homard; tranches de jambon *Spam*; tranches de saumon fumé; feuilles d'estragon frais; jambon persillé (jambon haché et persil entourés d'une gelée à la moutarde et à la viande); feuilles d'or (si vous vous sentez d'attaque)

pain campagnard grillé, pour servir

poivre noir moulu et sel en flocons, pour servir

1. Pour préparer le consommé, mélanger dans une marmite épaisse céleri, carotte, oignon, bœuf, dinde, feuille de laurier, persil, grains de poivre, ail et eau glacée en fouettant. Cuire à feu doux et remuer jusqu'à ce que le consommé commence à mijoter. Arrêter de remuer; les viandes et les légumes vont flotter à la surface et formeront un «radeau». Laisser mijoter doucement 2 h (sans remuer). Ne pas laisser bouillir.

2. Pour filtrer le consommé, tapisser un tamis de mousseline ou de plusieurs couches de coton à fromage et le placer au-dessus d'un grand bol. Percer délicatement un trou. Plonger une louche dans le trou en prenant

SUITE...

soin de ne pas couler le radeau et verser dans le tamis. Le consommé ne doit pas être trouble : il doit ressembler à un genre de « thé à la viande » limpide. Recouvrir le bol et réfrigérer assez longtemps pour que le gras fige à la surface (jusqu'au lendemain, par exemple).

3. Le lendemain, faire tremper les feuilles de gélatine dans un bol d'eau fraîche 5 à 10 min ou jusqu'à ce qu'elles gonflent. Pendant ce temps, retirer le consommé du réfrigérateur, dégraisser et jeter le gras. Transférer 2 tasses (500 ml) de consommé dans une petite casserole et cuire à feu vif. (Congeler le reste du consommé pour faire de la soupe. Il se conserve jusqu'à trois mois.) Lorsque le consommé commence à bouillir, ajouter le vinaigre et le madère et saler. Essorer délicatement les feuilles de gélatine, ajouter au consommé et remuer 2 ou 3 min, ou jusqu'à dissolution. Retirer du feu et conserver le consommé à la température de la pièce.

4. Mettre six moules à muffins de 3 ½ oz (100 g) sur un petit plateau. Verser le consommé dans chaque moule à une hauteur de ¼ po (6 mm). Mettre au réfrigérateur 20 min pour le faire prendre. La couche ainsi formée est essentielle pour empêcher l'œuf de passer à travers le consommé.

5. Pour préparer les œufs, mettre l'eau et le sel dans une grande casserole et porter à ébullition. Ajouter délicatement les œufs et laisser bouillir précisément 4 ½ min. Transférer les œufs dans un bol d'eau glacée et laisser refroidir environ 10 min. Écailler chaque œuf délicatement sous l'eau ; comme ils sont cuits à la coque et pourraient se casser facilement, nous suggérons d'en faire deux de plus, au cas.

6. Voici la partie amusante : la création de l'aspic. La créativité est de mise ici. Une seule contrainte : tout ce qui est mélangé à l'œuf doit avoir une texture plutôt molle. Par exemple, des carottes ou du céleri crus donneront une salade en gelée des années 1960, ce qui n'est pas l'esthétique voulue. Ne pas oublier que le fond du moule se retrouvera sur le dessus, alors c'est ce que tout le monde va voir. On peut disposer une tranche de truffe noire ou de petits morceaux de jambon, des pois ou des tranches de homard au fond de chaque moule (sur la gelée prise) avant d'ajouter les œufs. Déposer soigneusement un œuf dans chaque moule, puis ajouter les ingrédients de son choix. Le consommé s'avère utile pour tenir les morceaux en place. Lorsque tous les ingrédients sont ajoutés, remplir les moules avec le consommé. Transférer délicatement les moules au réfrigérateur et les laisser refroidir au moins 2 h pour les faire prendre, puis servir. (On peut les conserver jusqu'à deux jours maximum.)

7. Pour démouler, verser de l'eau chaude à une hauteur de 1 po (2,5 cm) dans un large plat peu profond. Déposer le moule dans l'eau et laisser reposer 30 secondes. Renverser dans une assiette de service ; l'aspic devrait se démouler facilement. En cas de difficulté, faire délicatement pivoter le bout d'un couteau inséré entre l'aspic et le moule. Servir avec du pain grillé, du poivre noir et du sel.

PLAIDOYER EN FAVEUR DES CÔTES ET CÔTELETTES MINCES

ATTABLÉS AVEC DES AMIS, nous aimons commander une bouteille de vin, déguster une douzaine d'huîtres chacun, puis manger de bonnes côtelettes minces, bien dorées, chaudes et salées, et déposées sans prétention au milieu de la table. Agneau, porc, veau ou steaks de côtes minces – le tout cuit à point, même autour de l'os. Une douzaine de côtelettes diverses chacun, puis quelques cigarillos et du calvados, pour nous sortir de la routine. Bien entendu, vous pouvez les cuisiner vous-même à la maison très simplement : sortez votre grande poêle, allumez la hotte et faites-les cuire 2 à 3 min de chaque côté.

STEAK DE CANARD AU POIVRE

Donne 2 portions

C'est le genre de plat que l'on préparait jadis à votre table dans les restaurants sombres de Montréal. Quelques restaurants font encore des crêpes Suzette, du steak tartare et des cafés spécialisés à la table. Lorsqu'on voit le petit chariot rouler vers nous, nous sommes excités comme des enfants le jour de l'Halloween. Le Joe Beef n'a pas l'espace nécessaire pour ce genre de service, mais nous espérons que cette pratique reviendra sérieusement à la mode (et pas à la manière d'un serveur qui asperge votre agneau d'huiles essentielles de lavande et de tomate avec une bouteille à motif provençal pendant que vous humez le parfum de la viande avec impatience).

1 grosse demi-poitrine de canard d'environ 15 oz (420 g)

1 c. à soupe de grains de poivre noir ou vert, concassés dans un mortier

sel

2 c. à soupe d'huile de canola

2 c. à soupe de beurre non salé

1 c. à soupe d'échalote, hachée

2 c. à soupe de moutarde de Dijon

1 c. à soupe de grains de poivre vert en saumure, égouttés et épongés

2 c. à soupe de cognac

½ tasse (125 ml) de *Bouillon de jarret de bœuf* (p. 249)

¼ tasse (60 ml) de crème à fouetter (35 % M.G.)

Bonnes frites (p. 154) ou pont-neuf, coupé en morceaux de ⅜ x ⅜ x 2 ¾ po (1 x 1 x 7 cm)

1. Retirer la peau argentée de la poitrine de canard en glissant un couteau aiguisé entre la peau et la chair, et en soulevant la peau avec les doigts. Cette tâche exige précision et patience, un peu comme lorsqu'on déballe un lave-vaisselle neuf. Réserver la peau pour faire un confit.

2. Recouvrir la viande de pellicule plastique et l'attendrir avec un rouleau à pâte ou le côté plat d'un couperet pour l'aplatir d'environ 20 %. Taillader légèrement la viande pour l'empêcher de se rétracter. Frotter un côté du steak de canard avec des grains de poivre noir, puis saler l'autre côté.

3. Chauffer une belle poêle (pour en mettre plein la vue!) à feu moyen-vif. Lorsqu'elle est très chaude, ajouter l'huile. Une fois que celle-ci est chaude, ajouter le steak. Cuire 1 ½ min de chaque côté en tournant une fois.

4. Réserver le steak dans une assiette. Jeter le gras de la poêle et essuyer celle-ci.

5. Chauffer la poêle à feu moyen, ajouter le beurre et faire suer les échalotes 4 ou 5 min, jusqu'à ce qu'elles soient translucides. Ajouter la moutarde de Dijon, les grains de poivre vert et le cognac, et mélanger 30 sec. Ajouter le bouillon et réduire environ 2 min, jusqu'à le liquide ait une consistance sirupeuse. Ajouter la crème et bien mélanger, rectifier l'assaisonnement puis réduire pendant 2 min complètes. Si la sauce est trop réduite, ajouter du bouillon ou de l'eau, mais pas de la crème.

6. Remettre le steak dans la poêle et bien l'enduire de sauce de chaque côté. Servir sur un plateau d'argent avec la sauce et les frites en accompagnement.

VARIANTE

Vous pouvez également ficeler 2 petites poitrines de canard ensemble, chair contre chair, et les faire sauter dans la poêle 3 min de chaque côté, puis terminer la cuisson dans un four à 425 °F (220 °C) pendant 4 min (voir la photo ci-contre).

PÂTÉ EN CROÛTE

Donne 6 à 8 portions

Voici une autre recette qui nous rend nostalgiques (un peu comme lorsqu'on tombe sur une belle image dans un vieux Larousse, qu'on assiste à une reconstitution historique de la guerre civile ou qu'on s'endort dans un train), et on ne peut s'empêcher de se demander pourquoi plus personne ne la prépare. Il n'y a qu'une bonne raison de cuisiner ce plat : parce que vous le pouvez ! Heureusement, des gens comme Frank, Marco et Emma (nos cuisiniers purs et durs qui ne jurent que par le Joe Beef) apprécient la valeur des plats à saveur historique ; ils en gardent le souvenir et continuent à les préparer pour qu'on ne les oublie pas. La difficulté de cette recette est de mesurer la pâte pour recouvrir le pâté. Certains pâtés sont servis chauds, mais celui-ci n'est bon que s'il est froid, en raison de sa teneur en sel. Nous le servons avec un peu de moutarde et un verre de morgon.

LA PÂTE

4 ¹/₂ tasses (550 g) de farine tout usage, et un peu plus pour saupoudrer

1 ¹/₄ c. à thé de sel

1 tasse (225 g) de beurre non salé froid, coupé en morceaux de ¹/₄ po (6 mm)

5 œufs

¹/₂ tasse (125 ml) d'eau

LA GARNITURE

environ 1 lb (455 g) de bajoue de porc, hachée

2 lb (900 g) de porc haché

2 gousses d'ail, hachées

1 c. à soupe de persil plat frais, haché

4 c. à thé de sel

1 c. à thé de poivre

1 c. à thé de macis moulu

2 c. à soupe de brandy

2 c. à soupe de farine tout usage

2 œufs

¹/₂ tasse (125 ml) de crème à fouetter (35 % M.G.)

1 jaune d'œuf, battu avec 1 c. à thé d'eau, pour faire une dorure

7 feuilles de gélatine

2 tasses (500 ml) de bouillon de poulet

¹/₄ tasse (60 ml) de xérès sec

sel et poivre

1. Pour préparer la pâte, mélanger la farine et le sel dans un grand bol. Mettre le beurre dans la farine, puis pétrir pour bien l'incorporer, mais en laissant quelques morceaux. Ajouter les œufs et mélanger la pâte délicatement avec les doigts pour la rendre malléable. Verser doucement la moitié de l'eau en travaillant la pâte avec les doigts. Lorsque l'eau est absorbée, incorporer le reste de l'eau. La pâte doit être ferme et d'apparence inégale.

2. Transférer la pâte sur une surface de travail farinée. À l'aide d'un rouleau à pâte, abaisser pour en faire un rectangle. Emballer ce dernier dans une pellicule plastique et mettre au réfrigérateur au moins 1 h pendant la préparation de la garniture.

3. Pour préparer la garniture, mélanger dans un grand bol les viandes hachées, l'ail, le persil, le sel, le poivre, le macis et le brandy. Dans un petit bol, mélanger la farine, les œufs et la crème en fouettant jusqu'à

ce que le mélange soit homogène. Ajouter la crème à la viande et remuer avec une cuillère en bois pour obtenir un mélange homogène.

4. Lorsque la pâte a reposé pendant 1 h, préchauffer le four à 300 °F (150 °C). Sur une surface de travail farinée, abaisser la pâte pour en faire un rectangle d'une épaisseur d'environ ¹/₄ po (6 mm). C'est l'étape la plus technique, car la pâte doit être suffisamment abaissée pour recouvrir la terrine. Nous utilisons un plat Le Creuset de 10 x 4 x 3 ¹/₄ po (25 x 10 x 8 cm), mais tout plat en fonte émaillée semblable fait l'affaire. Mettre le plat sur la pâte et presser pour y laisser l'empreinte du plat. Découper légèrement l'empreinte, en ajoutant des rabats aux deux côtés les plus courts (voir le schéma). Soulever délicatement la pâte et la déposer dans le plat, en appuyant doucement pour bien l'enfoncer. Réserver le reste de la pâte.

SUITE...

La Pâte du Pâte en Croûte.

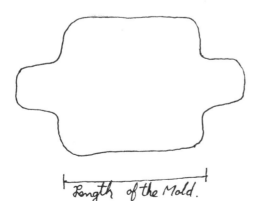

Length of the Mold.

✤ in order to fit a Le Creuset terrine mold.

Hole Made with an apple corer

5. Verser la viande dans le plat, en prenant soin de bien l'égaliser et en lissant le dessus. Plier la pâte par-dessus la viande de manière à la recouvrir complètement. Les joints n'ont pas besoin d'être parfaits. Avec le reste de la pâte, découper une lanière de la longueur du plat et l'étendre au milieu de la terrine pour sceller le joint (la chaleur de la cuisson va faire gonfler la pâte).

6. Badigeonner la pâte avec la dorure. Sur le dessus, on peut ajouter des motifs décoratifs faits avec le reste de la pâte, en s'assurant de les badigeonner de dorure également.

7. Au milieu de la pâte, découper un trou de la taille d'un 25 ¢ à l'aide d'un vide-pomme ou d'un couteau. Pour fabriquer une «cheminée», qui servira à laisser sortir la vapeur, envelopper de papier d'aluminium le manche d'une cuillère en bois et retirer le tube ainsi créé. Cette cheminée est essentielle quand on prépare un pâté en croûte. Ayez foi en la cheminée! Sinon, vous devrez nettoyer le four.

8. Cuire au four 35 à 40 min. Le pâté est prêt lorsqu'un thermomètre inséré par la cheminée affiche 158 °F (70 °C). Le thermomètre est essentiel pour éviter que la croûte brûle ou que la viande ne soit pas suffisamment cuite.

9. Pendant ce temps, faire tremper les feuilles de gélatine 5 à 10 min dans un bol d'eau fraîche, jusqu'à ce qu'elles gonflent. Chauffer une casserole à feu moyen-vif, puis ajouter le bouillon et le xérès. Porter le mélange à ébullition, saler et poivrer et retirer du feu. Essorer délicatement les feuilles de gélatine, ajouter au bouillon et fouetter jusqu'à dissolution complète.

10. Retirer le pâté en croûte du four et laisser refroidir 45 min. Verser soigneusement le bouillon dans la cheminée. Laisser le pâté refroidir complètement avant de le trancher et de le servir.

BLANQUETTE DE VEAU AUX CHICONS

Donne 4 portions

Voici le repas mijoté qui se sert bien en été, et dont vous aurez une folle envie en hiver. Les morceaux de veau provenant du jarret arrière sont la meilleure viande à utiliser pour ce plat ; il est aussi possible de prendre les joues ou l'épaule. En fait, tout convient, sauf le muscle de la patte arrière. La purée de pommes de terre et le riz à la moelle (du riz cuit avec de la moelle au lieu du beurre) sont les meilleurs amis de ce plat. Pour la touche finale, nous rehaussons la saveur de notre blanquette de veau avec des truffes, des crêtes de coq, du foie gras ou de petites tranches de homard. Cela confère de la noblesse à une blanquette consistante et simple.

3 lb (1,4 kg) de jarret, de joue
   ou d'épaule de veau, désossé,
   coupé en cubes

2 tasses (500 ml) de vin blanc sec

2 tasses (500 ml) de bouillon de poulet

1 poireau, la partie blanche seulement

1 carotte, pelée

1 petit oignon, piqué avec 1 clou
   de girofle

1 branche de céleri

1 brin de thym

1 feuille de laurier

1 gousse d'ail

1 c. à thé de sel

2 tasses (500 ml) de crème à fouetter
   (35 % M.G.)

2 c. à soupe de moutarde de Dijon

2 endives, évidées, coupées
   en deux sur le sens de la longueur
   puis en cubes

¹/₂ céleri-rave, pelé et coupé en cubes
   de 1 po (2,5 cm)

1 c. à soupe d'estragon frais, haché

1. Préchauffer le four à 375 °F (190 °C). Dans une cocotte, mélanger le veau, le vin, le bouillon de poulet, le poireau, la carotte, l'oignon, le céleri, le thym, la feuille de laurier, l'ail et le sel. Chauffer à feu moyen-vif et porter à ébullition, en remuant à l'occasion. Lorsque le mélange bout, couvrir et cuire au four 2 h.

2. Sortir la cocotte du four et retirer soigneusement les légumes et les aromates. (On peut conserver les carottes et les ajouter à la purée de pommes de terre, si désiré.) À l'aide d'une cuillère à égoutter, retirer les morceaux de veau et les mettre sur un plateau à proximité.

3. Remettre la cocotte avec le liquide de cuisson sur la cuisinière à feu moyen. Incorporer la crème et la moutarde de Dijon et réduire pendant 15 min, en remuant à l'occasion, jusqu'à ce que la sauce nappe le dos d'une cuillère.

4. Rectifier l'assaisonnement, puis remettre la viande dans la cocotte, et ajouter les endives et le céleri-rave. Laisser mijoter 8 à 10 min ou ce que les légumes soient tendres. Ajouter l'estragon pendant la dernière minute de cuisson. Servir très chaud.

FILET DE CHEVAL À CHEVAL

Donne 4 portions

Au Canada, le cheval est l'un des grands sujets de discorde entre les anglophones et les francophones – pire que la politique, et pire que Céline Dion. Il provoque des affrontements comparables à ceux de Napoléon contre Nelson ou de Wolfe contre Montcalm sur les plaines d'Abraham. Les Français consomment deux aliments que les Anglais trouvent dégoûtants : des grenouilles et du cheval. Pour un anglophone, le cheval est synonyme de royauté, ce qui est compréhensible : cet animal est majestueux. Mais il est aussi très goûteux.

Nous ne connaissons personne qui élève des chevaux pour la viande, mais elle est pourtant disponible. Mais si vous ne voulez pas que votre viande chevaline contienne des hormones de croissance et du clenbutérol, achetez-la chez un boucher de confiance. Elle a une haute teneur en fer et est délicieuse en filet ou en tartare.

2 c. à soupe d'huile de canola

4 tranches de bacon

2 c. à soupe de beurre non salé, et un peu plus pour faire revenir

1 feuille de laurier ou 1 brin de thym (facultatif)

4 steaks de cheval de 8 à 10 oz (225 à 280 g) chacun

1 tasse (250 ml) de *Sauce au vin rouge du Joe Beef*

2 c. à soupe de moutarde de Dijon

4 œufs

4 tranches de brioche (facultatif)

1. Chauffer une grande poêle à feu vif et ajouter l'huile. Lorsque l'huile est chaude, ajouter le bacon et frire environ 5 min, jusqu'à ce qu'il soit bien doré sans être croustillant (il servira à barder les steaks). Réserver.

2. Jeter le gras et essuyer la poêle. Ajouter les 2 c. à soupe de beurre à la même poêle à feu moyen. Lorsque le beurre est mousseux, ajouter la feuille de laurier, puis les steaks de cheval. Cuire 5 min un côté. Tourner et cuire 4 min l'autre côté. Transférer les steaks dans une assiette et laisser reposer 4 min, en les gardant au chaud. Essuyer la poêle et réserver.

3. Pendant ce temps, dans une petite casserole, faire chauffer la sauce au vin à feu moyen et incorporer la moutarde en fouettant. Retirer du feu et garder au chaud.

4. Ajouter un peu de beurre dans la poêle et frire les œufs, puis griller la brioche (facultatif). Barder chaque steak avec une tranche de bacon, si possible, puis déposer un œuf par dessus. Ou bien déposer simplement une tranche de bacon et un œuf par-dessus chaque steak. Glisser une tranche de brioche grillée sous chaque steak (facultatif). Verser quelques cuillérées de sauce au vin sur chaque portion.

PIEDS-PAQUETS, SAUCE CHARCUTIÈRE

Donne 4 portions

Si vous êtes Français ou francophiles, vous savez ce qu'est ce plat : des tripes de mouton et des pieds de cochon que l'on fait cuire ensemble. Nous ne connaissions que le nom du plat, alors nous l'avons préparé comme nous nous l'imaginions. Le résultat est réussi, quoique sans doute très éloigné (on pense) du plat original. Voici un braisé d'agneau et de pieds de cochon aux légumes verts et aux fines herbes, enveloppé dans du gras de coiffe. La sauce aux cornichons, à la moutarde et à l'échalote – un classique français – est idéale pour les côtelettes et le foie.

2 lb (environ 1 kg) de collet ou de jarret d'agneau

2 pieds de cochon de 6 po (15 cm) (juste le pied, pas la patte au complet)

¹/₄ tasse (60 ml) d'huile d'olive

1 tasse (140 g) de carotte, grossièrement coupée en dés de 1 ¹/₂ po (4 cm)

1 tasse (140 g) de céleri, grossièrement coupé en dés de 1 ¹/₂ po (4 cm)

1 tasse (115 g) d'oignon, grossièrement coupé en dés de 1 ¹/₂ po (4 cm)

4 brins de thym

1 gousse d'ail

2 c. à thé de sel

1 c. à thé de poivre

2 tasses (500 ml) de vin blanc sec

beurre, pour graisser

LA SAUCE CHARCUTIÈRE

2 tasses (500 ml) de *Bouillon de jarret de bœuf* (p. 249)

3 c. à soupe de moutarde de Dijon

3 c. à soupe de beurre non salé

1 c. à thé de vinaigre de vin rouge ou blanc

16 petits cornichons non sucrés, en tranches

2 c. à soupe de câpres, égouttées et épongées

1 échalote, coupée en dés fins

1 c. à soupe d'estragon frais, haché

¹/₂ c. à thé de poivre concassé

2 tranches de bacon, coupées en épais lardons d'automne (voir la *théorie nº 3*, p. 166) qui doivent être cuits jusqu'à ce qu'ils soient croustillants (facultatif)

LES PAQUETS

2 tasses (400 g) d'épinards blanchis, hachés (ou surgelés : c'est plus simple)

2 c. à soupe de persil plat frais, haché

2 c. à soupe de basilic frais, haché

1 c. à soupe de sauge fraîche, hachée

8 oz (225 g) de gras de coiffe, dégelé au réfrigérateur si surgelé, trempé dans de l'eau froide jusqu'à ce qu'il puisse être aplati doucement

2 c. à soupe d'huile d'olive

Bonnes frites (p. 154)

1. Préchauffer le four à 350 °F (180 °C). Mettre l'agneau, les pieds de cochon et l'huile d'olive dans un plat de cuisson profond recouvert de papier d'aluminium graissé ou dans une cocotte avec son couvercle. Recouvrir la viande avec tous les légumes, le thym et l'ail. Saler, poivrer et verser le vin. Ajouter juste assez d'eau pour couvrir à peine la viande.

2. Recouvrir d'une feuille de papier d'aluminium graissée et cuire au four 3 ½ à 4 h, ou jusqu'à ce que les pieds soient faciles à percer avec une fourchette et que l'agneau soit assez tendre pour être déchiqueté. Vérifier le niveau d'eau de temps en temps et en ajouter au besoin pour maintenir le niveau de départ.

3. Pendant la cuisson des viandes, préparer la sauce. Verser le bouillon dans une petite casserole, chauffer à feu vif jusqu'à ce que le liquide commence à frémir, et laisser mijoter jusqu'à ce qu'il ait réduit du tiers. Incorporer la moutarde de Dijon, le beurre, le vinaigre, les cornichons, les câpres, l'échalote, l'estragon, le poivre et les lardons ; réduire à feu doux et cuire 5 min pour marier les saveurs. Rectifier l'assaisonnement, en ajoutant plus de vinaigre pour un peu plus de piquant. Retirer du feu et laisser refroidir avant de servir.

4. Sortir les viandes du four, découvrir et laisser tiédir. Les retirer du bouillon à l'aide d'une grande cuillère à égoutter et transférer dans une grande assiette ou sur un plateau. Lorsque les viandes sont assez tièdes pour être manipulées, déchiqueter grossièrement l'agneau et jeter les os. Mettre l'agneau dans un bol. Pour les pieds, retirer la viande des os avec les doigts, un couteau ou une fourchette, et jeter les os et les parties non utilisables. La viande des pieds de cochon est gélatineuse et servira à coller les morceaux ensemble. Hacher la viande des pieds en petits morceaux et ajouter à l'agneau. Filtrer le liquide de cuisson à l'aide d'un tamis fin au-dessus d'un petit bol et réserver.

5. Pour préparer les paquets, préchauffer le four à 425 °F (220 °C). Ajouter à la viande les épinards et toutes les herbes et bien mélanger. Incorporer 1 tasse (250 ml) du liquide de cuisson filtré et bien malaxer avec les doigts. Le mélange doit être malléable et humide. S'il est trop sec, ajouter jusqu'à ½ tasse (125 ml) de liquide de cuisson. Rectifier l'assaisonnement.

6. Façonner 16 boules de taille égale (de la grosseur d'un citron) avec le mélange de viandes. Disposer le gras de coiffe à plat sur une surface de travail, y poser les boules en laissant un espace entre chacune, puis découper le gras en carrés suffisamment grands pour envelopper chaque boule individuellement. Recouvrir entièrement chaque boule avec les découpes de gras.

7. Enduire d'huile d'olive un plat de cuisson juste assez grand pour contenir les boules. Façonner délicatement les boules pour leur donner une forme allongée. Cuire au four 20 min, ou jusqu'à ce qu'elles soient chaudes à l'intérieur et bien dorées à l'extérieur.

8. Servir immédiatement avec la sauce et une bonne quantité de frites.

BROCHETTES DE LAPIN
AUX PRUNEAUX

Donne 6 brochettes

Nous avons concocté cette recette afin de pouvoir manger du lapin
en été. Si possible, demandez au boucher de désosser le lapin pour
vous. Assurez-vous d'être en mesure de bien faire la différence entre
les pattes et les longes. Au Canada, vous pouvez demander les rognons
sans problème. Aux États-Unis, c'est une autre paire de manches.

Nous servons parfois les brochettes avec notre *Sauce à steak
Grand Monsieur* (p. 251) en trempette, mais elles sont délicieuses telles
quelles. Vous pouvez également les accompagner du jus de cuisson,
déglacé avec un filet de xérès et auquel on aura ajouté ½ tasse
(125 ml) de bouillon de poulet et 2 c. à soupe de beurre non salé.

---

1 lapin, divisé (2 pattes, 2 longes
   et 2 rognons)

4 tranches de bacon, chacune coupée
   en trois morceaux

12 pruneaux, dénoyautés

1 oignon rouge, coupé en 12 morceaux

2 c. à soupe d'huile d'olive

1 c. à thé de sel

2 gros brins de romarin

1 c. à soupe d'huile de canola

1 c. à soupe de beurre non salé

---

1. Désosser les pattes et les longes.
Couper chaque patte et chaque longe
en 6 morceaux uniformes ; laisser les
rognons entiers.

2. Préparer 6 brochettes de bambou.
Enfiler les morceaux sur chaque
brochette dans l'ordre suivant :
1 morceau de patte, 1 morceau
de bacon, 1 pruneau, 1 morceau
de longe, 1 morceau d'oignon.

3. Disposer les brochettes sur un
plateau. Arroser uniformément

---

d'huile d'olive, puis saler. Saupoudrer
quelques pincées de romarin sur
chaque brochette.

4. Dans une grande poêle, faire
chauffer à feu vif l'huile de canola
et le beurre. Lorsque le beurre est
fondu et que l'huile est chaude,
ajouter les brochettes et cuire 4 min
de chaque côté, en les tournant une
fois. Retirer la poêle du feu et laisser
reposer les brochettes 3 min avant
de servir.

PROFITEROLES AU CHÈVRE ET AU CÉLERI, PURÉE DE TOMATES ET PERSIL (HOMMAGE À NICOLAS JONGLEUX)

Donne 4 portions

Nicolas Jongleux est une légende montréalaise. Originaire de Marsannay, en Bourgogne, il a grandi en travaillant dans certaines des plus importantes cuisines de France. À l'âge de vingt-six ans, il était sous les ordres d'Alain Chapel au restaurant trois étoiles La Mère Charles, à Mionnay. Il est venu à Montréal en tant que partenaire du restaurant Le Cintra, où il a travaillé pendant trois ans. De là, il a fait école en dirigeant Les Caprices de Nicolas. David dit de lui : « Il était le gars le plus talentueux que j'aie jamais vu. Un jour, je l'ai observé préparer 60 croissants identiques à la main, sans recette, sans balance, et il n'avait pas fait de croissants depuis plus de cinq ans. Il n'y avait pas un morceau de pâte en trop et chaque pâtisserie était parfaite. »

Nicolas a toujours été quelqu'un de très discipliné, mais en quittant la France, il a vécu bien des expériences que la plupart d'entre nous vivent à l'adolescence, alors qu'il avait dépassé les 30 ans. En 1999, il a ouvert son dernier restaurant, le Café Jongleux, où il s'est suicidé plus tard la même année. Cette recette était un de ses classiques.

LA PÂTE À CHOUX

1 tasse (250 ml) d'eau

¹/₂ tasse (115 g) de beurre non salé, coupé en cubes de ¹/₂ po (12 mm)

¹/₄ c. à thé de sel

1 tasse (130 g) de farine tout usage

4 œufs

LA PURÉE DE CÉLERI-RAVE ET DE CHÈVRE

1 gros céleri-rave, pelé et coupé en dés

9 oz (250 g) de chèvre frais

sel et poivre

huile d'olive

LA PURÉE DE PERSIL

1 tasse (30 g) de feuilles de persil plat frais

1 tasse (30 g) de feuilles de cerfeuil frais

¹/₄ tasse (60 ml) d'huile d'olive

1 c. à soupe d'eau

1 citron, coupé en deux

sel

LE COULIS DE TOMATES SAFRANÉ

2 c. à soupe d'huile d'olive

1 gousse d'ail, émincée

1 tasse (170 g) de tomate italienne, pelée et épépinée

une pincée de sucre

2 filaments de safran

16 petits brins de cerfeuil (facultatif)

une pointe de mimolette ou parmesan (facultatif)

1. Préchauffer le four à 400 °F (200 °C). Tapisser de papier parchemin une grande plaque à pâtisserie avec rebords. Dans une casserole épaisse, mélanger l'eau, le beurre et le sel, et porter à vive ébullition à feu vif. Retirer du feu et ajouter la farine d'un seul coup, en remuant vigoureusement avec une cuillère en bois jusqu'à la formation d'une boule lisse qui se détache des parois. Remettre la casserole sur la plaque et cuire 2 min à feu moyen-doux en remuant sans cesse. Retirer du feu et laisser tiédir 5 min.

2. À l'aide d'un batteur sur socle muni d'un fouet à pales, battre les œufs, un à la fois (s'assurer de bien fouetter chacun des œufs avant d'en ajouter un autre), puis continuer de battre jusqu'à ce que la pâte soit lisse et luisante.

3. À l'aide d'une cuillère ou d'une poche à douilles munie d'une douille ronde de ¼ po (6 mm), former des choux (environ 1 c. à soupe de pâte par chou) sur la plaque à pâtisserie, en les espaçant d'environ 2 po (5 cm). Pour la recette, on n'a besoin que de 16 choux, mais les profiteroles peuvent être cuites et conservées au congélateur jusqu'à 3 mois.

4. Cuire au four 25 min ou jusqu'à ce que les choux soient gonflés, dorés et croustillants. Éteindre le four et laisser les choux à l'intérieur jusqu'à l'utilisation (s'assurer de les retirer du four avant l'étape 8).

5. Pour préparer la purée de céleri-rave et de chèvre, mettre dans une casserole le céleri-rave et couvrir d'eau, porter à ébullition et cuire environ 15 min ou jusqu'à tendreté. Égoutter et mélanger dans un robot. La purée doit avoir la consistance d'une purée de pommes de terre coulante : on devrait en avoir environ 1 tasse (250 ml). Mélanger la purée de céleri-rave et le chèvre jusqu'à ce que la consistance soit homogène. Assaisonner de sel, de poivre et d'un peu d'huile d'olive. Réserver à la température de la pièce.

6. Pour préparer la purée de persil, mettre dans un robot culinaire le persil, le cerfeuil, la moitié de l'huile et l'eau, et mélanger pour obtenir une purée lisse. Toujours en mélangeant, ajouter doucement le reste de l'huile. La purée doit avoir la consistance

d'un yogourt. Assaisonner de jus de citron et de sel.

7. Pour préparer le coulis, chauffer l'huile à feu moyen dans une petite casserole, ajouter l'ail et faire dorer. Ajouter la chair de tomate et le sucre, et laisser mijoter 3 à 4 min ou jusqu'à ce que le liquide ait épaissi. Ajouter le safran au dernier moment, puis malaxer dans un mélangeur jusqu'à ce que la consistance soit lisse. Tenir au chaud.

8. Préchauffer le four à 300 °F (150 °C). À l'aide d'un petit couteau dentelé, retrancher un quart du dessus de chaque chou. Réserver les capuchons. À l'aide d'une petite cuillère ou d'une poche à douilles munie d'une petite douille ronde, farcir chaque chou de purée de céleri-rave et de chèvre en débordant un

peu. Remettre les capuchons à l'envers.

9. Disposer les choux sur la même plaque à pâtisserie. Cuire au four 4 à 5 min ou jusqu'à ce que la farce soit chaude.

10. Pour servir, verser 3 à 4 cuillerées (ou une mince couche) de coulis de tomates dans quatre assiettes creuses ou directement sur un plateau.

11. Lorsque les pâtisseries sont prêtes, les retirer du four et verser une cuillérée à thé de purée de persil dans le capuchon inversé de chacune. Ajouter un petit brin de cerfeuil sur chaque cuillérée, si désiré. Disposer quatre choux dans chaque assiette (ou les 16 sur le même plateau). Garnir de mimolette ou de parmesan finement râpé (facultatif).

FOIE DE VEAU AU *SMOKED MEAT*

Donne 1 portion

Certains de nos clients préférés – en fait, il s'agit de Bobby Sontag – affirment que le foie doit toujours être servi saignant. Nous sommes (encore une fois) en désaccord avec lui. En ce qui concerne le meilleur *smoked meat* montréalais, un nom résume notre pensée : Schwartz's. Un peu comme pour les bagels, les préférences en matière de viandes fumées peuvent déclencher des guerres et d'innombrables mises en demeure. En réalité, la meilleure viande fumée est celle que vous préférez. Si le *smoked meat* n'est pas disponible, vous pouvez le remplacer par du pastrami ou même du bœuf salé.

8 oz (225 g) de foie de veau, coupé en 4 tranches minces

1 à 1 ¹/₂ c. à thé d'*Épices à steak de Montréal* (p. 250)

2 c. à soupe d'huile neutre

4 tranches de *smoked meat*, coupées de la même largeur que les tranches de foie, mais légèrement plus minces

1 gros cornichon à l'aneth

moutarde jaune préparée et ketchup, pour servir

1. Préchauffer le four à 475 °F (240 °C). Assaisonner généreusement les tranches de foie d'épices à steak.

2. Utiliser une poêle antiadhésive assez grande pour contenir toutes les tranches de foie en une seule couche. Chauffer la poêle à feu moyen et ajouter l'huile. Lorsque l'huile est chaude, ajouter les tranches de foie et saisir 2 min de chaque côté, en tournant une fois, ou jusqu'à la cuisson désirée. Transférer dans une assiette.

3. Ajouter le *smoked meat* dans la même poêle à feu moyen sans ajouter d'huile. Remuer avec une pince pendant 1 min, puis retirer du feu.

4. Superposer les viandes à la manière d'un millefeuille, en alternant le foie et la viande fumée. Couper le cornichon sur le sens de la longueur en tranches moyennes, comme pour un hamburger, et déposer par-dessus. Servir avec la moutarde et le ketchup.

TURBOT AU VERMOUTH DE CHAMBÉRY

Donne 2 portions

Nous aimons beaucoup la sole, du moins jusqu'à récemment. De nos jours, ce n'est plus un choix aussi avisé et nous choisissons plutôt le turbot du golfe du Saint-Laurent. Le turbot classique au vin jaune est exceptionnel, mais le vin jaune est parfois difficile à trouver. Un vermouth vif et sec comme le vermouth de Chambéry fait très bien l'affaire.

1 échalote, hachée

¼ tasse (55 g) de beurre non salé

1 brin d'estragon

sel et poivre

½ tasse (125 ml) de vermouth blanc sec

1 tasse (250 ml) de crème à fouetter (35 % M.G.)

½ tasse (15 g) de petites morilles entières, séchées, réhydratées dans de l'eau tiède, puis égouttées

2 filets de turbot d'environ 8 oz (225 g) chacun, de préférence prélevés sur le poisson entier par le poissonnier

2 c. à thé de ciboulette fraîche, hachée

1. Dans une poêle, faire suer l'échalote dans 2 c. à soupe de beurre avec l'estragon et une pincée de sel et de poivre 3 à 4 min ou jusqu'à tendreté. Ajouter le vermouth et laisser mijoter à feu moyen jusqu'à ce que le liquide ait réduit de moitié. Ajouter la crème et laisser mijoter 3 à 4 min, jusqu'à ce que le liquide ait réduit de moitié, puis ajouter les morilles et les chauffer 2 min. Rectifier l'assaisonnement. La sauce doit avoir une consistance claire

et avoir bon goût. Retirer du feu, couvrir et réserver.

2. Faire fondre le beurre restant dans une grande poêle à feu moyen. Lorsque le beurre arrête de mousser, ajouter le poisson et cuire 3 à 4 min de chaque côté, en tournant une fois, jusqu'à ce qu'une croûte dorée se forme des deux côtés.

3. À l'aide d'une spatule, soulever délicatement le poisson et essuyer le gras dans la poêle. Replacer le poisson, verser la sauce par-dessus, ajouter la ciboulette et faire chauffer 1 à 2 min. Le turbot cuit est si fragile que nous préférons le servir directement de la poêle à la table.

ÉPOISSES DE BOURGOGNE À L'ÉCHALOTE

Donne 4 portions

Si le parmesan est le roi des fromages, son attaché culturel est l'époisses. Sa puanteur nous rend fiers de l'aimer. Il se marie bien au vin rouge et, déposé sur un steak, il est génial. Fromage à croûte lavée au marc de Bourgogne, il est fait à base de lait de vaches bourguignonnes. Il est essentiel d'acheter un bon produit et il s'avère que seulement une ou deux marques d'époisses sont vendues aux États-Unis et au Canada. Humez-le avant de l'acheter et évitez ceux qui ont une odeur d'urine de cheval ou de nettoyant à vitres. Rappelez-vous que l'odeur de l'époisses s'amplifie lorsqu'on le chauffe. Gilles Jourdenais, de la Fromagerie Atwater, reçoit parfois de petits époisses individuels que nous utilisons autant que possible.

Ce plat, qui marie le fromage à l'échalote, était jadis le classique du personnel éméché du Joe Beef aux petites heures du matin. Dégustez-le avec du pain grillé et quelques rosettes de mâche ou sur un steak.

1 ½ tasse (375 ml) de vin rouge sec
4 grosses échalotes, hachées finement
1 brin de thym
¼ c. à thé de poivre
une pincée de sucre
2 c. à soupe d'huile de noisette
7 oz (200 g) d'époisses
¼ tasse (40 g) de noisettes entières, grillées
4 tranches de pain au levain, grillées

1. Préchauffer le four à 425 °F (220 °C). Dans une petite casserole non réactive, mélanger le vin, les échalotes, le thym, le poivre et le sucre. Porter à ébullition, puis laisser mijoter à feu moyen jusqu'à ce que le liquide ait réduit de moitié. Transférer dans un bol et laisser refroidir. Incorporer l'huile de noisette.

2. Mettre le fromage dans un petit plat de cuisson qui vous fera honneur à la table et le recouvrir du mélange d'échalotes. Cuire au four 4 à 5 min ou jusqu'à ce qu'il soit légèrement fondu. Servir avec les noisettes et le pain grillé.

Note: Lorsque l'époisses sort du four, vous pouvez le faire flamber avec 1 c. à soupe de marc ou de bon brandy. Si vous le faites, soyez prudent. C'est votre responsabilité et non la nôtre si la robe en rayonne de votre invitée prend feu.

'était le 3 mai 2010 et nous avions prévu nous rencontrer dans un bar quelconque du sous-sol de la Place Bonaventure, à la gare Centrale de Montréal. Quand je suis arrivée, Fred, Dave et Jennifer (notre photographe) en étaient à leur deuxième Campari-soda et attaquaient un plat d'ailes de poulet. Fred avait réussi à se trouver une nouvelle recrue à qui débiter sa rengaine sur les trains, pendant que Dave et moi échangions un regard entendu.

CHAPITRE 3
PRENDRE LE TRAIN !

Ces six dernières années, on m'a tellement bassinée sur les mérites du grand chemin de fer canadien que l'été passé, je me suis lancée dans le voyage de 26 heures (qui devait en prendre 21) à bord du Chaleur, qui va de Montréal à Gaspé, où je me suis arrêtée pour deux nuits avant de rentrer. «Prends le train du mercredi m'avait prévenue Fred, c'est le jour où ils utilisent les Budd (voitures en inox construites dans les années 50 par la compagnie Budd, qui a aussi fabriqué le légendaire *California Zephyr*) plutôt que les Renaissance (de seconde main, achetées des Anglais dans les dix dernières années).» Je l'ai écouté : j'avais un compartiment privé, tout en chrome et peint en bleu Tiffany. J'ai mangé un parfait au foie gras, préparé par Fred, et bu une bouteille de muscat, dont Dave disait que j'aurais grand besoin. Je me suis endormie près de Rivière-du-Loup, pour me réveiller au golfe du Saint-Laurent. Bizarrement, ce fut l'un de mes voyages les plus exotiques. Et j'étais là, à nouveau prête à entreprendre un périple de 17 heures vers Moncton, la plus ancienne voie ferroviaire d'Amérique du Nord, encore utilisée sans interruption.

Au bar, Fred montrait à Jen ses livres sur les trains, pendant que David et moi observions des gens d'affaires en costard discuter boulot avant de rentrer chez eux en train de banlieue. «J'aime lire sur les trains quand j'en prends un», disait Fred. Vous imaginez comment les accros de Star Trek doivent disjoncter en voyant les plans du vaisseau *Enterprise*? Eh bien, c'est comme ça pour Fred avec son guide d'utilisation de la voiture Renaissance. Tout ce qu'il espère, c'est une défaillance mécanique, pour pouvoir enfin vivre son rêve.

Nous sommes finalement montés à bord et avons déchargé nos bagages dans des cabines attenantes. Bon, c'est peut-être notre amour pour le gin-tonic assez costaud, ou encore le délire qu'éveille en nous le son d'un cocktail qu'on prépare… Peut-être aussi sommes-nous juste un peu trop portés sur la bouteille. Quoi qu'il en

soit, Fred avait apporté sa trousse du parfait commis voyageur : bouteilles de vermouth, gin, Johnny Walker et Fernet Branca. Le connaissant bien et pour nous prémunir de tout désastre, j'avais apporté soda et tonique, olives, citrons, limes et cerises. Après nos cocktails, nous nous sommes dirigés vers la voiture-restaurant.

La ville était loin derrière quand nous avons attaqué notre forêt-noire et notre cinquième bouteille de vin canadien. C'était la première expérience du genre pour Dave, et sachant combien il déteste s'éloigner des siens, j'étais étonnée qu'il ait même accepté de venir. «Hé, si Fred aime les trains, moi aussi.» On s'est finalement retirés dans nos compartiments, pour terminer la soirée à bouffer des arachides et écouter ce grand amoureux des trains qu'est Neil Young et sa chanson *Everyone Knows This Is Nowhere*,

sur les haut-parleurs bon marché de Dave. On a discuté de la façon dont on traiterait de cette passion de Fred dans notre livre. Bercés par le roulement, nous nous sommes endormis au son de «Je veux que ce soit un appel aux armes, un appel pour protéger les chemins de fer…»
—**ME**

❉

Pointe Saint-Charles, ou la Pointe, voisin direct de Saint-Henri, est l'un des plus vieux quartiers ouvriers au Canada. C'est là que s'est installée la compagnie *Grand Trunk Railway* en 1852, devenant ainsi la plus ancienne plate-forme ferroviaire au pays. C'est à cet endroit que le port, le canal et les voies ferrées se rejoignaient et que s'entassaient les maisons mitoyennes destinées aux travailleurs. Ces mêmes ouvriers, ainsi que les matelots et les rats de quai, étaient probablement ceux qui fréquentaient le Joe Beef d'antan, quelque part entre 1870 et 1880.

Ce quartier est demeuré un repaire de cheminots jusqu'à ce qu'il soit rasé pour Expo 67. Un de nos clients, qui a grandi à la Pointe, nous a dessiné un plan des quartiers entourant les chemins de fer. Vingt-sept bars s'y trouvaient, sur un périmètre d'environ quatre pâtés de maisons. Les hommes pouvaient sauter d'un train en marche et entrer par la porte arrière d'un bar. Il y avait le Moose Tavern, le Pall Mall, le 1 and 2, le Palomino et le Olympic Tavern. Il nous racontait le

vrombissement des communications radio dans la salle et les cheminots qui puaient le diesel.

C'est une chance pour nous d'avoir ouvert si près de cela, et ces souvenirs d'une autre époque ont quelque chose d'apaisant.

Il fut un temps où le seul moyen de parcourir de longues distances dans ce pays était le train. Et les services offerts à bord de ces trains pouvaient faire toute la différence entre des compagnies rivales. On y trouvait des fumoirs, des pianos-bars et des barbiers ; on pouvait même assister à des défilés de mode. Le *Canadian National* (CN) a eu sa propre station de radio à bord, le CRBC, devenu le modèle pour l'établissement de la Société Radio-Canada en 1936. L'endroit regorgeait d'hôtesses distinguées, de serveurs, de cuisiniers et de barmans professionnels aux bars parfaitement garnis et préparant des cocktails dans de vrais verres. Avec la qualité

et la variété de la nourriture qu'on y servait, la voiture-restaurant constituait l'un des principaux charmes du voyage en train. La voiture-restaurant Delmonico, inaugurée dans le Midwest américain en 1872, possédait une cuisine complètement équipée, avec des plaques de cuisinières pour les viandes et les sauces et des fours pour la pâtisserie. Lors de notre visite de l'Exporail, Musée ferroviaire canadien situé à Saint-Constant (à un très pratique 20 minutes du Joe Beef), l'archiviste nous a montré les livres de cuisine remis au personnel de l'office en 1912 : brochet du lac Winnipeg, sandwich au crabe Monte Cristo, langue de bœuf, surlonge d'Alberta et purée de pommes de terre, roquefort et craquelins, compote de rhubarbe – tant de plats à déguster en route.

Les passagers du train étaient les « locavores » de la première heure. C'était logique de se procurer du

bœuf d'Alberta dans les Prairies, et de le manger après Calgary. Tout aussi sensé de manger du saumon en quittant Vancouver. Plus par nécessité que par choix, et comme les denrées nécessaires à un long voyage transcanadien étaient trop lourdes à transporter, on stoppait le train régulièrement pour l'approvisionnement en fruits, légumes et laitages. Par conséquent, les cuisiniers ne servaient que les produits les plus frais dans la voiture-restaurant. Vous pouviez déguster de la chaudrée de poissons et des crustacés sur les lignes Atlantique, des petits-déjeuners du bûcheron au centre du Canada, et du bœuf de première qualité dans les Prairies.

L'étiquette est l'un des trucs que j'apprécie le plus des voyages en train : vous montez et allez vous installer. Vous faites un brin de toilette, enfilez une chemise ou une robe. Vous vous retrouvez au lounge à l'heure du cocktail et descendez du

train pour fumer un cigarillo lors des arrêts puis allez ensemble au salon pour un dernier verre. Vous retournez ensuite à votre chambre pour la nuit, pour vous coucher dans une province, et vous réveiller dans une autre.

Traitez-moi de nostalgique, mais il est triste de se rappeler les trains d'antan et ce qu'on y servait. Pouvez-vous imaginer une époque où voyager en train était un peu comme si c'était dimanche tous les jours? Maintenant, la bouffe ressemble à tout ce que vous trouvez sur les lignes aériennes et le Wi-Fi est considéré comme un service. C'est lorsque je feuillette mes vieux livres sur les trains ou quand je visite l'Exporail que je ressens un pincement au cœur. Jusqu'en 1974, le Canada avait deux compagnies ferroviaires nationales : le *Canadian National* (CN) et le *Canadian Pacific*

Railway (CPR). En 1978, après des décennies de pertes, le CN et le CPR ont délaissé les services voyageurs, et c'est VIA Rail, aux couleurs bleu saphir et or, qui a pris le relais. Même si tout cet éclat d'antan n'est plus qu'un souvenir, les lignes, elles, existent toujours. Il est encore possible de s'installer dans une belle voiture-restaurant, avec salons et banquettes spacieuses, où l'on peut partager vins et fromages entre amis, tout en contemplant certains des plus beaux paysages du pays. Les voyages en train sont plus longs et à peine moins chers que l'avion ou la voiture. Leur seule raison d'être maintenant est le plaisir. Si vous avez faim, vous pouvez préparer le foie de veau (p. 95), ou bien encore vous contenter d'une boîte de thon. Dans le même ordre d'idées, pour aller à Gaspé,

vous pouvez entreprendre le voyage de 20 et quelques heures en voiture-lit, y déguster du vin et rencontrer des gens, ou bien vous taper un huit heures d'autoroute. À l'instar des gens qui achètent des œuvres pour l'amour de l'art, prendre le train fait appel à l'amateur de divertissement qui dort en chacun de nous. Si l'efficacité est votre objectif, lâchez ce livre et allez avaler une pilule-repas.

Si je pouvais prendre le train tous les jours, je le ferais. Dès que possible, je prends le métro jusqu'au train de banlieue, pour ensuite sauter dans un train VIA. Et une fois installée, je ne veux plus le quitter.

Les recettes suivantes sont inspirées par les voyages en train, et leur sont dédiées. On se voit les savourer pendant notre balade en train imaginaire de demain. **—FM**

LES MEILLEURS TRAJETS FERROVIAIRES CANADIENS SELON FRED

1. LE « BAIE D'HUDSON »

À ma descente d'avion à Winnipeg, j'ai pris un taxi quelconque jusqu'à la gare, où j'ai sauté dans le train en fin de journée. J'étais tranquillement installé dans le compartiment-salon, à regarder la télé quand, au bout de 30 bonnes minutes d'un ennui profond et me croyant seul, j'ai changé de chaîne pour essayer de trouver autre chose que du curling. Deux vieilles dames aux cheveux bleus m'ont immédiatement reproché mon égoïsme. C'est alors que j'ai compris l'amour des Canadiens pour le curling.

En vertu du droit des traités, le coût maximal pour le transport de marchandises est de 2,50 $ la boîte. Ce train est donc une espèce de coursier et beaucoup de gens l'utilisent pour envoyer des provisions vers le nord. On dépend encore énormément de ce train. De nos jours, les coureurs des bois font partie du folklore, mais sur ce parcours, on peut encore voir des hommes aux longues barbes, qui trappent et dépècent le gibier pour gagner leur vie. C'est la porte d'entrée du Grand Nord.

En mars, à Winnipeg, il faisait 60 °F (15 °C) et à Churchill, -40 °F (-40 °C). C'est presque l'Arctique.

J'y ai passé trois nuits. Pendant mon séjour, je suis allé au Gypsy Café, le restaurant « chic » de l'endroit. Curieux étalage : d'un côté du Gatorade, de l'autre du Dom Pérignon. Un menu lumineux proposait un choix singulier, du pogo à la poutine, du caribou à l'omble de l'Arctique.

Le clou de mon voyage fut mon excursion avec Claude, le ranger de l'Arctique. Son boulot : organiser des expéditions en motoneige, ce à quoi je ne connais rien. Il m'a emmené avec lui, sous prétexte qu'il devait baisser les drapeaux pour les qualifications de la course d'attelages de chiens pour l'épreuve *Iditarod*. Je pensais être suffisamment habillé, mais Claude m'a initié au climat nordique en me prêtant des gants en peau de phoque, des bottes géantes, des pantalons imprégnés d'essence et un masque digne du Hezbollah – et malgré tout, j'ai eu froid. On a roulé pendant six heures. Sur la baie d'Hudson, vous ne pouvez pas savoir si vous êtes sur la glace ou sur le rivage. Claude m'a raconté de drôles d'histoires à propos de touristes français s'emboutissant les uns les autres, et il m'a montré les bornes de l'Arctique.

2. LE « CANADIEN »

Tôt au printemps, Allison étant avec sa famille à Edmonton, je me suis aventuré à bord du Canadien. J'ai demandé à Paul Coffin de m'accompagner et, étant un gars relax, il m'a dit : « bien sûr. » Le Canadien suit le trajet le plus long et le plus royal, allant de Toronto à Vancouver en quatre jours, c'est le plus long trajet ferroviaire du Canada et celui qui suscite la plus grande fierté. Nous avons pris le Budd de nuit qui dessert toutes les stations jusqu'à Toronto, où nous avons joué les touristes : séance de photos à la tour du CN, dégustation de *Peameal Bacon*, visite à Stephen Alexander (notre ami et fournisseur de steaks de côte) chez Cumbrae's Meats. Avec un départ vers 22 h, nous avions droit le lendemain matin à un vrai petit-déjeuner, avec de la vraie bouffe préparée sur de vrais appareils électroménagers. C'est le seul train au Canada qui est encore doté d'une cuisine complète. Emblème du pays, ce train a une aura typiquement canadienne. Si vous ne l'avez jamais pris, je vous le conseille fortement. C'est aussi la seule ligne VIA dotée d'une première classe.

Yarmouth | Digby | Halifax
Via Dominion Atlantic Ry.

● 8 Sat. Sam.	● 6 △ Sun. Dim.	● 2 △ Ex. Sun. Dim. exc.	Miles Milles	9 Atlantic Time/Heure Atlantique		● 1 Ex. Sun. Dim. exc.	● 7 △ Fri. & Sun. Ven. & dim.	
				Dom. Atlantic Ry.				
05 05	16 20	12 05	0.0	Dp.. Yarmouth Station.. Ar	17 05	00 10	..	
f 05 44	f 17 00	f 12 45	28.8	Meteghan	f 16 24	f 23 29	..	
f 06 05	f 17 23	f 13 08	44.6	Weymouth	f 16 01	f 23 06	..	
06 35	17 55	13 40	65.8	Ar.. Digby Station ...Dp	15 30	22 35	..	
		13 55		Dp.. Digby Wharf ...Dp	15 15		..	
f 06 53	f 18 13	f 14 13	75.6	Deep Brook	f 14 56	f 22 16	..	
f 06 56	f 18 16	f 14 53	76.9	Cornwallis	f 14 53	f 22 13	..	
07 10	18 30	14 30	86.0	Ar.. Annapolis Royal ..Ar	14 35	21 55	..	
f 07 35	f 18 55	f 14 55	99.7	Bridgetown	f 14 15	f 21 35	..	
f 07 53	f 19 13	15 13	113.5	Middleton	f 13 56	f 21 16	..	
f 08 03	f 19 23	f 15 23	120.8	Kingston	f 13 45	f 21 05	..	

Explanation of signs

● Meal Station.

● Air-conditioned R.D.C. (Rail Diesel Car). No me or news service. Checked baggage not carried ir this equipment.

f Stops on signal.

△ When statutory holidays are observed on Mond: Trains 2, 3, 5, 6 and 7 will be annulled on Sund: Trains 5, 6 and 7 will operate on Mondays. Whe operating on Mondays, Train 6 will leave Yarmo at 1735, arrive Halifax at 2320 and Train 5 will l Halifax at 2330, arrive Kentville 0125 Tuesday.

Montréal | St. Jerome | Ste. Agathe | Mont Laurier

			Read down/De haut en bas					Read up/De bas en haut			
			167 Mon. Wed. & Fri. Lun. Mer. & Ven.	Miles Milles	**13**			Eastern Time/Heure de l'est	Altitude	**164** Tue. & Thur. Mar. & Jeudi	**172** Sun. only Dim. seul.
					Gare Windsor Station						
			18 15	0.0	Dp. Montréal, Que. ⊕ ....Ar				109	12 35	21 00
			b 18 20	2.0	Westmount				152	12 27	20 52
			b 18 25	4.7	Montreal West				158	12 20	20 45
			b 18 38	11.8	Park Avenue (Jean Talon)				191	12 07	20 32
			b 18 43	15.5	Bordeaux				76	11 59	20 24

Equipment/Matériel

Montréal-Mont Laurier
Air-conditioned Rail Diesel Car
Autorail climatisé.

			Pontypool				
			Burketon				
			Myrtle				
			Dagmar				
			Claremont				
			Locust Hill				
			Agincourt				
			Leaside				
			Ar. Toronto ® Dp				

Note A—No checked baggage handled.
Note A—Aucun bagage enregistré.

♥337		**15**	♥338
Daily Quot.	Miles Milles	Eastern Time/Heure de l'est	Daily Quot.
		Royal York Hotel	
17 30	0.0	Dp. Toronto ® Ar	11 10
17 40	4.5	West Toronto	11 00
18 06	32.2	Milton	10 26
18 35	57.2	Galt ▲	10 00
19 12	87.8	Woodstock	09 29
19 40	114.6	London (C.P. Stn.) Dp	09 00
19 50	114.6	London (C.P. Stn.) Ar	09 00
20 50	178.8	Chatham	07 50
21 06	194.5	Tilbury	07 32
21 40	225.8	Ar. Windsor Dh	07 00
		(Tecumseh Rd. and/et Crawford Ave.)	

Explanation of signs
♥ Air-conditioned Rail Diesel Car.
® Meal Station.
f Stops on signal.
▲ Convenient bus service via Canada Coach Lines between Galt and Kitchener.
Note D — Trains 337 and 338 — Carry checked baggage between Toronto, Galt, Woodstock, Windsor only, not to or from intermediate stations.

Explication des symboles
♥ Autorail climatisé.
® Buffet à la gare.
f Arrêt sur signal.
▲ Service d'autobus Canada Coach Lines entre Galt et Kitchener.
Note D — Trains 337 et 338 — Service de bagage enregistré entre Toronto, Galt, Woodstock et Windsor seulement et non entre les gares intermédiaires.

Montréal—Mont Laurier
Air-conditioned Rail Diesel Car.
Autorail climatisé.

Lun. Mer. & Ven.	Milles	Eastern Time/Heure de l'est	Mar. & Jeudi	Dim. seul.
18 15	0.0	Dp. Montréal, Que. ® Ar	109	21 00
b 18 20	2.0	Westmount	152	20 52
b 18 25	4.7	Montreal West	158	20 45
b 18 38	11.8	Park Avenue (Jean Talon)	191	20 32
b 18 43	15.5	Bordeaux	76	20 24
b 18 54	22.9	Ste-Rose	90	20 14
b 18 56	23.6	Rosemère	91	20 13
b 18 58	25.6	Ar. Ste-Thérèse	121	20 10
19 00	25.6	Dp. Ste-Thérèse	121	20 10
b 19 05	29.8	Bouchard	232	20 02
b 19 08	32.8	St-Janvier	218	19 59
19 16	38.9	St-Jérôme	308	19 52
19 30	47.5	Shawbridge	596	19 37
19 36	51.7	Piedmont (St-Sauveur) (Mont-Gabriel)	547	19 29
19 42	54.7	Mont-Rolland (Ste-Adèle)	632	19 23
19 51	59.3	Ste-Marguerite	900	19 14
19 57	63.0	Val Morin	1018	19 07
20 01	65.2	Val David	1054	19 03
20 13	69.4	Ste-Agathe	1207	18 55
f 20 38	82.6	St-Faustin (Lac Carré)	1254	18 30
f 20 45	86.3	Morrison	889	18 23
f 20 53	90.8	St-Jovite	701	18 16
f 21 02	96.3	Mont-Tremblant	745	18 05
f 21 08	105.8	Labelle	749	17 52
f 21 35	119.0	Annônciation	816	17 32
f 21 44	123.9	Lacoste	850	17 21
f 21 54	129.3	Nominingue	835	17 16
f 22 11	140.2	Lac Saguay	1078	17 00
f 22 36	155.4	Barrette	793	16 38
22 50	163.8	Ar. Mont-Laurier Dp	733	16 25

Equipment/Matériel

Explanation of signs
® Meal station.
b Flag stop to entrain passengers, points north of Ste-Thérèse only.
f Stops on signal.

Explication des symboles
® Buffet à la gare.
b Arrêt sur signal pour prendre voyageurs pour au-delà de Ste-Thérèse seulement.
f Arrêt sur signal.

3. L'« ABITIBI »

Il y a quelques années, notre ami Adam Gollner a écrit, pour le magazine Gourmet, un très beau texte intitulé « Le très noble train du chasseur », où il est question de notre expédition à la pourvoirie Club Kapitachuan et des onze heures de route jusqu'au Grand Nord québécois. Ce trajet est intimement lié au Joe Beef. Il commence presque dans notre cour, pour traverser la Pointe et Saint-Henri. En quittant l'île, on passe par Saint-Tite, où se tient le Festival Western : c'est le Woodstock des caravanes. Puis à Hervey-Junction, le train se sépare : le « Saguenay » entame sa route vers Jonquière et l'« Abitibi » prend la route vers le nord, en direction de l'arrière-pays.

Parsemé de ponts sur chevalets et de tunnels, cette voie vous emmène à La Tuque. Remarque (naturellement) exclue de l'article publié du Gourmet : nous avions emporté une bonne quantité de fromage du terroir, ignorant que Montréal était paralysée par la psychose de la listériose. Des hommes en noir ont débarqués au Joe Beef et demander à Allison de leur prouver que le fromage était bien avec nous, et non dans le restaurant. Entretemps, nous avions pris le chemin du retour et avons (très rapidement) compris que nous étions victimes d'une attaque de listériose, digne du virus Ebola. Malaises, gaz et douleurs à l'estomac se sont succédé à bord du train. Nous avons gardé le lit pendant des jours. Mais je me demande encore si la picole n'était pas la grande responsable.

4. LE « CHALEUR »

Quel train ! Cette beauté argentée chemine le long du fleuve Saint-Laurent et de la baie des Chaleurs. Vous apercevrez un phare quelques mètres plus loin. On peut observer un phare à quelques mètres du train ; trois heures plus tard, le rocher Percé. À l'approche des villes, le train avance si lentement et si près des maisons qu'on peut facilement regarder la télé avec eux.

J'aime ce train. J'aime son nom, même si VIA Rail ne désigne plus ses trains par leur destination mais plutôt par leurs parcours (Montréal-Gaspé dans ce cas). Une compagnie de chemins de fer peut-elle revendiquer la renommée sans le charme de la nostalgie ? Un jour, j'ai évité une contravention de stationnement en expliquant au juge que j'étais à bord du Chaleur, qui avait pris du retard à cause de la neige. Il avait en fait tant de retard que le voyage fut annulé à mi-parcours. À la Matapédia, le train a dû reculer et j'ai dû passé deux nuits à l'hôtel HoJo, pour ensuite prendre le bus jusqu'à Montréal. (Tout allait mal : j'avais une jolie voiture-lit – mon cadeau de Noël –, une sérieuse gueule de bois, et il m'a fallu repartir en bus pour une traversée du Nouveau-Brunswick rural, qui fut pour moi digne d'un épisode de *Twilight Zone*.)

Ce train roule encore et les paysages sont toujours aussi magnifiques. Je vous suggère de choisir une date sans risque de cataclysme et de vous munir d'un bon pique-nique d'aristocrate, ainsi que d'un bar portable.

of Fundy Service | Service de la Baie De Fundy
Princess of Acadia

Ex. Sun. Dim. exc.	**10**	Atlantic Time/Heure de l'Atlantique	Ex. Sun. Dim. exc.
10 50		Dp. Saint John Ar	19 50
13 35		Ar. Digby Dp	17 05

Service Available—Service de restaurant.

Fredericton Jct. | Fredericton
Schedule/Horaire des autobus

IMPORTANT
For schedules and fares in effect after May 31, 1971, please consult local agent.
Pour horaires et tarifs en vigueur après le 31 mai, 1971, consulter l'agent local.

♥381 Note A	♥383 Note A Sun. only Dim. seul.	♥381 Note A Sat. only Sam. seul.	♥381 Note A Ex. Sat. and Sun. Sam. et dim. exc.	**14** Eastern Time/Heure de l'est	♥380 Note A Ex. Sun. Dim. exc.	♥382 Note A Sun. only Dim. seul.	♥380 Note A
17 45	17 45	07 10	06 10	Dp. Havelock Ar	20 00	23 59	23 55
17 55	17 55	07 20	06 20	Norwood	19 50	23 47	23 45
18 07	18 07	07 32	06 32	Indian River	19 40	23 39	23 37
18 20	18 20	07 45	06 45	Peterboro	19 25	23 30	23 28
18 33	18 33	07 58	06 58	Cavan	13 55	23 20	23 09
18 48	18 48	08 13	07 13	Drancel	18 55	23 09	
				Manvers	18 35		23 00

Baltimore & Ohio Dining Car Service

THE GREAT LAKES LIMITED DINNER

To expedite service, kindly write your order on check, as our waiters are not permitted to accept verbal orders. Please pay waiter on presentation of your check.

Soup du Jour   Melon Balls in Grape Juice   Jellied Bouillon

Golden Omelet with Fried Tomatoes - 1.50
Grilled Lake Trout, Lemon Butter - 1.65
Tender Fried Chicken, Southern Style - 1.85
Casserole of Sweetbreads and Fresh Peas, Bearnaise - 1.90
Roast Leg of Lamb, Currant Jelly - 1.85
Broiled Selected Sirloin Steak - 3.00

Potatoes, Hashed Brown   Corn and Green Pepper Saute

Salad — Chopped Combination, French Dressing

Ice Cream   Sliced Peaches, Cream   Pie
                   Cheese and Crackers

Coffee   Sanka   Tea   Postum   Milk

All **B&O** Trains
to and from
DETROIT use

**MICHIGAN
CENTRAL
STATION**

HOT WEATHER SUGGESTION - 1.50

Cold Jellied Consomme
Stuffed Tomato, Crab Salad
Olives, Potato Chips

Rolls and Butter   Beverage

H. O. McAbee
Manager, Dining Car
and Commissary Department
Baltimore, Maryland
847

"THE IMPERIAL" MID-DAY
A LA CARTE

RELISHES
SLICED CUCUMBERS 45
CANAPE OF CAVIAR 70   RADISHES 25   YOUNG ONIONS 15
TOMATO JUICE 20   CHOW CHOW 15   MIXED PICKLES 15

Grapefruit Cocktail 35

SOUP 30

FISH
BROILED LAKE SUPERIOR TROUT, MAITRE D'HOTEL 70
FRIED LAKE SUPERIOR WHITEFISH, TARTAR SAUCE 70

ENTREES, ROASTS, ETC.
FRESH MUSHROOM OMELET 60
INDIVIDUAL CHICKEN PIE 85
GRILLED LAMB CHOP WITH NEW PEAS 65

CHOPS, STEAKS, ETC. FROM THE GRILL
BROILED OR FRIED CHICKEN (HALF) 1.25
" SIRLOIN STEAK 1.50   "RED BRAND" SMALL STEAK 1.00
CHOPS (ONE) 45 (TWO) 85   COUNTRY SAUSAGES 60
.CON (3 STRIPS) 35 (6 STRIPS) 65   BACON AND EGGS 65
WITH 1 EGG 55 WITH 2 EGGS 65   BROILED OR FRIED HAM (FULL CUT) 65
.p of Bacon served with other Order 15, or Individual Mushrooms 25)

INDIVIDUAL POT OF BAKED BEANS (HOT OR COLD) 35

EGGS, OMELETS, ETC.
BOILED (ONE) 20 (TWO) 35   FRIED (ONE) 20 (TWO) 35
POACHED ON TOAST (ONE) 20 (TWO) 40
.—PLAIN 45. TOMATO OR CHEESE 50, JELLY, SAVORY, SPANISH OR HAM 60

VEGETABLES
BAKED POTATOES 25   BOILED OR MASHED POTATOES 20
.ATOES 30   FRENCH FRIED OR HASHED BROWNED POTATOES 25
NEW BEETS 20   NEW GREEN PEAS 20
.ROTS 20   FRESH ASPARAGUS DRAWN BUTTER 50

COLD DISHES
CHICKEN 85
.GUE 75   BEEF 75   HAM 75   LAMB 75   TOMATO SURPRISE 40
.ED SARDINES 60   CANADIAN SARDINES, FANCY PACK 35
(With Potato Salad 15 cents Extra)

SALADS
(WITH FRENCH OR MAYONNAISE DRESSING)
.EN 65   COMBINATION 45   LETTUCE AND TOMATO 45   HEAD LETT.
.SPARAGUS 50   WALDORF 50   BEET AND EGG
(THOUSAND ISLAND DRESSING 10)

.T is with pleasure and pride that we call attention to the desire.
willingness of all our employees to give their utmost in service.
special attention and they as well as ourselves would appreciate.
.me as well as your commendations.

.—enu card in envelope, read.
.o dining car ste.

Link of Empire. When the *first transcontinental train from Montreal rolled over the new steel path to the Pacific, fifty years ago, it carried the destinies of a nation—of an Empire! For the newly-completed Canadian Pacific Railway not only formed the visible link of the newly confederated Provinces, it opened the way to unbroken world-communications within the Empire—a fact of profound significance in Imperial policy. If a united Empire has stood as the bulwark of civilization in the succeeding years, a vital contribution to that unity was made by the men of faith and courage who planned and built the Canadian Pacific Railway fifty years ago.

*The original equipment of the first transcontinental train is being reconditioned and its arrival at Port Moody is being re-enacted on July 3, in celebration of its own and Vancouver's Golden Jubilee.

EMPRESS HOTEL VICTORIA, B.C.

CHATEAU FRONTENAC QUEBEC, P.Q.

CHATEAU LAKE LOUISE

JUL 18 1936

Painting by MARIUS HUBERT-ROBERT

THE CHATEAU FRONTENAC

Salute to our Farmers and Dietitians

CANADIAN PACIFIC DINING CARS OFFER NEW SALAD BOWL MENUS
■ FOR 1936 ■

DINING CAR SERVICE
.akfast
.UITS
Orange   Orange Juice
.na with Cream
.s with Cream
    Stewed Rhubarb
.pple Juice

.65
Fruit or Cereal
.hed or Scrambled Eggs
.or Bacon
.luffins or Biscuits
.offee   Milk

.85
Fruit and Cereal
.crambled or Fried Eggs
.Pan Cakes, Currant Jelly
.Bacon with Egg
.lade or Jam
.Muffins or Biscuits
.Coffee   Milk

$1.00
Fruit and Cereal
.d or Creamed Fish
.hop with Bacon
.Bacon with Eggs
.ned or Fried Potatoes
.lade or Jam
.Muffins or Biscuits
.Coffee   Milk

CANADIAN PACIFIC DINING CAR SERVICE
Luncheon
Price opposite each item
includes the full course
Luncheon
Canadian Pea Soup
Consomme (Hot or Cold)
Fried, Grilled or Baked Fish, 75
Chicken Salad, Mayonnaise, 75
Spanish Omelet, 90
Roast Loin of Lamb, Red Currant Jelly, 1.00
Calf's Sweetbreads, Milanaise, 1.00
Boiled, Mashed or Fried Potatoes
Creamed Spinach   Carrots Vichy
Chocolate Custard Pudding
Banana Cream Pie
Bread   Rolls
Tea   Coffee   Milk
(Iced Tea or Coffee)

CANADIAN PACIFIC DIN.
Dinner
Price opposite each item
full course Dinn.
Sliced Egg, Ravigote or
Puree Jackson   Consomme (.
Fried or Broiled Fish, .
Asparagus Omelet, Supreme Sa.
Steak and Mushroom Pie, .
Roast Chicken with Bacon, Bread S.
"Red Brand" Sirloin Steak, Can.
Pacific Style, 1.50
Boiled, Mashed or Au Gratin Pota.
Creamed Cauliflower   Green.
Waldorf Salad, Mayonnaise
Fruit Custard Pudding   Strawberry Ta.
Ice Cream   Canadian Cheese and Crack.
Bread or Rolls
Tea   Coffee
(Iced Tea or Coffee)   Milk

CANADIAN PACIFIC DINING CAR SERVICE

CANADIAN PACIFIC - CANADIAN NATIONAL
POOLED TRAIN SERVICE

Luncheon Suggestions

Price opposite each item includes the full course Luncheon

Canadian Pea Soup   Consomme (Hot or Cold)

Fried or Grilled Fish, 75

Combination Salad, 75

Irish Stew, Dublin Style, 90

Calf's Sweetbreads, Bordelaise, 1.00

Assorted Cold Cuts, Potato Salad, 1.00

Boiled or Mashed Potatoes

Cauliflower, Polonaise   or   Boiled Onions

Chocolate Custard Pudding   Berry

Bread   Rolls

Tea   Coffee

(Iced Tea or Coffee)

LA GRANDE CÉRÉMONIE DU CAVIAR

Donne 4 portions

Au moment d'écrire ces lignes, il nous semble beaucoup plus acceptable de dépenser 18 $ pour une entrée complète que 180 $ pour une once de vrai caviar. Ce qui rend ce plat grandiose, c'est l'ambiance cérémoniale qui l'accompagne. On s'imagine bien le déguster sur l'Orient Express. Sentez-vous libre d'utiliser d'autres œufs de poissons (cisco, saumon, truite) ou même du poisson fumé ou en conserve. Grâce aux économies réalisées sur le prix du vrai caviar, il est crucial que vous dépensiez pour du champagne et un plateau de service en argent hors de prix sur eBay.

LES BLINIS

⅓ tasse (40 g) de farine tout usage, tamisée

⅔ tasse (85 g) de farine de sarrasin

¼ c. à thé de sel

1 c. à soupe de levure chimique

1 œuf

1 tasse (250 ml) d'eau

2 c. à soupe d'huile neutre, et un peu plus pour la cuisson

1 c. à thé de sucre

beurre non salé, fondu, pour servir

1 petit contenant de *mújol* (caviar de mulet espagnol) ou caviar d'esturgeon canadien ou américain (1 oz ou 30 g par personne)

4 œufs cuits durs, écaillés, le jaune et le blanc séparés et hachés (ou passés dans un tamis à grosses mailles)

¼ tasse (10 g) de ciboulette, hachée

2 citrons, coupés en deux

½ tasse (125 ml) de crème fraîche (voir l'encart sur le *smörgåsbord*)

2 c. à soupe de raifort frais, râpé

1. Pour préparer les blinis, tamiser dans un bol les deux farines, le sel et la levure chimique. Dans un autre bol, fouetter l'œuf, l'eau, l'huile et le sucre pour bien les mélanger. Malaxer rapidement les ingrédients secs et les ingrédients humides : mieux vaut laisser de petits grumeaux qu'obtenir une pâte caoutchouteuse.

2. Chauffer une poêle antiadhésive à feu moyen et ajouter 1 c. à thé d'huile. Lorsque la poêle est chaude, déposer la pâte par cuillérées pour former des blinis de la taille d'une pièce d'un dollar. Lorsque le dessus commence à prendre, retourner délicatement les blinis. Continuer la cuisson jusqu'à fermeté. Il faut compter 2 à 3 min au total pour la cuisson. Transférer sur un plateau chaud et couvrir d'un linge propre pour les tenir au chaud. Répéter avec la pâte restante. Juste avant de servir, les badigeonner de beurre fondu.

3. Pour servir, mettre le caviar, les œufs, la ciboulette, les citrons, la crème fraîche et le raifort dans de jolies assiettes et servir avec les blinis chauds. Farcir les blinis au goût. À déguster au lit ou dans l'autobus.

1 lb (455 g) de porc haché

1 lb (455 g) de veau, de dinde
ou de canard hachés

½ tasse (40 g) de flocons d'avoine

¼ tasse (60 ml) d'eau glacée

¼ tasse (75 g) de sirop d'érable

1 c. à soupe de sauce *sriracha*

2 c. à thé de sel

2 c. à soupe de sauge en poudre

1 c. à soupe de poivre

1 c. à thé d'ail en poudre

½ c. à thé de gingembre moulu

huile de canola, pour frire

2 paquets de boyaux d'agneau
de ¾ à 1 po (2 à 2,5 cm), si l'on
prépare des saucisses

PETITES SAUCISSES

*Donne environ 30 saucisses de 3 po (7,5 cm),
assez pour un gros petit-déjeuner familial*

Vous pouvez faire des saucisses ou bien des galettes – la version
pour les paresseux. Si vous optez pour les saucisses, il vous faut un
poussoir à saucisses. Pour les boyaux, vous devrez peut-être passer une
commande spéciale auprès de votre boucher. C'est aussi une bonne idée
de doubler la recette ; il est plus facile de travailler avec une plus grande
quantité. Ces saucisses sont excellentes au petit-déjeuner ou avec de la
choucroute, des lentilles ou du canard. À déguster avec un bon verre de
vin hongrois, ou encore, avec un Hongrois sympathique, par exemple,
l'artiste Peter Hoffer.

1. Dans un grand bol, mélanger
le porc, le veau, l'avoine, l'eau glacée,
le sirop d'érable, la sauce *sriracha*,
le sel, la sauge, le poivre, l'ail
en poudre et le gingembre. Bien
malaxer avec les doigts. Dans une
poêle, faire chauffer un peu d'huile
de canola à feu moyen. Faire frire
une petite galette pour tester et
rectifier l'assaisonnement au besoin.

2. Pour faire des galettes, façonner
des balles de golf aplaties avec le
mélange de viande. Chauffer la
poêle à feu moyen, ajouter un peu
plus d'huile et y déposer les galettes.
Frire environ 3 min de chaque côté,
en retournant une fois, jusqu'à ce
qu'elles soient cuites à l'intérieur.
Servir chaudes.

3. Pour les plus ambitieux, mettre
le mélange de viande dans le
poussoir à saucisses. Placer le
boyau sur l'entonnoir et commencer
à le remplir. Le boyau doit être
assez plein pour que la viande soit
compactée, mais pas trop, sinon il
pourrait éclater. Au début, farcir
des saucisses requiert une patience
digne de Yoda. C'est pourquoi la
plupart des gens abandonnent et font
des galettes à la place. Mais avec de
la pratique, il est possible d'y arriver.
Pour former les saucisses, faire une
marque avec le pouce et l'index à
tous les 3 po (7,5 cm) ou à toutes les
deux saucisses, puis tourner environ
trois fois à chaque empreinte.

4. Faire frire les saucisses dans une
poêle avec un peu d'huile, 4 à 5 min
pour dorer tous les côtés, jusqu'à ce
qu'elles soient cuites à l'intérieur.
Servir chaudes.

CANARD ET PETITES SAUCISSES

Donne 2 portions

Ce plat n'a rien d'étonnant au goût (canard, saucisses et pommes de terre, ça ne peut que bien aller) ni une allure très féminine (en d'autres mots, il n'est pas très joli). Mais nous aimons la similarité des formes et grandeurs des pommes de terre Fingerling, des morceaux de canard et des saucisses. Voici la meilleure façon de déguster du canard au milieu de l'hiver.

¼ tasse (60 ml) d'huile de canola

sel

1 poitrine de canard, désossée (soit un peu moins qu'une livre ou environ 420 g)

10 pommes de terre Fingerling, étuvées et pelées

10 *Petites saucisses* (p. 93)

1 brin de thym

1 échalote, tranchée finement

1 c. à soupe de ketchup

¼ tasse (60 ml) de *Bouillon de jarret de bœuf* (p. 249)

1 c. à soupe de beurre non salé

1. Dans une poêle, faire chauffer 2 c. à soupe d'huile à feu moyen. Saler la poitrine de canard des deux côtés et déposer dans la poêle, la peau vers le bas. Saisir 4 min, puis retourner et cuire 3 min pour une cuisson mi-saignante. Réserver le canard et le garder au chaud.

2. Retirer le gras de la poêle. Chauffer la poêle à feu moyen-vif et ajouter l'huile restante. Ajouter les pommes de terre, les saucisses et le thym et cuire 8 min, en les retournant de temps en temps. Les pommes de terre doivent absorber le gras des saucisses. Ajouter ensuite l'échalote et le ketchup et bien mélanger. Enfin, ajouter le bouillon et le beurre. Mélanger et cuire 2 min pour réchauffer le tout.

3. Couper le canard en tranches : elles doivent être de la même taille que les saucisses. Mettre le canard, les pommes de terre et les saucisses dans deux assiettes et verser la sauce de la poêle par-dessus.

FOIE DE VEAU COMME DANS UN WAGON-RESTAURANT

Donne 2 portions

Cette recette, tirée d'un vieux menu du *Canadian National*, est instantanément devenue un classique chez Joe Beef. Ouais, c'est la preuve : les gens aiment la nourriture de train.

1 longue tranche de foie de veau d'environ 10 oz (280 g), d'une épaisseur de 1 ½ po (4 cm)

6 c. à soupe (55 g) de beurre non salé

½ tasse (85 g) de jambon cuit, coupé en dés

1 échalote, hachée finement

½ tasse (40 g) de champignons blancs, hachés finement

1 c. à soupe de cognac

sel et poivre

½ gousse d'ail, émincée

1 c. à soupe de persil plat, haché finement

½ tasse (55 g) de cubes de pain grillé (à partir d'une tranche de pain blanc rassis)

½ tasse (55 g) de fromage parmesan, râpé

1 c. à soupe de moutarde de Dijon

¼ tasse (10 g) de ciboulette, hachée

½ tasse (125 ml) de *Bouillon de jarret de bœuf* (p. 249)

1. Préchauffer le four à 400 °F (200 °C). À l'aide d'un long couteau aiguisé, trancher délicatement le foie pour l'ouvrir en portefeuille.

2. Pour préparer la farce, faire fondre dans une poêle à feu moyen 2 c. à soupe de beurre. Effectivement, c'est beaucoup de beurre. Après 2 min, ajouter le jambon et l'échalote. Faire suer 1 ou 2 min, puis ajouter les champignons, le cognac et ¼ c. à thé de sel pour dégorger les champignons. Incorporer l'ail, le persil et une pincée de poivre et cuire 3 min. Ajouter le pain et mélanger le tout. Retirer du feu et laisser refroidir.

3. Verser soigneusement la farce dans le portefeuille de veau.

(Celui-ci doit être rempli aux trois quarts, contrairement à un véritable portefeuille...) Presser sur le dessus pour que le fond soit bien rempli. Sceller le portefeuille à l'aide d'une brochette de bambou, pour empêcher la farce de sortir.

4. Dans une petite cocotte ou un autre plat allant au four, faire fondre à feu moyen 2 c. à soupe de beurre avec une pincée de sel et de poivre. Lorsque le beurre mousse, déposer le foie dans le plat et mettre au four 12 min.

5. Pour préparer la croûte de fines herbes, faire fondre le beurre restant, laisser refroidir puis mélanger avec le parmesan, la moutarde et la ciboulette.

6. Après 12 min, retirer le foie du four, sans éteindre ce dernier. À l'aide d'une cuillère, badigeonner le foie avec la croûte au beurre. Ajouter le bouillon, puis le remettre au four 5 min de plus ou jusqu'à ce qu'un thermomètre inséré dans la partie la plus charnue affiche 135 °F (58 °C).

7. Retirer la brochette, laisser reposer 1 min, puis trancher et servir.

FISH STICKS DE PORC
(NE CONTIENT PAS DE POISSON)

Donne 6 portions

L'idée ici est de servir du délicieux porc déchiqueté en forme de bâtonnets de poisson du Capitaine High Liner. Si vous n'avez pas de friteuse, vous pouvez quand même préparer cette recette, mais ne tentez pas votre chance si vous êtes soûl, nu ou les deux à la fois. Pour remplacer la friteuse, vous pouvez utiliser une casserole à fond épais, un thermomètre à friture, et un extincteur. Servez ces bâtonnets avec les trempettes proposées pour les *Cornflake Eel Nuggets* (p. 134) ou avec une purée de pommes de terre au jus d'oignon.

porc déchiqueté de la recette de
*Pétoncles au pulled pork (porc
déchiqueté)* (p. 30)

6 feuilles de gélatine

1 ½ tasse (375 ml) de *Sauce barbecue*
(p. 176)

3 c. à soupe d'échalotes, hachées

sel et poivre

LA PANURE

2 tasses (255 g) de farine tout usage

2 c. à soupe d'assaisonnement Old Bay
(facultatif)

4 œufs

1 tasse (250 ml) de lait

sel et poivre

4 tasses (170 g) de chapelure *panko*
(chapelure japonaise), écrasée dans
son emballage pour l'émietter

huile de canola, pour la friture

1. Pour cette recette, nous fumons le soc de porc pendant 10 h. Si vous possédez un fumoir (voir p. 146), il est suggéré de l'utiliser. Sinon, on peut rôtir le porc au four, comme indiqué dans cette recette. Lorsque le porc est prêt, le déchiqueter et le réserver, mais ne pas ajouter tout de suite la sauce barbecue.

2. Faire tremper les feuilles de gélatine dans un bol d'eau fraîche pendant 5 à 10 min ou jusqu'à ce qu'elles gonflent. Pendant ce temps, faire chauffer la sauce barbecue dans une grande casserole à feu moyen. Retirer la casserole du feu. Essorer délicatement les feuilles de gélatine, les ajouter à la sauce et fouetter jusqu'à dissolution complète. Ajouter le porc déchiqueté à la sauce et bien mélanger. Incorporer les échalotes et rectifier l'assaisonnement.

3. Tapisser de pellicule plastique une plaque à pâtisserie avec rebords. Transférer le mélange de viande sur la plaque et étendre uniformément. Recouvrir de pellicule plastique et réfrigérer au moins 2 h ou jusqu'à quatre jours.

4. Pour préparer la panure, utiliser trois assiettes creuses. Dans la première, mélanger la farine et l'assaisonnement Old Bay. Dans la deuxième, fouetter les œufs, le lait et une pincée de sel et de poivre. Mettre la chapelure *panko* dans la troisième.

5. Pour démouler le mélange de viande refroidi, renverser la plaque sur une planche à découper et décoller le mélange avec les doigts. Découper la viande en bâtonnets de poisson. Tremper soigneusement les bâtonnets dans la farine, puis dans le mélange d'œufs et enfin, dans la chapelure *panko*. Si un bâtonnet semble manquer de panure, retrempez-le dans l'œuf et la chapelure *panko* pour doubler la croûte. Disposer les bâtonnets de porc en une seule couche sur une plaque à pâtisserie propre, sans les couvrir. Réfrigérer environ 15 min pour les faire sécher un peu.

6. Pendant ce temps, verser l'huile dans la friteuse à une hauteur de 3 po (7,5 cm) et chauffer à 350 °F (180 °C). Faites frire 5 ou 6 bâtonnets à la fois pendant 3 ou 4 min, jusqu'à ce qu'ils soient dorés et croustillants. (Ne pas oublier de laisser la friteuse retrouver sa température initiale entre chaque friture : il faut respecter le témoin lumineux.) Retirer les bâtonnets de l'huile, éponger avec du papier essuie-tout et laisser refroidir 3 ou 4 min. Assaisonner et servir.

BOÎTE DE PAIN PULLMAN

Donne 1 portion

George Pullman était un industriel passionné et un cheminot.
Il a inventé la voiture-lit, la voiture-hôtel et la voiture-restaurant.
Certains affirment que la forme du pain de mie (*Pullman sandwich
loaf* en anglais) est inspirée de ses voitures. D'autres avancent qu'il a
plutôt cette allure pour pouvoir être rangé facilement sur les étagères
cubiques des trains. Voici un plat facile qu'on voudrait bien manger au
petit-déjeuner – à bord d'un train, bien entendu. La recette donne une
portion ; utilisez le restant du pain à sandwich pour faire d'autres boîtes.

**1 pain à sandwich d'un jour, non
tranché (froid de préférence
pour de meilleurs résultats)**

2 c. à soupe de beurre non salé

**1 filet de maquereau fumé ou quelques
tranches de saumon fumé**

3 œufs

**2 c. à soupe de crème à fouetter
(35 % M.G.)**

sel et poivre

**1 c. à soupe de crème fraîche ou de
crème sure**

1 c. à thé de ciboulette, hachée

quelques copeaux de raifort frais

caviar, pour garnir (facultatif)

1. L'idée est de confectionner une
grande boîte de pain beurré où l'on
nichera les œufs. Pour commencer,
couper une tranche de pain d'environ
2 po (5 cm). Retirer la croûte, puis
découper un trou carré dans la mie.
Ce trou doit être suffisamment grand
pour contenir trois œufs brouillés
et le poisson.

2. Préchauffer le four à basse
température. Dans une poêle
antiadhésive ou sur une plaque de
fonte, faire fondre 1 c. à soupe de
beurre et, à feu doux, y dorer la boîte
de tous les côtés. Déposer dans une
assiette avec le poisson et mettre
l'assiette au four pour chauffer le
poisson et garder la boîte au chaud.

3. Dans un petit bol, fouetter les
œufs, la crème et un peu de sel
et de poivre. Dans la même poêle,
brouiller les œufs à feu doux dans
le beurre restant. Une fois les œufs
presque pris, ajouter négligemment
les morceaux de poisson chauds et
réchauffer le tout.

4. Mettre le mélange dans la boîte.
Garnir de crème fraîche, de ciboulette
et de raifort. On peut aussi ajouter
1 c. à thé de caviar pour donner
une jolie touche à l'ensemble.

PEAMEAL BACON (BACON CANADIEN AU MAÏS)

Donne environ 4 lb (1,8 kg)

Même si le bacon enrobé de farine de maïs n'a rien à voir avec le bacon que nous connaissons et adorons, plusieurs appellent le «bacon canadien». C'est ainsi qu'on le nomme au Canada, vous savez, cet endroit situé de part et d'autre du Québec? – Ben non, on plaisante, on plaisante… L'histoire de Montréal se résume en partie à l'exagérée opposition entretenue avec Toronto. C'est peut-être lié au hockey ou au séparatisme, ou simplement une rivalité amicale. Toujours est-il que nous aimons Toronto. C'est là que notre boucher préféré, Stephen Alexander, a ouvert ses boucheries (Cumbrae's). C'est aussi la capitale nationale des bars à huîtres, la ville d'origine du groupe Kids in the Hall, du comédien John Candy, du restaurant The Black Hoof et, bien sûr, du marché St. Lawrence, où vous pouvez manger un sandwich au bacon enrobé de farine de maïs avec de la moutarde à l'érable.

Anciennement, on utilisait des pois pour enrober ce bacon, d'où son nom anglais *peameal bacon*. Comme pour bien d'autres choses dans la vie, de la nourriture au plastique, le maïs a supplanté les pois. Nous préparons notre recette avec des pois jaunes séchés et écrasés à l'aide d'un robot. Les pois ou la semoule de maïs servent à égoutter et à assécher la viande, ce qui prévient la détérioration. Il faut conserver la viande en saumure au réfrigérateur pendant au moins quatre jours complets, soit 96 heures. Il vous faut aussi une pompe à saler; vous en trouverez dans les magasins à grande surface pour moins de 10$.

3 litres d'eau froide

1 tasse (300 g) de sirop d'érable

⅔ tasse (150 g) de sel cachère

2 c. à soupe de poudre de Prague n° 1, pour la saumure (facultatif)

10 grains de poivre

1 c. à soupe de graines de moutarde

1 feuille de laurier

4 ½ lb (2 kg) de longe de porc maigre, désossée

1 ½ tasse (215 g) de semoule de maïs ou 1 ½ tasse (340 g) de pois jaunes séchés, moulus grossièrement au robot

1. Dans un récipient en plastique (de préférence) assez grand pour contenir la saumure et la viande, mélanger l'eau, le sirop d'érable, le sel, la poudre et les épices.

2. Verser un peu moins que 1 tasse (200 ml) de saumure dans la pompe à saler. Injecter la saumure dans la longe à tous les ¾ à 1 po (2 à 2,5 cm), en insérant l'aiguille à une profondeur d'environ ¾ po (2 cm). Essayer de répartir la saumure uniformément dans la longe. Mettre la longe dans le contenant avec le reste de la saumure et la maintenir submergée à l'aide d'une assiette, par exemple. Recouvrir et réfrigérer pendant quatre jours complets.

3. Retirer la longe de la saumure et l'éponger. Puis la rouler dans la semoule de maïs ou dans les pois jaunes séchés et moulus. Laisser reposer au réfrigérateur une journée, à découvert, pour amalgamer la viande et l'enrobage.

4. Il y a deux façons de cuire la longe: on peut la trancher finement et la faire revenir 1 min de chaque côté; ou la cuire au four à 375 °F (190 °C) environ 1 h ou jusqu'à ce que la température interne atteigne 142 °F (61 °C), et la trancher ensuite. J'aime la première méthode, surtout si les bords sont à peine carbonisés, et si j'ajoute un filet de sirop d'érable, qui se caramélise vers la fin.

POULET JALFREZI

Donne 4 portions

Cette recette est un hommage. Nous étions en route vers l'Î.-P.-É., à bord du train Océan. Trois choix de repas: églefin Dugléré, poulet jalfrezi ou chaudrée de poissons et sandwich. Meredith a pris le poulet et les autres, l'églefin. Quand Fred a posé les yeux sur l'assiette de Meredith, il a compris que c'était le meilleur choix et n'a cessé de répéter qu'il commanderait ce plat en revenant. En route vers Québec, tout ce qu'il voulait, c'était un bon jalfrezi, chaud et authentique.

Nous étions de retour dans le train, dans notre cabine préférée. Après deux bouteilles de vin, le serveur est venu prendre notre commande. Fred a alors demandé le fameux poulet. « Désolé, monsieur, mais il ne nous reste que des sandwiches au jambon et des Pringles. » S'en est suivie une tirade d'une heure sur le déclin des chemins de fer, déclamée sur le ton du désespoir.

L'histoire du poulet jalfrezi a eu un tel impact que nous tenions à l'ajouter dans ce chapitre. Nous avons donc demandé à un ancien du Joe Beef et fin connaisseur du cari, Kaunteya Nundy, de nous concocter un jalfrezi classique. Sans surprise, sa recette porte dangereusement atteinte à celle de Via Rail. Voici ce que Kaunteya nous a dit à propos de ce plat: « J'ai demandé à ma famille la signification du mot *jalfrezi*. Ma grand-mère bengalie, qui vient de la région de Calcutta, m'a expliqué que *jal* signifie "piquant" et que *frezi* veut dire "frire". C'est un plat très anglo-indien qui a été inventé par les Britanniques. C'est ma mère, Shobhna Nundy, et moi qui avons créé la recette. Nous l'avons préparée trois fois pour que l'assaisonnement soit parfait, juste assez épicé pour ne pas brûler les papilles gustatives des "blancs". »

LE MÉLANGE D'ÉPICES

2 c. à thé de graines de coriandre

2 c. à thé de graines de cumin

½ bâton de cannelle

2 feuilles de laurier

2 piments rouges, séchés

les graines de 4 gousses
  de cardamome verte

6 clous de girofle entiers

½ c. à thé de graines de fenouil

½ c. à thé de curcuma moulu

LE JALFREZI

5 c. à soupe (75 ml) d'huile végétale

2 lb (900 g) de hauts de cuisse de
  poulet, désossés, sans la peau,
  coupés en deux

sel et poivre

3 oignons, hachés finement

4 gousses d'ail, émincées finement

1 morceau de ½ po (12 mm) de
  gingembre frais, pelé et émincé
  finement ou râpé

2 piments verts, hachés finement

4 à 5 c. à soupe (60 à 75 ml) de vinaigre
  de vin rouge

6 tomates italiennes en conserve,
  pressées légèrement avec une
  fourchette

2 c. à soupe de ketchup

1 gros poivron vert, coupé en dés
  de 1 po (2,5 cm)

1 gros poivron rouge, coupé
  en dés de 1 po (2,5 cm)

1 c. à thé de ghee (beurre clarifié)

2 c. à soupe de yogourt nature

coriandre fraîche, hachée
  grossièrement, pour garnir

LE RIZ BASMATI

2 tasses (400 g) de riz basmati

4 tasses (1 litre) d'eau

2 feuilles de laurier

2 clous de girofle

2 gousses de cardamome verte

une pincée de filaments de safran

une pincée de sel

3 à 4 c. à thé de beurre, fondu

amandes, effilées et légèrement
  grillées, pour garnir

Note: Il y a deux façons de préparer le riz basmati : la façon rapide et malhonnête, c'est-à-dire en le faisant bouillir puis en l'égouttant, ou la façon traditionnelle. Voici la méthode traditionnelle.

1. Pour la préparation des épices, dans une petite poêle, mélanger la coriandre, le cumin, la cannelle, les feuilles de laurier, les piments séchés et la cardamome. Griller à feu moyen environ 4 min ou jusqu'à ce que le mélange dégage un puissant arôme de cumin. Laisser refroidir. Transférer dans un moulin à épices, ajouter les clous de girofle et les graines de fenouil, et réduire en une fine poudre. Verser dans un petit bol, ajouter le curcuma et bien mélanger. Réserver.

2. Pour préparer le poulet jalfrezi, préchauffer une grande marmite épaisse à feu vif et ajouter l'huile végétale. En même temps, assaisonner les hauts de cuisse avec du sel et du poivre. Lorsque l'huile commence à fumer, mettre les hauts de cuisse dans la marmite à l'aide d'une pince et saisir de tous les côtés. Cette opération prend de 4 à 6 min. Retirer les hauts de cuisse à l'aide d'une cuillère à égoutter et les réserver dans une grande assiette.

3. Ajouter les oignons, l'ail, le gingembre et les piments verts à la marmite et faire revenir, en raclant le fond. Au bout d'environ 7 min, réduire à feu moyen et assaisonner de sel et de poivre. Cette étape permettra aux oignons de rendre leur jus, et en brassant le tout, les morceaux de poulet qui ont adhéré au fond de la marmite se décolleront plus facilement. Lorsque les oignons sont légèrement caramélisés, déglacer avec le vinaigre et continuer de racler le fond de la marmite.

4. Remettre le poulet dans la marmite avec les jus accumulés dans l'assiette. Ajouter le mélange d'épices et remuer pour faire adhérer les épices aux morceaux de poulet. Ajouter ensuite les tomates, le ketchup et les poivrons, et bien remuer. Ajouter juste assez d'eau pour couvrir le poulet, chauffer à feu vif et remuer sans cesse. Lorsque le mélange est sur le point de bouillir, couvrir, réduire à feu moyen-doux et laisser mijoter 15 à 20 min ou jusqu'à ce que le poulet soit cuit à l'intérieur.

5. Découvrir et chauffer à feu moyen-vif pour évaporer l'excédent d'eau. Lorsque la sauce commence à épaissir et qu'une légère pellicule d'huile apparaît à la surface, ajouter le ghee. Tasser les morceaux de poulet vers les parois pour former un « puits » au milieu. Incorporer le yogourt dans le liquide du puits, et retirer du feu. Le ghee et le yogourt vont enrichir la sauce.

6. Pendant la cuisson du poulet jalfrezi, préparer le riz. Préchauffer le four à 375 °F (190 °C). Rincer le riz pour enlever une bonne partie de l'amidon. Pour ce faire, frotter les grains entre les mains sous l'eau courante froide. Bien égoutter le riz, puis le mettre dans une cocotte épaisse avec un couvercle étanche. Ajouter l'eau, les feuilles de laurier, les clous de girofle, les gousses de cardamome, le safran et le sel.

7. Mettre la cocotte sur la cuisinière à feu vif et porter à ébullition, en remuant à l'occasion. Lorsque l'eau bout, couvrir la cocotte de façon étanche avec du papier d'aluminium, puis avec le couvercle, et mettre au four 20 min. Retirer le riz du four et laisser reposer 10 min de plus, sans découvrir.

8. Pour servir, transférer le poulet jalfrezi dans une assiette de service chaude et garnir de coriandre fraîche. Retirer le couvercle et le papier d'aluminium de la cocotte de riz. On devrait obtenir un riz qui se tient, très parfumé et légèrement orangé en raison du safran. Gonfler le riz avec une fourchette et arroser de beurre fondu pour un goût de noix plus prononcé. Pour une présentation traditionnelle, garnir d'amandes effilées. Servir le poulet jalfrezi avec le riz.

★   ★   ★   ★

Route of the Diesel Electric Streamliners

FROMAGE À LA BIÈRE

Donne 4 portions

Cette recette est inspirée d'un voyage que Fred a fait avec Allison et ses parents en République tchèque : «J'avais 30 ans, et je voyageais à l'arrière d'une minifourgonnette Opel remplie d'adultes. Les bouteilles de bière étaient toujours trop petites et les arrêts jamais assez fréquents. C'était l'époque où j'ignorais ma p'tite intolérance au gluten et où j'ingurgitais de grandes quantités de Czechvar/Budvar. Bref, imaginez la famille Griswold à Prague.

En visitant la terrasse d'une ancienne brasserie, j'ai remarqué la section "À grignoter avec de la bière" sur la carte. On y proposait des harengs marinés, de l'*utopenec* (saucisses marinées) et du fromage. Nous avons tout commandé et quand le fromage est arrivé, ça ressemblait à un amas de restants de fromages mélangés à de la bière. C'était à la fois hideux et délicieux.»

Pour cette recette, il vous faut quatre moules à fromage de quatre onces ou quatre verres à café en styromousse, avec les côtés et le dessous perforés, ainsi que quatre filtres à café en papier.

4 ½ oz (130 g) de fromage quark
4 ½ oz (130 g) de fromage à la crème
3 ½ oz (100 g) de fromage bleu
½ tasse (125 ml) de bière pils
1 c. à thé de sel
½ gousse d'ail, émincée finement
une bonne pincée de paprika

LES ACCOMPAGNEMENTS
tranches de pain de seigle, revenues
    dans du beurre et frottées
    avec de l'ail
piments cerises ou piments
    bananes, marinés
Crudités sures (p. 177)

1. Laisser reposer les fromages à la température de la pièce environ 1 h.

2. Dans une petite casserole, faire chauffer la bière à feu moyen, puis retirer du feu.

3. Dans un robot, mélanger les fromages, la bière, le sel, l'ail et le paprika pour obtenir une mixture lisse et homogène, en arrêtant le moteur pour racler les parois au besoin.

4. Si des verres à café en styromousse sont utilisés, prendre un clou chauffé ou la lame pointue d'un petit couteau pour y percer des trous, en les espaçant d'environ 1 po² (2,5 cm²). On devrait obtenir une trentaine de trous. Humecter les filtres à café et les utiliser pour tapisser l'intérieur de chaque verre.

5. Diviser le mélange de fromage en quatre portions égales et verser dans les verres à café. Mettre les verres dans une assiette creuse, recouvrir de pellicule plastique et réfrigérer jusqu'au lendemain.

6. Démouler les fromages et mettre une portion dans chaque assiette. Servir avec le pain de seigle, les piments marinés et les crudités.

LENTILLES COMME DES FÈVES AU LARD

Donne 4 portions

Ce superbe plat d'accompagnement se classe dans la catégorie
du «bûcheron-québécois-version-Bollywood». Il s'agit de lentilles rouges
cuites à la manière d'un dhal et assaisonnées comme des fèves au lard.
C'est le meilleur ami des côtelettes de porc, ou encore, l'amant
du petit-déjeuner costaud.

4 tranches de bacon, coupées finement
en dés

1 oignon, haché finement

½ c. à thé d'ail, émincé

2 tasses (400 g) de lentilles rouges,
triées et rincées

4 tasses (1 litre) d'eau

¼ tasse (60 ml) de ketchup

2 c. à soupe de sirop d'érable,
et un peu plus au besoin

2 c. à soupe d'huile neutre

1 c. à soupe de vinaigre de cidre

2 c. à soupe de moutarde sèche
de marque Colman

1 c. à thé de poivre, et un peu
plus au besoin

1 feuille de laurier

sel

1. Préchauffer le four à 350 °F
(180 °C). Dans une cocotte avec
couvercle, faire revenir le bacon
à feu moyen-vif jusqu'à ce qu'il soit
croustillant. Ajouter l'oignon et cuire
environ 4 min, en remuant, jusqu'à
ce qu'il ait ramolli. Puis ajouter l'ail
et cuire 1 min de plus.

2. Ajouter les lentilles, l'eau, le
ketchup, le sirop d'érable, l'huile,
le vinaigre, la moutarde, le poivre
et la feuille de laurier. Bien remuer
et saler. Porter à ébullition. Couvrir
et cuire au four 45 min ou jusqu'à ce
que les lentilles soient tendres.

3. Rectifier l'assaisonnement en sel,
poivre, sirop d'érable et vinaigre.
Servir chaud, immédiatement
ou plus tard.

CHAUDRÉE DE PALOURDES DE LA NOUVELLE-ANGLETERRE

Donne 4 à 6 portions

Déguster une vraie chaudrée dans cette ville est ardu. Nous nous sommes donc juré que le McKiernan proposerait en tout temps une délicieuse chaudrée maison, servie dans un bol ou une tasse. La nôtre est préparée avec des palourdes fraîches de chez Carr's (Î.-P.-É.).

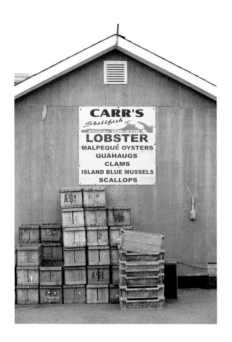

½ tasse (115 g) de beurre non salé

6 branches de céleri, hachées

3 gros oignons, hachés

9 oz (250 g) de bacon, coupé en dés de ¼ po (6 mm)

2 grosses pommes de terre (Yukon Gold de préférence), épluchées et coupées en dés

une poignée de farine tout usage

4 tasses (1 litre) de lait 2 %

sel et poivre

15 grosses palourdes Cherrystone, de préférence de l'Î.-P.-É., 20 palourdes du Pacifique ou 4 lb (1,8 kg) de palourdes japonaises ou lustrées, bien brossées pour enlever le sable

1 canette de bière de 12 oz (375 ml)

Pringles, ciboulette et cœur de céleri haché (s'il n'est pas trop amer), pour garnir

1. Dans une grande marmite, faire fondre le beurre à feu moyen. Ajouter le céleri, les oignons et le bacon. Cuire 6 à 7 min ou jusqu'à ce que les oignons soient translucides et que le bacon soit cuit et luisant, mais pas encore croustillant.

2. Ajouter les pommes de terre et la farine, et remuer sans cesse jusqu'à ce que la farine ait absorbé tout le gras du bacon et tout le beurre. (Cette étape sera plus facile si l'on utilise une spatule plate et une marmite à fond plat ; la farine colle à la marmite au bout de 4 min si l'on n'y porte pas attention.) Ajouter le lait et chauffer à feu doux. Assaisonner de sel et de poivre, et cuire à découvert.

3. Pendant ce temps, dans une autre grande marmite, mélanger les palourdes et la bière à feu vif. N'utiliser que la moitié de la bière. Boire le restant. Un surplus de bière fera tourner la chaudrée. Couvrir et cuire environ 5 min ou jusqu'à l'ouverture des palourdes. Retirer du feu et découvrir. Jeter toute palourde non ouverte. Laisser tiédir les palourdes, puis retirer les coquilles en versant leur jus dans la marmite. Jeter les coquilles et réserver les mollusques. Filtrer le jus dans un tamis extra-fin et réserver.

4. Trancher la chair des palourdes. Vérifier la cuisson des pommes de terre et, si elles sont prêtes, y ajouter les palourdes et le jus filtré.

5. La chaudrée est prête à servir, mais elle sera meilleure le lendemain. Recouvrir et réfrigérer. Le jour suivant, réchauffer la chaudrée, en ajoutant du lait si elle est trop épaisse. Servir avec des Pringles et garnir de ciboulette et de cœur de céleri. Répéter la recette deux fois par semaine pendant deux ans.

haque fois que je suis près d'un plan d'eau, je ne peux
m'empêcher de m'imaginer matelot, pêcheur ou encore
aquaculteur. Tout comme certains ressentent l'appel de la mer, j'ai au fond
de moi cette impression d'avoir été débardeur dans une vie antérieure.
Quand la mer est tout près, je me sens profondément heureux. Un ami,
qui fut jadis chef dans une pourvoirie de pêche pour gens fortunés, m'a
confié un jour qu'il n'était pas rare de voir des cadres supérieurs, immergés
jusqu'à la taille dans une rivière du nord, en pleine saison de frai des
saumons, craquer et regretter leur vie perdue.

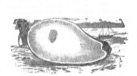

CHAPITRE 4
LE CASSE-CROÛTE
MARITIME

Montréal est bien située, sur les rives de la grande autoroute des fruits de mer qu'est le
fleuve Saint-Laurent. De la péninsule de Gaspé à Kamouraska, de Montréal à Portland
(Maine), cette voie maritime a une énorme influence sur notre façon de manger. Les
crabes, huîtres, anguilles et homards sont une partie inhérente du menu chez Joe Beef,
et ils savent inspirer l'âme des chefs du resto. Le front de mer nous touche : quais et
jetées, bateaux en bois, esquifs, bouées… Le vent marin et le goût du sel dans l'air nous
revigorent. Si seulement nous pouvions les embouteiller pour ensuite les respirer dans
nos restaurants.

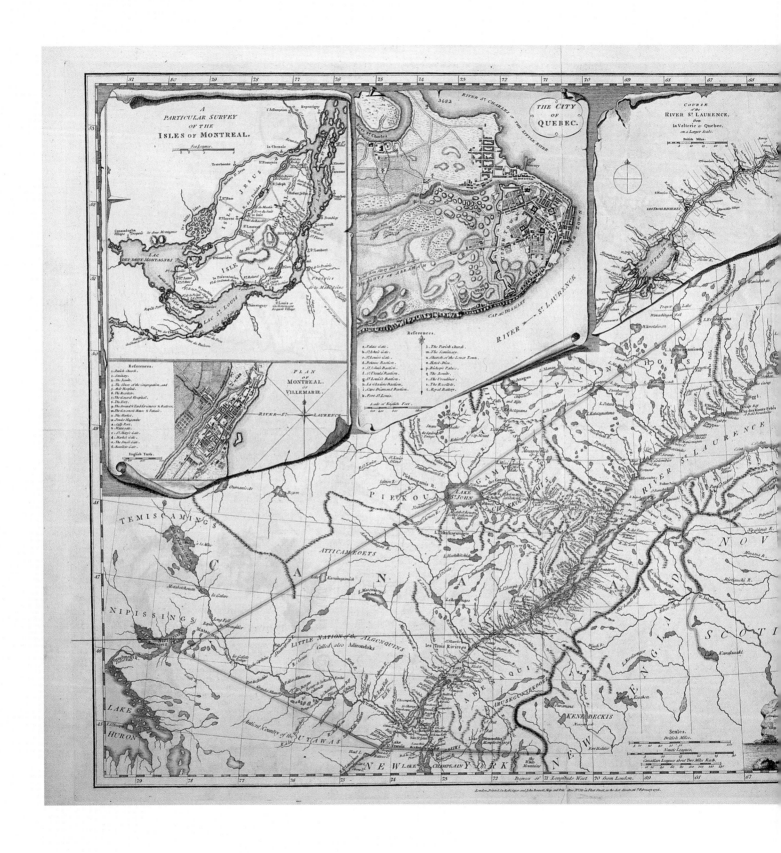

Tout comme nos familles ont leurs racines dans le Bas-Saint-Laurent, Samuel de Champlain est venu de Tadoussac pour s'installer à Montréal. Dans *Le Rêve de Champlain* (Boréal, 2011), David Hackett Fischer décrit les impressions du grand explorateur à la vue de ce qu'il découvre : «Champlain cartographia la région soigneusement : le fleuve, ses îles et les terres environnantes. Sur la rive nord du fleuve, il plaça le nom que Cartier avait donné à l'île, "Montréal", sa première apparition sous forme imprimée. [...] Champlain et ses hommes furent surpris par la fertilité de la terre. Tout autour d'eux, la faune était d'une abondance inimaginable. Ils virent entre autres une île où il y avait une si "grande quantité de hérons que l'air en était tout couvert". Au-dessus de Montréal se trouvaient les rapides, une cataracte rugissante d'eau écumante [...]. Le lieu était beau ; dangereux aussi.»

Mon chalet à Kamouraska se situe à mi-chemin entre Montréal et Gaspé. J'ai passé plusieurs vacances d'été à Notre-Dame-du-Portage, début d'une célèbre voie de portage que nos pionniers empruntaient pour éviter la péninsule gaspésienne. Vers l'est, l'ancienne usine à papier de Cabano constitue l'un des premiers arrêts importants sur cette route ; c'est aussi le village natal du père de Fred !

Les sentiers de portage font partie des joyaux que sont les anciennes routes du Québec. Le meilleur périple pour découvrir les fruits de mer est de suivre la route 132, aussi connue sous le nom de «Route des Navigateurs». Partant de New York, cette route vient jusqu'à Montréal pour passer ensuite au sud de la ville de Québec, puis à travers Kamouraska, Rivière-du-Loup, Matane, Gaspé et Percé. Elle vous emmène tout le long du fleuve, dans la baie de Gaspé et la baie des Chaleurs. La mer est partout à chaque détour et vous envoûte complètement. Et les casse-croûte sont nombreux.

Le golfe du Saint-Laurent vous offre en prime beaucoup de ce que vous trouvez chez Joe Beef : esturgeon noir, hareng, morue, turbot, truite de mer, buccin, crevette de Matane, crabe des neiges, anguille, éperlan, turbot et autres types d'esturgeon pêché à la ligne. Nous utilisons aussi des produits d'élevage tels que la truite arc-en-ciel et l'omble du Saguenay. Certains coquillages nous sont fournis par La Mer, grand pourvoyeur de la métropole. Son propriétaire, John Melatakos, nous a appuyés dès le tout début. Son fournisseur à lui n'est autre que l'énigmatique John Doyle, qui les pêche sur la Côte-Nord, entre Havre-Saint-Pierre et Natashquan. Notre merveilleuse anguille fumée nous est fournie par Bernard Lauzier de Kamouraska. Nous en vendons jusqu'à 14 kilos chaque semaine.

Le fleuve Saint-Laurent (avec le sirop d'érable) est le «sang du pays». Il fut d'une importance capitale dans le commerce des fourrures et une porte d'entrée à la Nouvelle-France. Ce cours d'eau, avec ses bélugas, les sapins et les chênes bordant ses rapides, les anguilles et truites de ses archipels, est encore tel qu'il apparaît dans le récit des expéditions de Cartier et Champlain. Par les liens que nous développons avec nos fournisseurs, les nouveaux produits que nous essayons et nos visites fréquentes, nous tâchons de demeurer fidèles à cette région.

L'ÎLE-DU-PRINCE-ÉDOUARD

Pour ceux qui ne le sauraient pas encore, les provinces maritimes (Nouveau-Brunswick, Terre-Neuve, Nouvelle-Écosse et Île-du-Prince-Édouard) sont l'incontestable bahut à fruits de mer de Montréal. L'Île-du-Prince-Édouard (Î.-P.-É.) en est le plus gros fournisseur, et le Québec et l'Ontario ses meilleurs clients. C'est à l'Î.-P.-É. que l'océan rencontre le fleuve et l'eau y est, par conséquent, un tiers moins salée que sur les côtes du Maine. Les dunes qui s'y allongent forment un abri pour l'eau et contrôlent le flux des marées, créant ainsi de petits, parfaits et bien opportuns lits salins. Ceux-ci constituent un milieu idéal pour l'élevage des crustacés. Plus l'eau est froide et mieux se portent les homards. Ils garderont leur carapace plus longtemps, et seront alors plus charnus. Plus l'eau est fraîche, plus grasses seront les huîtres.

Chez Joe Beef, nous aimons les fruits de mer, mais nous avons longtemps été tributaires du marché local. Pas qu'il soit mauvais, au contraire, mais il fournit ce que les restaurants de la région lui demandent. Nous nous sommes donc adaptés, jusqu'à notre rencontre avec John Bil, grand roi bohémien vagabond, sacré trois fois champion écailleur d'huîtres. Originaire de Toronto, John s'est plus ou moins installé à l'Î.-P.-É. pendant une quinzaine d'années, travaillant pour l'industrie du coquillage sous toutes ses formes. Il a de nombreuses histoires à conter qu'il partage avec les clients du Joe Beef tout en ouvrant les huîtres. Ce gars-là conduit (vite) une minifourgonnette immatriculée *oysters* (huîtres). Saviez-vous qu'il était possible de faire cuire une truite (avec beurre et citron, bien enrobée de papier d'alu) sur un bloc moteur? Pour John, c'est de l'ordinaire. Nous l'avons vu conduire en mangeant du ragoût, qu'il s'était préparé dans le camion. Il est du genre à s'inviter chez des amis, y rester de longs mois, acheter vêtements et tout, puis repartir avec exactement le même petit bagage qu'il avait à l'arrivée. Il a des trucs planqués un peu partout au pays.

Avant que John ne vienne travailler avec nous, les coquillages que nous dénichions étaient acceptables. Depuis, grâce à ses relations, nous obtenons le meilleur : palourdes de toutes sortes, homards, pétoncles, moules et huîtres. Jouant les courtiers pour Joe Beef et bien d'autres, John fait tourner un restaurant du nom de Ship to Shore avec son associé, le magnat de la moule, Stephen Stewart. Ship to Shore est une remorque en bordure d'océan, située à Planet Darnley (Darnley, Î.-P.-É., 60 à 100 habitants, en excluant le terrain de camping). C'est un excellent restaurant de fruits de mer/poissonnerie, qui est au milieu de nulle part, fermé huit mois par année et complètement dingue les quatre autres.

Nous avions toujours souhaité faire une petite visite à John et rencontrer quelques-uns des fournisseurs avec lesquels nous faisions affaire depuis des années. Nous voulions aussi nous assurer qu'il avait bien une maison, avec eau courante et électricité. Le printemps dernier, pour aller saluer notre homme, nous avons donc fait le long voyage de 17 heures en train jusqu'à Moncton, pour ensuite prendre la route et arriver à Darnley trois heures plus tard.

L'HISTOIRE DE WADE, BEAVER ET DU KNOTTY HOOKER

Le voyage a duré trois jours. Au premier matin, nous nous sommes rendus au quai de Stanley Bridge pour partir à la pêche à la moule. Deux bateaux étaient à quai : le fraîchement lavé et prêt à partir Pure Mussel 2 et le champêtre Knotty Hooker. Le premier était plein d'une meute de jeunes gens : le capitaine Shane, Wade, Beaver et les gars s'apprêtaient à partir pour ce qui allait être leur second de quatre voyages ce jour-là. On a sauté à bord et nous sommes partis sur les eaux pures de la baie de New London. Au bout d'un trajet d'un bon 24 heures, il nous a semblé être enfin arrivés dans les Maritimes.

La première chose qui nous a frappés est la pureté de l'eau – on pouvait facilement voir à six mètres de profondeur. Ils sont une vingtaine de mytiliculteurs à New London Bay (environ 130 sur l'Î.-P.-É.), qui utilisent tous le système de la filière d'élevage. Les lignes sont reliées à des bouées à perte de vue. Attachées à des ancres, elles sont ensuite envoyées au fond de l'eau. À chaque ligne sont fixés des collecteurs de semences d'environ six mètres, qui restent en suspension dans l'eau, alternant ensuite avec une autre bouée. Vous avez donc une bouée, un collecteur, une bouée, un collecteur, et ainsi de suite sur des kilomètres. Les moules se récoltent sur les collecteurs. Le cycle de reproduction est de deux ans, la ligne est donc remontée deux ans après avoir été jetée à l'eau.

À nos yeux, tout cela avait l'air bien compliqué : qu'est-ce qui appartient à qui ? Mais ces gars-là travaillaient sur des bateaux depuis leur adolescence, ils savaient donc où commençait leur enchevêtrement de lignes. On s'arrêtait à des endroits qui nous semblaient totalement aléatoires, Shane mettait le moteur au neutre pendant que l'un des gars attrapait une ligne et que le reste de l'équipage remontait des mètres de ce qui semblait être un amas boueux de moules. Shane coupait alors la ligne, un autre gars hissait le tout sur son épaule et le jetait dans l'une des bennes bleues prévues à cet effet. Avec tout ça, ils remontaient parfois de petits trésors tels un

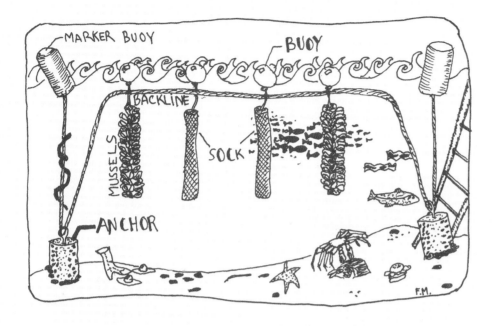

crabe, des squelettes de poissons, et d'occasionnels bidules en plastique (nous leur avons demandé s'ils avaient déjà repêché le pantalon de Bob l'Éponge, mais ils nous ont complètement ignorés). C'est un boulot finalement assez répugnant pour un produit si renouvelable, si propre. S'il y a une chose que nous avons apprise de ce périple, c'est que les moules sont vraiment un aliment «vert» et que nous devrions en manger plus souvent. Ça nous a aussi fait réfléchir sur notre menu et également sur notre façon de nous alimenter.

Ces types-là étaient vraiment épatants: amusants, gentils et durs à la tâche. À notre retour, en route vers le quai, Wade nous a dit vouloir couvrir l'événement et qu'il demanderait l'aide de Jennifer, la photographe. Nous avons sauté dans la Jeep et sommes allés déjeuner à Kensington. Meredith, pensive,

rêvait d'une vie simple en bord de mer avec Wade le pêcheur. Un lien s'était créé ce jour-là. Wade et son équipe ont occupé ses pensées le reste de la semaine.

LA VISITE DE CONFEDERATION COVE

Kensington est apparemment le genre de ville où les gens ne verrouillent pas leur voiture, où les enfants flânent la nuit sans chaperon et où l'on vend plus de cous de porc marinés que de hot-dogs. Nous étions affamés après tout ce temps en mer et avions envie d'un café filtre (en fait d'un expresso, mais on n'a pas osé demander de peur d'être lynchés). Fred nous a donc emmenés à un vieux café-resto, qui se trouvait désormais au centre du *Lions Club* de l'Î.-P.-É. Des drapeaux décolorés étaient accrochés autour de la salle à manger remplie de grandes tables circulaires. Mi-restaurant, mi-hôtel

de ville, il y avait de belles photos de la reine et de sa mère, à côté de photos de champs de patates. On nous a servi des hamburgers, du foie aux oignons, des palourdes frites, des ailes de poulet, de la laitue iceberg à la sauce ranch, des rondelles d'oignon et du 7UP. Nous étions les seuls en bas de 60 ans et notre copieux repas pour quatre nous a coûté la modique somme de 47 $ (sans le rabais de l'âge d'or).

Nous avons ensuite pris la route vers l'ouest, en direction de Borden-Carleton, une communauté qui est directement sous le Pont de la Confédération (qui relie le Nouveau-Brunswick à l'Î.-P.-É.) et juste à côté de la Confederation Cove Mussel Company. Celle-ci produit plus de 4,5 millions de kilos de moules par année: 2,7 millions pour l'exportation aux États-Unis, 1,4 million pour le Canada, le reste étant surgelé et exporté à travers le monde. Quand Stephen Stewart a entrepris la récolte des moules en 1986, il exploitait 2 000 acres de mer et tout le monde le pensait fou. Il en a maintenant 10 000, est propriétaire de quelques bateaux et de l'usine. Son association avec John, dans le Ship to Shore, est une porte d'entrée idéale pour les acheteurs enthousiastes comme le Joe Beef. Stephen est un scientifique, un ingénieur, un entrepreneur de haut calibre et un restaurateur tout à la fois. Véritable emblème du «Si la vie vous intéresse», version Maritimes, cet homme est toujours prêt à la discussion, qu'elle soit sur n'importe quel aspect de la production des moules, sur les propriétés anti-âge des étoiles de mer, de la Molson Canadian ou du poker.

Il nous a fait visiter l'usine qui consiste en fait en une voie d'assemblage d'eau salée courante, impeccablement propre en comparaison d'un abattoir. L'usine est divisée en deux sections : une pour nettoyer les moules fraîches et l'autre pour traiter les moules surgelées. Le transfert des moules de leurs caissons bleus dans des sacs-filets nécessite un apport d'eau de mer propre, qui est ensuite renvoyée, tout aussi propre, sans produits dérivés. En fait, l'usine sent bon. La capacité des chambres froides oxygénées est de 13 600 kg de moules à la fois si nécessaire, mais il reste habituellement très peu de produits en fin de journée. Toute la machinerie conçue par Stephen est brevetée et internationalement utilisée. À nos yeux, si un produit renouvelable existe, ce sont les moules, ou en tout cas celles de la Confederation Cove.

Après la visite, nous avons sauté à l'arrière du camion de Stephen pour nous rendre au By the Water, un gigantesque vivier à homards. Kevin MacDonald, le propriétaire, nous a montré les six réservoirs qui tous ensemble peuvent stocker jusqu'à 160 000 kg de homards. Nous avons observé les hommes en combinaison de caoutchouc barboter dans l'eau jusqu'à la poitrine parmi des dizaines de milliers de homards, triant et retirant ceux qui étaient vendus.

Ces installations sont d'une propreté exemplaire, pompant plus de 4 000 litres d'eau de mer fraîche à la minute, entre l'océan et l'usine. Ces grands réservoirs contenaient les plus gros homards jamais vus. Selon le *Livre Guinness des records,* le record mondial a été battu avec un homard attrapé en Nouvelle-Écosse, qui pesait 20,1 kg ! Quand on mange de gros (donc plus vieux) homards, un certain respect est de rigueur. Nous en avons acheté un de 3,2 kg pour notre déjeuner que nous avons redouté de tuer et de le faire cuire. Il est finalement resté dans

un bac d'eau froide, dans la cour de notre petit bungalow en bord de mer, jusqu'à deux heures avant notre départ. On croit avoir été généreux.

Le lendemain, nous sommes retournés au quai de Stanley Bridge, chez Carr's Shellfish. Carr's est pour nous un fournisseur important de crustacés. La propriétaire, Phyllis Carr, est une sorte de reine des crustacés, une duchesse des huîtres. Elle est soit dans son vivier, à diriger les opérations, soit à bosser au bar à huîtres, de l'autre côté du pont. Elle nous a présentés à son employé Phillip Boute, authentique insulaire, désigné pour nous enseigner la récolte des huîtres.

Il nous a d'abord montré comment repérer les bons endroits, puis à chercher une bonne prise. C'est un peu comme tenter d'attraper, avec deux immenses râteaux, des galets qui s'effritent. Pendant qu'on essayait, Phillip nous racontait qu'il récoltait des huîtres, même dans ses rêves. Pour subvenir aux besoins de leurs enfants, il y a des gens qui mettent un costard et vont au bureau. Phillip, lui, pour faire vivre ses quatre gosses,

enfile son ciré et va s'asseoir seul dans un bateau, récoltant des huîtres pendant six heures. Certains diront que c'est banal, lui (et nous!) appelle ça être zen.

De retour sur la terre ferme, nous avons retrouvé Phyllis, qui nous a amenés voir le Stanley Bridge Marine Aquarium, propriété des Carr, et le Manor of Birds. L'aquarium était en rénovations, donc fermé, mais nous avons pu visiter le manoir aux oiseaux. Cette expérience remporte la palme du moment le plus insolite de l'excursion. Cet étrange manoir, beau et angoissant, abrite la plus grande collection d'oiseaux empaillés d'Amérique du Nord – dont plus de 700 spécimens sont l'œuvre de l'extraordinaire taxidermiste William Labrie (originaire de Kamouraska). C'est le genre d'endroit où l'on s'attend à voir surgir le fantôme de Vincent Price.

Ce soir-là, nous avons préparé de la mouclade (p. 125), avons bu la boisson locale, le Myriad Strait Gin,

délicieusement herbacée, et nous nous sommes rapidement endormis. Il existe une importante tradition d'alcool de contrebande à l'Î.-P.-É., pas très différente des anciennes distilleries dans les Appalaches. On a bien sûr seulement entendu parler de la gnôle de l'Î.-P.-É.; à voir combien c'est illégal, nous n'y aurions pas touché.

À L'OUEST DU FAR WEST

Au dernier jour, en route vers ce que les gens du coin appellent Up West, nous sommes passés près du quai de Stanley Bridge où un langoustier venait d'accoster. On s'est arrêtés pour jeter un coup d'œil et c'est comme ça qu'on a fait la connaissance de Dales Dorion, pêcheur de homard et propriétaire de la sensationnelle Miss Bay View. À 1,90 m, je me considère un grand garçon, mais à mes yeux, Dales est plus grand que nature. Pêcheur de homard, travaillant avec deux amis sur un

SHATTUCK & JONES
INCORPORATED
FISH OF ALL KINDS

128 FANEUIL HALL MARKET

BOSTON March 25, 1916

Mr. A. Grenier,
  94 Rue St. Jean,
     Quebec, Canada

Dear Sir:

At the request of Isaac Locke Co. of this city we are inclosing a copy of our weekly quotation list showing the different varieties of fish now in market and approximate prices.

We have had many years experience in supplying the better class of trade, Clubs, Hotels etc. with all kinds of sea food in their season and feel confident that our goods and service will meet with your approval.

We have placed your name on our mailing list in order that you may receive our quotations regularly and trust you may find some items of interest thereon.

Hoping to hear from you with an order which will have our best attention, we are

Very truly yours,

SHATTUCK & JONES, INC.

Per.......................

bateau impeccable, il impose plus de respect que quiconque. Cet homme aux yeux bleu clair et perçants d'un mâle alpha malamute pourrait, à 46 ans, faire son affaire à n'importe quel petit voyou. En même temps, il dégage la chaleur d'un père Noël, du papi qu'on adore. Je n'avais pas l'impression d'avoir grand-chose à dire qui l'intéresserait de près ou de loin, alors je n'ai rien dit.

Up West avait la réputation d'être un genre de frontière sauvage, peuplée de pêcheurs et d'autochtones qui n'avaient jamais quitté l'île. Nous nous attendions à un paysage rude,

régi par des hommes sans foi ni loi. Bon, ce n'était pas tout à fait ça. En fait, ça a été assez dans ce goût-là quand on s'est approchés d'un vieux quai lugubre, couvert de cahutes bigarrées. Ce quai donnait des frissons à glacer l'échine d'un pêcheur en plein mois de mai! Dans le bureau était accroché le réglementaire calendrier de femmes nues, et tous les hommes que nous avons vus avaient des dents manquantes et des tatouages. On a bien tenté de poser quelques questions, mais, manifestement perçus comme de

vulgaires citadins, on a levé le camp en vitesse.

Méfiants, nous avons poursuivi notre route le long de la péninsule, craignant que nous soit réservé le même sort que dans *Au cœur des ténèbres*. Fort heureusement, nous n'avons pas eu droit au faciès bouffi de Brando mais plutôt au visage amical de Cooke. Randy possède une usine dans Howard's Cove, et ses huîtres sont les fameuses Malpèques de Cooke's Cove. L'usine a les pieds dans l'eau, avec vue sur le golfe, des dunes et l'huîtrière de Randy quelque part entre les deux. On a goûté à sa marchandise, puis nous sommes rentrés à la maison avec quelques cageots pour le dîner.

L'Île-du-Prince-Édouard est un endroit rude et impitoyable. Ses habitants sont le sel de la terre, ce qui se veut un compliment. Par exemple, les gens du pays refusent d'appeler le cassoulet du menu de Ship to Shore «cassoulet», parce que ce ne sont que des fèves au lard. Et quand nous avons demandé à un pêcheur d'huîtres quel était son plus grand rêve, il a dit: «J'aimerais bien passer l'après-midi dans un bateau, avec une bière, à jouer de la guitare et pêcher des huîtres.» Les ressources brutes de l'océan procurent un gagne-pain à la plupart des insulaires, à en juger par les bateaux à huîtres remisés contre les murs de beaucoup de maisons (on peut aussi vendre sa cargaison de palourdes ou d'huîtres à n'importe quelle usine pour augmenter ses revenus). L'Î.-P.-É. n'est pas qu'une petite région des Maritimes, elle est aussi une grosse partie du Joe Beef.

PLACE AUX HUÎTRES

Bien que la Malpèque soit, à nos yeux, l'huître parfaite, vous trouverez toujours sur l'ardoise du Joe Beef les huîtres de chez Cooke's Cove, celles de John Bil's Private Reserves, et celles de Carr's et de Colville Bay. Nous raffolons également de la BeauSoleil, que nous ont amenée Amédé Savoie, Maurice Daigle et Léon Lanteigne (Neguac, Nouveau-Brunswick); de la Galway, de la famille Kelly (Irlande); des Glidden Points (Maine) ainsi que des diverses huîtres Puget Sound des Taylor Shellfish Farms (Washington).

En hiver, les températures sur la côte est peuvent facilement descendre à -30°C pendant des semaines. Puisque peu de gens ont l'équipement nécessaire à la récolte sous la glace, il nous est impossible d'acheter beaucoup d'huîtres de cette région pendant cette période. Chaque hiver, nous commandons donc une belle variété de crustacés de la Out Landish Shellfish Guild. Une douzaine de personnes y font l'élevage et charrient des fruits de mer sur les superbes îles Cortes, Quadra et Read, qui font partie des îles Discovery et de la baie Desolation Sound, en Colombie-Britannique). Nous achetons de la guilde depuis plusieurs années et considérons Victor et Kathy McLaggan, co-fondateurs, comme de bons amis. De la fin-décembre à la mi-avril, nous achetons des palourdes, des moules bleues et Gallo, de succulentes conserves maison de pétoncles nageurs fumés, des huîtres fumées ainsi que des variétés d'huîtres diverses et aussi des Beach Angels.

La mer de la côte ouest, où se trouve la guilde, est plus chaude que celle de la côte est. Les huîtres y grossissent vite et sont aussi plus dodues. Délicieuses et charnues, elles sont excellentes frites ou cuites au four. Notre recette inspirée du quartier chinois (p. 123) est une bonne façon de les mettre en valeur. Très pulpeuses, elles ne sont pas évidentes à avaler crues. Ça m'a pris un certain temps avant de pouvoir maîtriser l'art d'avaler douze petites Marina's top drawer avec une pinte de bière. Je mange des Malpèques toute l'année, alors c'est toujours un plaisir de m'attabler devant une douzaine d'huîtres de la Out Landish Shellfish Guild. Ça vous remonte le moral en plein hiver!

J'adore les fruits de mer et le poisson de Colombie-Britannique, et puis c'est un endroit extraordinaire; il y a 15 ans, j'ai travaillé au Sooke Harbour House, sur l'île de Vancouver, et j'ai adoré mon expérience. Mais la Colombie-Britannique est loin de Montréal, et nous n'aimons pas trop employer un produit qui a voyagé par avion. Cela dit, la Out Landish Shellfish Guild fait partie du Joe Beef depuis son ouverture, et nous voudrions garder les choses telles quelles, en tous cas, aussi longtemps que les gens de la guilde nous endureront. (J'espère que cette mention leur amènera une plus grande clientèle. Leurs huîtres seront toujours des incontournables dans les exemplaires débauches hivernales du Joe Beef.)

Les recettes suivantes nous ont été inspirées par la générosité du Saint-Laurent: notre casse-croûte maritime. **—DM**

HUÎTRES CHAUDES SUR RADIO

Donne 4 portions

Lorsque nous avons ouvert le Joe Beef, les restaurants de la ville suivaient une mode bizarre qui consistait à en faire toujours trop. Si quelqu'un servait des testicules, vous étiez assuré qu'un autre les servirait avec de la pizza. On n'enlevait pas les pattes des poulets, la tête et les yeux faisaient office d'accompagnement et les légumes étaient laissés pour compte.

Pour nous opposer à cette folie de l'exagération, nous avons eu l'idée d'intégrer un ingrédient non comestible à notre menu : pourquoi pas une vieille radio ? « Huîtres sur radio », ça fait chic, non ? Quand nous avons manqué de radios, nous sommes passés aux sachets de sucre, aux romans érotiques et aux vieux albums photo.

Pour les huîtres, rien de plus simple : des spécimens bien dodus, garnis de bacon croustillant, de ciboulette, de pommes de terre, d'œufs, de crème et de chapelure. Servez-les sur tout ingrédient non comestible de votre choix.

---

12 grosses huîtres charnues

gros sel, pour remplir partiellement le plat de cuisson

¼ tasse (120 g) de petites pommes de terre, pelées et coupées

4 tranches de bacon, coupées en dés fins

1 gousse d'ail, hachée finement

2 jaunes d'œufs

⅓ tasse (80 ml) de crème à fouetter (35 % M.G.)

1 c. à soupe de ciboulette, hachée

¼ tasse (30 g) de cheddar vieilli, râpé finement

sel et poivre

¼ tasse (30 g) de chapelure sèche

¼ tasse (55 g) de beurre non salé, coupé en 12 morceaux uniformes

---

1. Écailler les huîtres, en versant le liquide dans une tasse et en laissant les huîtres dans la demi-coquille. Réserver les huîtres et le liquide. Pour cuire les huîtres, remplir une grande poêle en fonte de gros sel jusqu'à mi-hauteur, mettre au four et préchauffer à 450 °F (230 °C), puis chauffer la poêle 15 min. Cela permet d'accélérer la cuisson.

2. Dans une petite marmite, mettre les pommes de terre et couvrir avec de l'eau salée, puis faire bouillir à feu moyen-vif 2 à 3 min ou jusqu'à ce que les pommes de terre soient légèrement attendries. Égoutter, laisser refroidir et éponger. Pendant ce temps, dans une autre poêle, faire cuire le bacon à feu moyen pour le rendre croustillant et légèrement doré. Ajouter les pommes de terre et cuire environ 4 min, en remuant à l'occasion, jusqu'à ce qu'elles soient tendres. Ajouter l'ail et cuire une autre minute. Retirer du feu.

3. Dans un bol, fouetter les jaunes d'œufs, la crème et le liquide des huîtres réservé. Ajouter la ciboulette, le cheddar, une pincée de sel et de poivre ainsi que le mélange de pommes de terre et de bacon. Fouetter pour mélanger. Verser le mélange également dans chaque demi-coquille. Saupoudrer de chapelure, puis terminer en déposant une noix de beurre sur chaque huître.

4. Retirer la poêle en fonte du four et nicher soigneusement les huîtres dans le sel chaud. Remettre la poêle au four et cuire 4 à 7 min ou jusqu'à ce qu'elles commencent à dorer. Servir immédiatement.

HUÎTRES N° 37

Donne 4 portions

Nous nous devons de dédier cette recette au restaurant New Dynasty, situé dans le Quartier chinois de Montréal. Tous les cuisiniers du Joe Beef se sont réveillés au moins une fois avec des brûlures d'estomac causées par le glutamate monosodique et une tache de sauce soya sur la bouche après y avoir mangé. Au New Dynasty, les tables sont plastifiées et les lumières très vives, un peu comme dans certaines scènes de la série *Dexter*. La cuisine est ouverte jusqu'à 5 h et le patron est patient avec les ivrognes bruyants ou qui s'endorment à la table (Peter Meehan, par exemple…).

Vous y trouverez une multitude de bestioles de la mer que nous vous défions de manger : anguilles, méduses (servies avec du poulet froid), crabes géants vivants, bigorneaux, homard croustillant taillé en morceaux, couteaux, et ainsi de suite. Au New Dynasty, nous commandons immanquablement de grosses huîtres de Vancouver, cuites à la vapeur avec une sauce aux haricots noirs, et de la bière froide servie dans une théière.

Pour cette recette, nous utilisons les huîtres Gigas de l'île Cortes en Colombie-Britannique, fournies par notre ami Victor McLaggan. Elles sont grosses comme mes pieds et difficiles à écailler, mais elles sont aussi bien charnues et peuvent être surcuites sans problème. Contrairement à ce qui se passe dans la vraie vie, ce sont les grosses qui nous intimident. Si possible, demandez au poissonnier de les écailler pour vous. Si vous n'en trouvez pas de cette taille, utilisez des huîtres écaillées plus petites et faites-les cuire au four dans des ramequins. La sauce se conserve au réfrigérateur et peut être servie avec du poulet, du canard ou tout autre plat du même genre.

---

²/₃ tasse (160 ml) d'eau

²/₃ tasse (160 ml) de sauce soya

1 c. à soupe de sucre

2 c. à soupe de gingembre frais, pelé et émincé

2 c. à soupe d'ail, émincé

2 c. à soupe d'oignon vert, haché

2 c. à soupe de haricots noirs salés, trempés 1 h dans de l'eau puis égouttés

1 c. à soupe d'huile de graines de sésame grillées

1 petit piment séché ou quelques flocons de piments séchés

4 grosses huîtres

---

1. Dans une petite casserole, mélanger l'eau, la sauce soya et le sucre et porter à ébullition. Ajouter le gingembre, l'ail, l'oignon vert, les haricots noirs, l'huile de sésame et le piment. Bien remuer et retirer du feu. Transférer dans un contenant en plastique, laisser refroidir, couvrir et réfrigérer au moins 2 h ou, idéalement, jusqu'au lendemain pour marier les saveurs.

2. Écailler les huîtres en versant le liquide dans une tasse pour un autre usage et en laissant les huîtres dans la demi-coquille. Verser environ ½ po (12 mm) d'eau dans une grande sauteuse avec couvercle. Si possible, utiliser une étuveuse en bambou assez grande pour contenir toutes les huîtres et la déposer sur l'eau. Porter l'eau à ébullition.

3. Déposer soigneusement les huîtres dans la poêle, en utilisant une boule de papier d'aluminium pour les stabiliser. La coquille doit être tournée vers le haut et ne doit pas fuir. Verser une bonne cuillérée de condiment dans chaque huître et mettre le couvercle. Cuire environ 5 min ou jusqu'à ce que les huîtres aient un peu rétréci. Rajouter un peu de condiments au besoin. Déguster les huîtres très chaudes avec des baguettes en plastique.

MOUCLADE

Donne 4 portions

Nous sommes désolés, mais nous n'avons rien à raconter ici.

1 carotte, pelée et coupée en dés fins

1 branche de céleri, coupée en dés fins

1 petit oignon, coupé en dés fins

1 petite pomme de terre de l'Î.-P.-É.
    ou Yukon Gold, coupée en dés fins

3 c. à soupe de beurre non salé

2 lb (900 g) de moules de l'Î.-P.-É.,
    lavées et triées

½ tasse (125 ml) de vin blanc sec

⅔ tasse (180 ml) de crème à fouetter
    (35 % M.G.)

1 jaune d'œuf

1 c. à soupe d'estragon frais, haché

1. Dans une poêle à feu moyen, faire suer la carotte, le céleri, l'oignon et la pomme de terre dans 2 c. à soupe de beurre pendant 3 à 4 min, jusqu'à ce que l'oignon soit translucide. Réserver.

2. Dans une marmite avec couvercle, mettre les moules et le vin, couvrir et chauffer à feu vif; étuver 4 à 5 min ou jusqu'à ce que les moules soient ouvertes. Jeter les moules non ouvertes. Prendre les moules une à la fois et retirer la coquille supérieure, en réservant le jus dans la marmite. Réserver les moules avec leur demi-coquille dans une assiette creuse.

3. Faire mijoter le jus de moule à feu moyen jusqu'à ce qu'il ait réduit de moitié. Ajouter le beurre restant et la crème, porter à ébullition et retirer du feu.

4. Mélanger la sauce avec un mélangeur à main et ajouter le jaune d'œuf et l'estragon. Ajouter les légumes et chauffer la marmite à feu doux. Ne pas laisser bouillir pour ne pas faire tourner l'œuf.

5. Lorsque la sauce est chaude, la verser sur les moules et servir immédiatement.

CALMARS FARCIS AUX PÂTES ALPHABET ET HOMARD

Donne 4 portions

1 petit homard vivant d'environ
1 ¼ lb (570 g)

⅓ tasse (40 g) de pâtes alphabet

3 c. à soupe de sauce tomate

2 c. à soupe de mayonnaise
Hellmann's ou Best Foods

quelques gouttes de sauce Tabasco

un filet de Pernod ou d'ouzo

2 c. à soupe de persil plat frais, haché

sel et poivre

huile d'olive, pour faire revenir
et pour garnir

1 ½ tasse (375 ml) d'eau

2 c. à soupe de beurre non salé

4 calmars, la tête et le corps
d'une longueur de 6 à 7 po
(15 à 18 cm) (si plus petits, utiliser
8 calmars), nettoyés (voir l'encadré)

3 c. à soupe de beurre d'escargot (voir
la recette de *Bourgots au beurre
d'escargot*, p. 131)

2 c. à soupe de chapelure sèche

4 poignées de cresson ou de roquette

Au début des années 1990, Frédéric a travaillé au Toqué! et l'une de ses nombreuses tâches était de nettoyer les calmars. De temps en temps, le sous-chef, un anglophone, passait ses commandes au poissonnier québécois chez La Mer. Un jour, la commande de «15 livres» de calmars s'est transformée en «50 livres». Cette semaine-là, Fred a nettoyé 150 livres de calmars. Pendant dix ans, il a été incapable de sentir ces mollusques sans avoir la nausée. Il est maintenant guéri, mais il n'accepte de les apprêter que d'une seule façon: farcis avec du homard et cuits dans du jus de homard.

1. Dans une grande marmite, porter de l'eau salée à ébullition, y ajouter le homard et cuire 5 min. Retirer le homard de la marmite, jeter l'eau et réfrigérer le homard.

2. Décortiquer le homard, en réservant le plus de chair possible. Couper la chair en cubes de ¼ po (6 mm) et conserver la carapace. Réserver ces deux ingrédients.

3. Dans une petite marmite, porter de l'eau à ébullition, ajouter les pâtes et faire bouillir environ 4 min ou jusqu'à ce qu'elles soient presque *al dente*. Égoutter et transférer dans un bol assez grand.

4. Ajouter aux pâtes la chair de homard, la sauce tomate, la mayonnaise, la sauce Tabasco, le Pernod et le persil. Remuer pour mélanger. Assaisonner de sel et de poivre et réserver.

5. Broyer la carapace du homard en morceaux de 1 po. Dans une poêle, faire revenir à feu moyen-vif les morceaux de carapace dans l'huile d'olive jusqu'à ce que l'eau du homard se soit évaporée de la carapace. Ajouter l'eau et le beurre non salé et laisser mijoter environ 20 min à feu moyen jusqu'à ce qu'il reste environ ½ tasse (125 ml) de liquide. Filtrer le liquide et réserver.

6. Préchauffer le four à 425 °F (220 °C). Farcir les calmars avec le mélange de pâtes et sceller l'ouverture avec quelques cure-dents (pas ceux à la menthe). Piquer les cure-dents dans l'ouverture en pinçant les tentacules. Disposer les calmars farcis côte à côte dans un plat de cuisson. Ils doivent être bien tassés pour ne pas sécher. Verser le jus de homard filtré par-dessus, puis garnir de quelques noix de beurre d'escargot et de chapelure. Cuire au four environ 15 min ou jusqu'à ce que ça bouillonne. Retirer les cure-dents et servir avec une poignée de cresson ou de roquette, le tout arrosé d'huile d'olive.

COMMENT NETTOYER LES CALMARS : UNE BRÈVE EXPLICATION

1. Portez des gants; les calmars provoquent souvent des réactions allergiques. Nettoyez le calmar dans l'évier en le passant sous l'eau courante froide.

2. Arrachez la tête. C'est la partie d'où pendent les pattes.

3. Pincez le bec pour le retirer. Il est placé au centre, niché entre les pattes.

4. Retirez les lames. Il y en a deux, semblables à du plastique, le long de l'intérieur du tube.

5. Pelez la peau foncée.

6. Rincez l'intérieur et l'extérieur du calmar pour retirer toute trace de mucus et de sable.

ÉPERLANS MAYONNAISE

Donne 4 portions

Ce sont les souvenirs d'enfance de David qui ont inspiré cette recette :
« Quand j'étais petit, mon père et sa famille allaient pêcher au large
du quai de Rivière-du-Loup. Ils ramenaient des chaudières pleines
d'éperlans qu'ils avaient pêchés avec des cannes à pêche en bambou.
On sortait la farine Robin Hood et on les faisait frire. C'est délicieux et
comme les éperlans sont plutôt petits, on devine qu'ils ne s'empiffrent
pas de trucs douteux trouvés au fond de la mer. » Nous les servons
empilés dans une assiette et accompagnés de mayonnaise.

2 tasses (310 g) de farine de maïs
    ou de farine tout usage

sel et poivre

½ tasse (125 ml) de lait 2 % évaporé

1 jaune d'œuf

environ 20 éperlans
    (4 ou 5 par personne)

persil frais, pour servir

huile d'arachide, pour la grande
    friture

Mayonnaise (p. 175), pour servir

quartiers de citron, pour servir

1. Dans une assiette creuse, mélanger
la farine avec une pincée de sel et
de poivre. Dans une autre assiette,
fouetter le lait et le jaune d'œuf. Faire
tremper les éperlans, 4 ou 5 à la fois,
dans le mélange de lait quelques
minutes, puis les enduire de farine.
Réserver dans une assiette. Laver
le persil et bien l'éponger.

2. Dans une friteuse ou une
sauteuse profonde, verser l'huile
à une hauteur de 3 po (7,5 cm)
(ou selon les indications du fabricant)
et chauffer à 350 °F (180 °C). Ajouter
le persil et frire 1 à 1 ½ min, jusqu'à
ce qu'il soit croustillant. Égoutter
sur du papier essuie-tout. Frire
les éperlans, une petite quantité
à la fois, pendant 4 à 5 min, jusqu'à
ce qu'ils soient dorés. Égoutter
rapidement sur du papier
essuie-tout en épongeant.

3. Servir les éperlans avec le persil
frit, la mayonnaise et les quartiers
de citron.

BOURGOTS AU BEURRE D'ESCARGOT

Donne 4 portions

Les bourgots sont des escargots marins géants. Dans les villages situés le long du fleuve (comme Kamouraska), vous en trouverez dans des bocaux d'un gallon, dans une saumure ou du vinaigre blanc. Chez Joe Beef, nous achetons des bourgots frais chez La Mer, le plus gros fournisseur de fruits de mer à Montréal, et nous les servons avec du beurre d'escargot.

LE BEURRE D'ESCARGOT

1 lb (455 g) de beurre non salé,
    à la température de la pièce

3 gousses d'ail, hachées finement
    (ou plus si désiré)

environ ½ tasse (15 g) de persil plat
    frais, haché

3 c. à soupe de chapelure

¼ tasse (50 g) de poudre d'amande

¼ tasse (60 ml) de pastis

1 c. à thé de sel

½ c. à thé de poivre

4 gouttes de sauce Tabasco

16 bourgots, triés sur le volet
    et humés pour vérifier la fraîcheur
    (jeter ceux qui ont une drôle
    d'odeur)

12 tasses (3 litres) d'eau

½ tasse (115 g) de sel

1. Préparer d'abord le beurre d'escargot. Dans un robot culinaire, mettre le beurre, l'ail, le persil, la chapelure, la poudre d'amande, le pastis, le sel, le poivre et la sauce Tabasco. Mélanger pour obtenir une consistance crémeuse. Verser dans un bol, couvrir et réfrigérer.

2. Faire tremper les bourgots dans de l'eau froide pendant 2 h, en changeant l'eau deux ou trois fois.

3. Égoutter les bourgots. Dans une petite marmite, porter à ébullition l'eau et le sel à feu vif. Ajouter les bourgots et laisser mijoter 15 min à feu moyen. Pendant la cuisson des bourgots, sortir le beurre d'escargot du réfrigérateur pour qu'il ramollisse. Préchauffer le four à 450 °F (230 °C).

4. Lorsque les bourgots sont cuits, égoutter et laisser refroidir 5 à 10 min, puis rincer les coquilles.

À l'aide d'une fourchette à fondue, retirer la chair des coquilles. Réserver les coquilles. Nettoyer la chair en retirant les appendices boueux ou sablonneux, puis rincer la chair.

5. Faire quatre ou cinq petites entailles d'une profondeur de ¼ po (6 mm) dans chaque morceau de chair, avant de le remettre soigneusement dans sa coquille. Ajouter une noix de beurre d'escargot sur l'ouverture de chaque bourgot. Mettre les bourgots dans un plat à gratiner (qui servira aussi pour le service).

6. Cuire au four 10 à 14 min ou jusqu'à ce que le beurre grésille et bouillonne. Servir les bourgots très chauds.

MYES À LA VAPEUR DE MYES

Donne 4 portions

Nous ne sommes pas des puristes (comme John Bil), mais nous croyons fermement que les myes à la vapeur servies avec autre chose que leur propre bouillon et du beurre sont une abomination. Nous pensons également que les myes dénichées dans le sable blanc de l'Île-du-Prince-Édouard sont les plus jolies que nous ayons jamais vues.

2 lb (900 g) de myes de la Nouvelle-Angleterre ou des Maritimes

6 c. à soupe (85 g) de beurre non salé

1. Mettre 1 po (2,5 cm) d'eau dans une marmite d'une capacité d'un gallon (4 litres) et chauffer à feu vif pour porter l'eau à ébullition.

2. Pendant que l'eau chauffe, brosser vigoureusement les myes à l'eau courante froide et s'assurer d'en retirer tout le sable.

3. Lorsque l'eau bout, y mettre les myes et cuire 5 min. Pendant ce temps, mettre le beurre dans une petite casserole et le faire fondre à feu doux.

4. Vérifier les myes. Elles sont prêtes lorsque toutes les coquilles sont ouvertes. Les mettre dans une passoire au-dessus d'un bol pour récupérer le jus. Jeter les myes non ouvertes.

5. Servir les myes, le beurre et le jus des myes dans trois bols séparés. Pour déguster, retirer la peau coriace de l'appendice, rincer les myes dans le jus chaud et les tremper dans le beurre.

LE *SMÖRGÅSBORD*

Donne 4 à 6 portions

Enfant, j'ai toujours mangé à ma faim. Je ne crains pas les grandes dépressions ni la nourriture en conserve. Pourtant, j'en veux toujours plus. C'est pourquoi je fantasme sur les trucs suédois aux crevettes et aux œufs qu'on peut acheter au restaurant IKEA et que je finis par en manger quatre.

C'est aussi pourquoi j'essaie d'empiler le plus de choses possible sur ce pain grillé : peut-être une boîte de sardines de Bretagne, ou des cailles farcies au crabe dissimulées dans un coin. Ma réaction en voyant la photo : « Merde, on a oublié les palourdes ! » Il y a 30 ingrédients ici, et si nous écrivons un deuxième livre, j'en mettrai 60, promis (pour être sûr de ne pas manquer de nourriture…).

Mise en garde : Nous ne prétendons nullement ni n'aspirons à servir des mets authentiquement scandinaves ici. C'est simplement notre version d'un plat classique. Le contact le plus intime que j'ai eu avec la Scandinavie a eu lieu lorsque j'ai pratiqué une manœuvre de Heimlich sur un Danois qui s'étouffait avec la plus grosse huître crue jamais mangée. C'était une expérience bizarre, j'avais l'impression de l'embrasser ». Une certaine gêne s'est installée entre nous, qui a duré le restant de la soirée.

Dans la liste ci-contre, l'astérisque indique que la recette est incluse dans l'encart. Pour le reste, nous supposons que vous trouverez vous-même. Nous suggérons de servir le tout sur du pain de seigle ou sur un pain baguette tranché sur la longueur et beurré. Vous pouvez manger votre canapé avec des ustensiles ou faire comme nous, en ajoutant sans cesse des condiments et en mangeant comme un stratège militaire dirige ses troupes : en répartissant les ingrédients, en les déplaçant, en les replaçant et en les rationnant.

Un mot sur le nombre de portions : le *smörgåsbord* est davantage un concept qu'une recette qu'on peut suivre. Celui illustré ici donne 4 à 6 portions et comprend chacun des ingrédients énumérés ci-contre. Vous n'êtes pas obligé de suivre notre exemple (mais cela nous ferait plaisir). Habituellement, nous comptons 4 ou 5 aliments protéinés et 4 ou 5 condiments pour une portion moyenne de *smörgåsbord*. D'après cette règle, chacune des petites recettes donne 4 portions.

1. Raifort frais râpé
2. Moutarde de Dijon
3. Crème fraîche au poivre noir*
4. Salade de concombre*
5. Beurre à l'aneth*
6. Maquereau fumé*
7. Œufs de cisco
8. Caviar de mulet
9. Fleurs d'aneth
10. Câprons
11. Anguille de Kamouraska fumée à l'érable*
12. Œufs marinés au céleri et au raifort*
13. Tartare d'omble chevalier*
14. Oignons à l'aquavit*
15. Omble chevalier salé au gin*
16. Sprats scandinaves en conserve
17. Crabe des neiges frais de Gaspé
18. Betteraves
19. Radis roses longs au beurre non salé
20. Hareng matjes à la hollandaise
21. Petite truite arc-en-ciel entière fumée*
22. « Saumon » Gundy de la Nouvelle-Écosse*
23. Grosse huître de la maison Carr's
24. Salade de pommes de terre au vinaigre de cidre et à l'échalote*
25. Huître de la côte ouest fumée* (brosser la coquille si elle est déposée directement sur le pain)
26. Homard poché froid
27. Esturgeon fumé à chaud*
28. Pétoncles fumés*
29. Tartinade de saumon scandinave en tube
30. Oignons de la recette de « Saumon » Gundy

4. Le poisson fumé se conserve au réfrigérateur jusqu'à une semaine ou jusqu'à un mois au congélateur.

AUTRES POISSONS ET PÉTONCLES FUMÉS

La saumure mentionnée précédemment convient également à d'autres poissons, mais le temps de fumage peut varier. Par exemple, fumer la chair dense et épaisse de l'esturgeon peut prendre jusqu'à 24 h à la même température. Nous faisons tremper les pétoncles dans la saumure 30 min, puis nous les fumons pendant environ 1 h, ou jusqu'à une température interne de 140 °F (60 °C).

HUÎTRES FUMÉES

Pour chaque grosse huître, préparer une saumure de 1 c. à soupe chacune de sauce soya et d'huile de canola et 1 c. à thé de cassonade.

Assurez-vous d'utiliser les énormes huîtres de la côte ouest (Gigas). Nous les écaillons et les laissons dans une demi-coquille, les badigeonnons de saumure et les fumons dans une fumée épaisse jusqu'à une température interne de 140 °F (60 °C).

ANGUILLE FUMÉE DE KAMOURASKA À L'ÉRABLE

8 oz (225 g) d'anguille fumée (du Saint-Laurent si possible), en filets, sans la peau

2 c. à soupe de sirop d'érable

sel et poivre

1. Préchauffer le gril. Couper l'anguille en 4 morceaux égaux, mettre sur une plaque à pâtisserie avec rebords et badigeonner avec un peu sirop d'érable.

2. Cuire sous le gril 1 ou 2 min ou jusqu'à ce que le sirop bouillonne. Retirer du four, badigeonner avec le sirop d'érable restant, puis mettre de nouveau sous le gril 1 ou 2 min. Retirer du gril, assaisonner de sel et de poivre (qui devraient adhérer au sirop) et servir chaud.

ŒUFS MARINÉS AU CÉLERI ET AU RAIFORT

Voici une recette de saumure qui permet de mariner jusqu'à 10 œufs de taille moyenne. Si vous utilisez des œufs de caille, vous pourrez en saumurer beaucoup plus. Le jour où la photo a été prise, nous avions des œufs de caille, mais mes préférés sont les plus petits œufs de poule disponibles : les «pee-wee». La taille est parfaite parce que vous pouvez en avaler deux ou trois à la fois. N'oubliez pas de laisser les œufs

CRÈME FRAÎCHE AU POIVRE NOIR

La propreté est primordiale lorsqu'on s'attaque à ce genre de recette. Il est important de laver soigneusement le bocal, le matériel et vos mains.

2 tasses (500 ml) de crème à fouetter (35 % M.G.)
¼ tasse (60 ml) de babeurre
une pincée de poivre

1. Mettre la crème et le babeurre dans un pichet à mesurer et mélanger pour obtenir une consistance de yogourt épais. Transférer dans un bocal, couvrir avec un coton à fromage ou une mousseline et fixer avec un élastique. Laisser reposer 12 h à température de la pièce.

2. La crème fraîche est maintenant prête. Pour l'épaissir davantage, la verser dans un tamis tapissé d'un filtre à café au-dessus d'un bol et mettre le tout au réfrigérateur quelques heures. Ajouter le poivre à la crème juste avant de servir.

SALADE DE CONCOMBRE

4 concombres libanais ou 1 concombre anglais
1 c. à thé de sel cachère
¼ tasse (60 ml) de vinaigre blanc
¼ tasse (60 ml) d'eau
poivre
1 c. à soupe de sucre
1 c. à soupe de graines de moutarde

1. Trancher finement les concombres et mettre dans une passoire. Mélanger les tranches de concombre et le sel. Mettre la passoire au-dessus d'un bol et égoutter environ 15 min. Mettre les tranches de concombre dans un bol et réserver.

2. Dans une petite casserole, porter à ébullition le vinaigre, l'eau, le poivre (au goût), le sucre et les graines de moutarde. Retirer du feu. Verser le mélange sur les tranches de concombre et réfrigérer 1 h. Ajouter du poivre au goût avant de servir.

BEURRE À L'ANETH

1 tasse (225 g) de beurre non salé, à température de la pièce
⅓ tasse (10 g) d'aneth frais, haché finement
2 c. à soupe de moutarde de Dijon
sel et poivre

1. Dans un bol, mélanger le beurre, l'aneth et la moutarde jusqu'à l'obtention d'une consistance lisse. Assaisonner de sel et de poivre au goût. Verser sur une pellicule plastique et, à l'aide de celle-ci, façonner le mélange afin de lui donner la forme d'une pièce d'un dollar. Envelopper dans la pellicule et réfrigérer environ 3 h jusqu'à fermeté.

2. Le beurre peut maintenant être utilisé. Il peut être laissé plus longtemps au réfrigérateur ou congelé. (Il est également délicieux sur les poissons pochés ou la volaille.)

MAQUEREAU, TRUITE, PÉTONCLES ET HUÎTRES FUMÉS

Pour cette recette, il vous faut un fumoir à température contrôlée ou un gril avec une boîte à copeaux, ainsi que du bois ou des copeaux d'érable. Voir la p. 146 pour des renseignements sur le matériel et l'utilisation.

4 tasses (1 litre) d'eau
1 tasse comble (240 g) de sel
¼ tasse (60 ml) de sauce soya
⅓ tasse (100 g) de sirop d'érable de catégorie n° 2 (ombré)
4 maquereaux ou truites arc-en-ciel entiers de 10 à 16 oz (280 à 455 g) chacun, vidés

1. Dans une marmite épaisse, mélanger l'eau, le sel, la sauce soya et le sirop d'érable et porter presque à ébullition, en remuant pour dissoudre le sel. Retirer du feu et refroidir au réfrigérateur.

2. Disposer le poisson dans un contenant en plastique avec couvercle hermétique, couvrir de saumure froide et fermer avec le couvercle. Réfrigérer 6 h.

3. Pour fumer, allumer le fumoir. Il devrait être à peine tiède au début et atteindre une température interne de 85 °F (30 °C) après environ 30 min. C'est à ce moment qu'une croûte se forme sur le poisson, ce qui lui donne son allure fumée. Au bout de 1½ h, le fumoir devrait afficher une température de 150 °F (65 °C). Après 2 h, la température devrait être de 200 °F (95 °C). À ce stade, la température interne du poisson devrait être d'environ 140 °F (60 °C) (sur un thermomètre électronique de bonne qualité bien calibré). S'assurer de toujours avoir un bon nuage de fumée. Il est suggéré de vérifier la température toutes les 20 min pour ne pas dépasser 140 °F (60 °C).

PRINCE EDWARD ISLAND
CANADA
"THE GARDEN OF THE GULF"

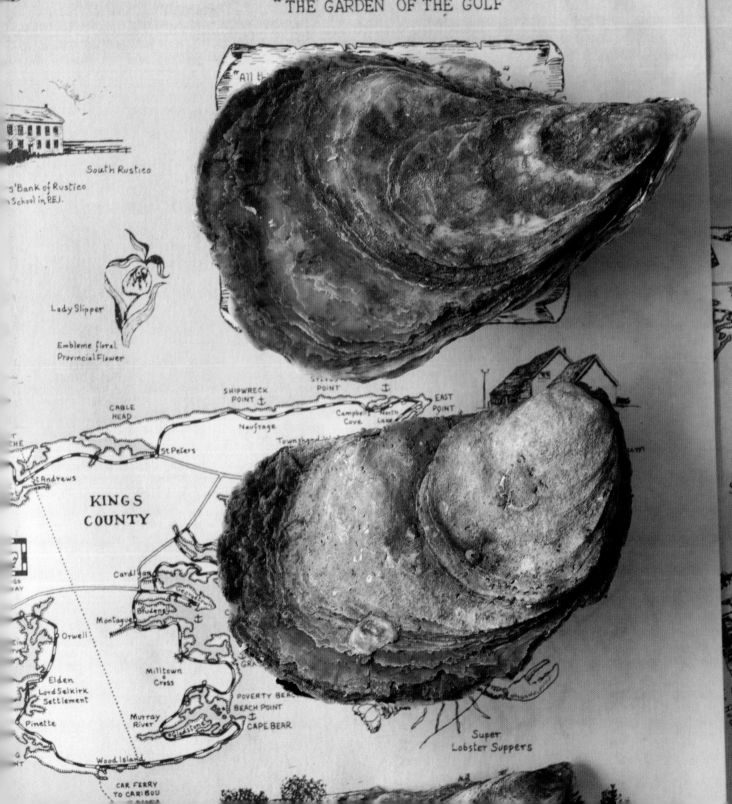

PALOURDES COUTEAUX ALV (APPAREIL DE LOTERIE VIDÉO) ALIAS *CLAMS CASINO*

Donne 4 portions

Tout le monde s'accorde pour dire que cette recette est une excellente façon d'apprêter les couteaux, et il n'est pas rare d'en vendre 100 livres (45 kilos) par semaine chez Joe Beef. C'est John Doyle, l'énigmatique pêcheur de la Côte-Nord, qui nous approvisionne. À notre connaissance, aucune poissonnerie commerciale canadienne ne vend de couteaux. Si vous ne réussissez pas en à trouver, vous pouvez utiliser des palourdes américaines.

24 couteaux vivants et frétillants

¼ tasse (55 g) de beurre non salé, à la température de la pièce

4 tranches de bacon, coupées en dés fins qui devront être cuits jusqu'à ce qu'ils soient croustillants

2 c. à soupe de chapelure sèche

2 c. à soupe de mayonnaise

2 c. à soupe de persil plat frais, haché

1 gousse d'ail, hachée finement

un filet de sauce Tabasco

un filet de pastis

sel et poivre

¼ tasse (30 g) de parmesan, râpé

1. Les coquilles des couteaux coupent comme de vrais couteaux : il faut être prudent. De plus, elles sont minces et cassantes, alors il faut les manipuler délicatement. Rincer les couteaux soigneusement, puis les cuire à la vapeur dans une grande marmite dans laquelle on a versé environ 1 po (2,5 cm) d'eau. Compter 4 min de cuisson à partir du moment où de la vapeur se dégage.

2. Retirer soigneusement les couteaux du liquide de cuisson, filtrer le liquide dans un bol et réserver. Séparer délicatement les coquilles en glissant un couteau d'office entre les deux moitiés. Retirer la chair. Récupérer les 16 à 20 coquilles les moins abîmées et bien les rincer.

3. Retirer l'extrémité du couteau qui ressemble à un cratère en ne retranchant qu'environ 1 po (2,5 cm). Retirer ensuite le sac noir boursouflé situé au milieu. Rincer de nouveau brièvement. Ajouter le jus filtré aux couteaux nettoyés, couvrir et réfrigérer jusqu'à l'utilisation. On peut les garder jusqu'au lendemain.

4. Préchauffer le gril. Hacher grossièrement la chair des couteaux en environ 25 morceaux. Mettre dans un bol, ajouter le beurre, le bacon, la chapelure, la mayonnaise, le persil, l'ail, le Tabasco et le pastis. Bien mélanger. Ajouter quelques cuillérées de jus au besoin pour obtenir une texture de beurre d'arachide (congeler le reste du jus pour l'ajouter aux chaudrées), assaisonner de sel et de poivre et mélanger de nouveau. Répartir le mélange également entre les coquilles réservées, puis garnir uniformément de fromage.

5. Disposer les couteaux sur une plaque à pâtisserie avec rebords et cuire sous le gril de 4 à 7 min ou jusqu'à ce qu'ils soient bouillonnants et dorés. La ligne entre la cuisson parfaite et la surcuisson est très mince ; surveiller de près. Servir immédiatement.

CORNFLAKES EEL NUGGETS (CROQUETTES D'ANGUILLE AUX CORNFLAKES)

Donne 4 portions

Toutes les anguilles du monde entier naissent dans la mer des Sargasses et y retournent pour se reproduire : pouvez-vous imaginer un endroit plus dégoûtant pour nager ? C'est sûrement l'endroit le plus effroyable de la planète. Au cours de leur périple, certaines anguilles remontent le fleuve Saint-Laurent, près des rives de Kamouraska. Plusieurs d'entre elles se font capturer par des gens comme Bernard Lauzier. Bernard fume et saumure des anguilles et des esturgeons, que nous servons dans nos trois restaurants. L'anguille est si charnue et si délicieuse – Fred la nomme le « filet des fonds marins ».

1 anguille fumée de 8 oz (225 g), nettoyée, sans la peau (ou 1 esturgeon fumé ou saumon fumé à chaud)

8 oz (225 g) de pommes de terre, pelées, bouillies jusqu'à tendreté, égouttées puis écrasées avec une fourchette

2 jaunes d'œufs, légèrement battus

2 c. à soupe de ciboulette, hachée

1 c. à soupe de moutarde préparée

1 c. à soupe d'échalote, coupée en dés fins

sel et poivre

LA CROÛTE

1 tasse (130 g) de farine tout usage, assaisonnée avec 1 c. à thé chacun de sel et de poivre

2 œufs

1 tasse (250 ml) de lait

2 tasses (170 g) de *Cornflakes* écrasés

huile de canola, pour la grande friture

LES ACCOMPAGNEMENTS

Sauce barbecue (p. 176)

Moutarde au miel (voir p. 136)

Sauce tartare classique (voir p. 136)

Sauce piri-piri au miel (voir p. 136)

Babylone Plum Jam (p. 160)

quartiers de citron

1. Préchauffer le four à 400 °F (200 °C). Mettre l'anguille sur une plaque à pâtisserie et chauffer au four 5 min. Retirer du four et, s'il y a lieu, retirer les arêtes pendant que l'anguille est chaude. Mettre l'anguille dans un bol et la déchiqueter à la fourchette.

2. Ajouter les pommes de terre, les jaunes d'œufs, la ciboulette, la moutarde et l'échalote. Bien mélanger. Assaisonner de sel et de poivre, au goût. Si la mixture est trop molle pour former une croquette qui se tient, ajouter 1 c. à soupe de *Cornflakes* écrasés (voir les ingrédients de la croûte). Réfrigérer environ 20 min, jusqu'à ce que le mélange soit froid.

3. Façonner des croquettes d'environ 1 x 1 ½ po (2,5 x 4 cm).

4. Pour faire la croûte, disposer trois assiettes creuses côte à côte : dans la première assiette, mettre la farine assaisonnée ; dans la deuxième, fouetter les œufs et le lait ; dans la troisième, mettre les *Cornflakes* écrasés. Enduire délicatement mais généreusement chaque croquette de farine, puis tremper dans l'œuf et, enfin, rouler dans les miettes de *Cornflakes*. Refaçonner les croquettes et les enduire de nouveau des trois mélanges. Réfrigérer environ 10 min pour faire prendre la croûte.

5. Dans une friteuse, verser de l'huile à une hauteur de 3 po (7,5 cm) (ou selon les indications du fabricant) et chauffer à une température de 350 °F (180 °C). (Ou utiliser une marmite épaisse et profonde ainsi qu'un thermomètre à friture.) Frire les croquettes, une petite quantité à la fois, pendant 4 à 5 min, jusqu'à ce qu'elles soient dorées. Égoutter brièvement sur du papier essuie-tout, éponger et servir avec une ou plusieurs sauces.

SUITE...

CORNFLAKES EEL NUGGETS (SUITE)

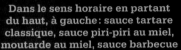

Dans le sens horaire en partant du haut, à gauche: sauce tartare classique, sauce piri-piri au miel, moutarde au miel, sauce barbecue

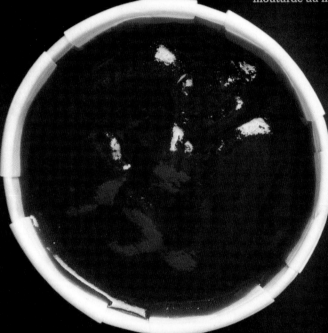

SAUCE TARTARE CLASSIQUE

Mélanger ½ tasse (125 ml) de mayonnaise, 1 c. à soupe chacun de câpres hachées finement, de cornichons, d'estragon et d'échalote, une pincée de sucre, 1 ou 2 filets de sauce Tabasco et 1 c. à soupe de marinade de cornichons.

SAUCE PIRI PIRI AU MIEL

Chauffer ¼ tasse (85 g) de miel pendant environ 30 secondes, puis incorporer 1 ou 2 piments piri-piri ou du piment séché broyé.

MOUTARDE AU MIEL

Mélanger ¼ tasse (60 ml) de moutarde de Dijon, ¼ tasse (85 g) de miel et 1 c. à soupe de graines de moutarde et d'aneth frais haché.

CRABE COMMUN AU FOUR

Donne 4 portions

De tous les crabes que nous recevons au restaurant, nos préférés sont le crabe Dungeness et le crabe commun du Saint-Laurent (tourteau, crabe dormeur et crabe nordique). La plupart des gars qui pêchent le homard dans ces contrées pêchent aussi des crabes. Étrangement, ces crabes n'aboutissent pas à Montréal, mais sont plutôt destinés au marché asiatique. Ils sont nettoyés, surgelés et expédiés en Chine par exemple. Ils sont ensuite conditionnés pour enfin nous revenir en paquets de 1 livre (455 grammes). Nous nous faisons un devoir d'utiliser des crabes de l'Île-du-Prince-Édouard et du Québec, mais le Maine a une longueur d'avance sur nous. À la Browne Trading Company de Portland, on peut acheter de la chair et des pinces de crabe nordique fraîches : notre rêve.

Peu importe le crabe que vous achetez (ou pêchez !), assurez-vous de bien inspecter la chair et de retirer tous les morceaux de carapace et de cartilage qui pourraient rester.

LA SAUCE

½ **tasse (125 ml) de crème à fouetter (35 % M.G.)**

¼ **tasse (60 ml) de sauce soya légère**

¼ **tasse (60 ml) de mayonnaise**

1 **c. à soupe de ketchup**

2 **jaunes d'œufs**

1 **c. à thé de sauce de poisson asiatique**

1 **c. à thé de gingembre frais, pelé et râpé**

1 **c. à thé d'ail, râpé**

1 lb **(455 g) de chair de crabe, égouttée, morceaux de cartilage et de carapace retirés (ou 14 oz (400 g) de chair surgelée)**

4 **choux de Bruxelles, parés et tranchés finement**

¼ **tasse (10 g) de ciboulette ou de tiges d'oignon vert, émincées**

1 **piment oiseau, haché finement**

2 **c. à soupe de chapelure *panko* (chapelure japonaise)**

1. Préchauffer le four à 400 °F (200 °C).

2. Pour préparer la sauce, fouetter dans un bol la crème, la sauce soya, la mayonnaise, le ketchup, les jaunes d'œufs, la sauce de poisson, le gingembre et l'ail.

3. Ajouter le crabe, les choux de Bruxelles, la ciboulette et le piment à la sauce. Bien mélanger. Répartir le mélange également entre quatre ramequins. Parsemer le dessus de chaque plat avec un quart de chapelure *panko*.

4. Cuire au four 10 à 12 min ou jusqu'à ce que le tout soit doré et bouillonnant. Servir très chaud.

MAQUEREAU BÉNÉDICTINE

Donne 1 portion

Quand nous avons inscrit «maquereau» à l'ardoise, ça ne se vendait
pas du tout. On l'a donc rebaptisé «queue argentée» et nous avons
fait mouche. Aujourd'hui, lorsque nous servons de la queue argentée
au bacon et à la sauge ou à la bénédictine pour le petit-déjeuner, les
commandes pleuvent. Nous en vendons tellement que notre fournisseur
nous soupçonne de l'utiliser pour nourrir des épaulards d'élevage cachés
dans notre cour arrière. Nos employés chez McKiernan Luncheonette
en font fumer 50 livres (23 kilogrammes) par semaine, surtout pour le
brunch du samedi, où nous proposons un maquereau bénédictine avec
œufs, sauce hollandaise et sirop d'érable, et servi sur un muffin anglais.

C'est davantage un concept qu'une recette. Si vous n'aimez pas le
maquereau fumé ou n'arrivez pas à vous en procurer, vous pouvez le
remplacer sans problème par de la truite fumée. Vous pouvez utiliser
des muffins anglais du commerce ou préparer des blinis (p. 91), en les
grossissant un peu. Utilisez 3 ou 4 c. à soupe de sauce hollandaise
(p. 177) par portion. Arrosez le poisson d'un peu de sirop d'érable, puis
chauffez-le sous le gril 3 à 4 min. Étendez un peu de moutarde au miel
(p. 136) sur le muffin pour ajouter un «agent gustatif clandestin». Sur

la photo, nous utilisons un
maquereau entier par portion
(voir l'encart sur le *smörgåsbord*
pour apprendre à fumer un
maquereau entier de 10 à 16 oz
ou 280 à 455 g). C'est un joli plat,
mais les arêtes posent un sacré
problème. Nous préférons utiliser
des filets sans arêtes, un par
personne, servis avec deux œufs
pochés. Et la ciboulette se marie
parfaitement aux œufs.

J'ai grandi en banlieue de Montréal, et j'étais un petit gars un peu maladroit. Ma cour arrière était mon domaine (elle s'étendait jusqu'au boisé de l'hôpital psychiatrique situé tout juste derrière chez nous). C'est là que j'ai passé une bonne partie de ma jeunesse (dans la cour, pas à l'hôpital). J'ai une photo de moi prise le jour du bal des finissants du secondaire, non pas en train de poser en habit au côté d'une belle fille de ma classe, mais dans ma cour, avec une grosse pomme de laitue que j'avais fait pousser.

CHAPITRE 5

LE FUMOIR

J'ai appris à jardiner de la même façon que j'ai appris la plupart des choses que je sais : en m'exécutant et en lisant *L'Art de vivre au temps jadis* de la Sélection du Reader's Digest, un livre que j'ai pris sur les tablettes de mes parents. Mes grands-parents aussi avaient ce genre de livre : Comment s'installer dans les bois, Comment construire une ferme familiale, Comment faire de la gelée de petits fruits, Comment générer sa propre électricité. Au sous-sol, il y avait des boîtes pleines de magazines sur le retour à la terre et de livres sur la médecine populaire au Vermont, tous remplis d'idées et de projets.

Quand j'avais douze ans, mes voisins avaient entreposé près de leur maison une pile de briques qui ne demandaient qu'à se faire voler. J'en ai pris quelques-unes, je les ai apportées chez moi et je les ai assemblées avec de l'argile pour fabriquer mon premier fumoir rudimentaire. Je n'ai pas eu le temps de m'en servir beaucoup parce que l'année suivante, j'ai reçu, à ma grande surprise, un fumoir *Little Chief* pour

"La Matematica non è un'opinione."
(La mathématique n'est pas une opinion.)

—Wally Ricciardelli

mon anniversaire. Le pastrami, les amandes, le bacon et le bœuf séché étaient la base de mon alimentation, et mon voisin et meilleur ami, Matthew Roberts, était toujours là pour goûter mes réussites (et mes échecs, comme les œufs fumés et la gomme de banane à base de résine de pin et de bananes...). C'est ainsi que j'ai commencé ma carrière de fumeur de viande.

Une petite mise en garde avant de commencer : construire son propre fumoir a jadis été à la mode, mais aujourd'hui, ça n'intéresse plus personne. Par ailleurs, nous sommes loin d'être les seuls à enseigner les techniques de fumage. Nous ne sommes pas des apôtres du bacon : l'apologie de la viande de porc est aussi prioritaire pour nous qu'une autre émission de télévision du genre *Danse avec les stars*. Cela dit, la préservation et la salaison des viandes sont une partie importante de la culture québécoise, et ce, depuis l'époque des coureurs de bois. Elles occupent également une grande place dans la culture du Joe Beef.

En 2009, le Liverpool House et le McKiernan Luncheonette marchaient bien et on commençait à récolter ce qu'on avait planté dans le jardin de la cour arrière commune. Dave et moi voulions depuis longtemps avoir un fumoir (ce qui explique pourquoi nous avions conservé la cheminée du Joe Beef) et le moment semblait propice. Chez Monas (l'équivalent montréalais de la boutique JB Prince à New York), nous avions déniché un petit fumoir qui coûtait 2000 $. Allison nous a recommandé d'attendre. Comme elle a souvent raison et que je n'avais pas le choix, j'ai attendu. Mais au printemps 2009, comme je n'avais rien d'autre à acheter pour dépenser ma paie, je me suis procuré en cachette une soudeuse MIG au coût de 1000 $ pour fabriquer mon propre fumoir.

Mon but n'était pas de construire un barbecue à fosse fermée ni un fumoir pour fumer à froid du poisson boucané. Je voulais qu'il ait un espace de rangement : comme ce n'est pas fréquent de nos jours, je n'avais aucun modèle pour me guider. Je me suis donc fié à mon imagination. Dans ma tête, j'imaginais un fumoir qui aurait pu servir à préparer la viande fumée au tournant du 20ᵉ siècle, chez Lester ou Schwartz par exemple. Après avoir partagé mes idées avec Dave et Allison, nous avons convenu que le fumoir du Joe Beef devait ressembler à ceci (p. 148).

Mon père dessinait ses croquis d'avions et de machines sur du papier quadrillé format lettre, une habitude qu'il m'a transmise. (Beaucoup de choses au Joe Beef ont commencé par des croquis sur ces tablettes de papier. C'est utile pour représenter l'espace et le volume.) J'ai donc dessiné le plan du fumoir. En jetant mes idées sur le papier, je voyais et je comprenais comment la fumée allait faire son chemin, comment le fumoir allait tirer l'air, où il fallait mettre le clapet, et ainsi de suite. Dessiner un plan m'a obligé à lire et à dénicher de l'information. Quand j'ai une idée ou un projet en cours, je deviens complètement obsédé. Je ferais n'importe quoi pour terminer ce que j'ai commencé, y compris saboter le fonctionnement du restaurant en mobilisant les employés de la cuisine pour me venir en aide. Cette manie gruge le temps de préparation du personnel et met tout le monde en rogne, surtout mes partenaires.

On avait réservé un endroit dans la cour arrière pour le fumoir. À l'époque, le jardin n'occupait qu'environ la moitié de son espace actuel. Lors d'un de mes pèlerinages quotidiens à la quincaillerie, j'ai acheté une tronçonneuse à métaux, un masque de soudeur noir, des brosses en métal, une panoplie de meuleuses à métaux et un marteau de soudeur. Heureusement, la Quincaillerie Notre-Dame (affiliée à Rona) est située sur la même rue

que nos restaurants, à un coin de rue à l'est. C'est la plus ancienne quincaillerie de Montréal et quand on y entre, c'est comme si on remontait le temps (mis à part les hachoirs à pression en solde près des caisses). En raison de la clientèle industrielle du voisinage, ce Rona vend encore des clés à tuyau pour les gars qui installent des tuyaux de chauffage et des outils pour les cheminots. Discuter avec un membre du personnel chez Rona, que ce soit à propos de plomberie ou de soudure, est une leçon d'humilité. Et si vous

n'avez besoin que d'une vis, on ne vous en vendra qu'une seule. C'est ce genre de commerce.

Il a fallu dix jours pour construire le fumoir. Max, un ancien employé du Joe Beef, et François Côté (un autre membre du personnel) travaillaient sur le fumoir tous les jours avant leur service. La soudure, dégageant des odeurs nauséabondes qui gâchaient l'ambiance de la terrasse, où on prenait l'apéro, se poursuivait jusqu'à l'arrivée des premiers clients de la soirée. On appelait à tout bout de champ notre

soudeur (et Italien) préféré, Wally Ricciardelli, dont les connaissances en matière de métal ont été déterminantes. Chaque jour était un tourbillon de prises de mesures, de dur labeur et de hamburgers de chez Dilallo (ni Dave ni moi n'avons réussi à perdre du poids en travaillant sur un nouveau projet même si, chaque fois, nous pensons y arriver). Une fois la soudure du fumoir complétée, les types du Rona sont arrivés avec trente poches de ciment, que nous avons mélangé tous ensemble à la main. Nous avons creusé une fosse,

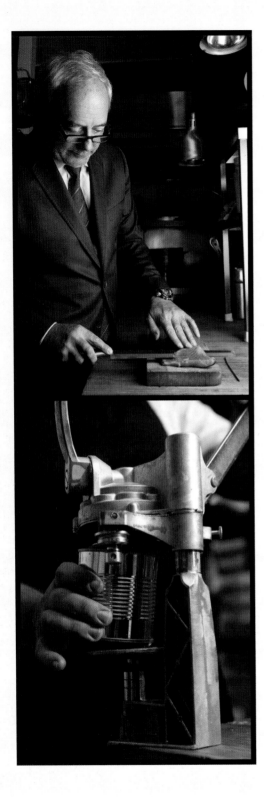

bâti les fondations, fixé l'armature et coulé le béton. Le lendemain, nous étions six pour transporter le fumoir et l'installer contre le mur arrière du Joe Beef; de l'autre côté se trouve la salle de plonge.

La fumée obéit à des règles complexes que j'ignorais à l'époque (et encore aujourd'hui, d'ailleurs), mais que je saisis intuitivement. J'étais content quand tout s'est mis à fonctionner: le générateur de fumée brûlait, le clapet canalisait la chaleur et la cheminée fumait. Depuis le début, le fumoir est simple d'utilisation et d'entretien. Comme une rivière fait son lit, la fumée trouve son propre chemin, et nos cuisiniers savent la maîtriser. Nous avons réalisé que la circulation d'air dans un fumoir est capricieuse: il faut de la fumée, mais pas trop; il faut de la chaleur, mais dans la bonne proportion. Je voulais combiner le fumoir avec un brûleur à gaz, mais celui-ci était beaucoup trop chaud et j'ai abandonné l'idée. La température idéale est de 225 °F (110 °C), une chaleur que nous pouvons maintenir jusqu'en novembre (après quoi, on se limite au poisson et au jambon fumé à froid). Le fumoir n'est pas chromé ni mécanisé, mais nous trouvons qu'il a fière allure, ne serait-ce que parce qu'il semble avoir toujours été là.

Un an plus tard, le fumoir peut contenir à tout moment trois douzaines de carrés, deux têtes de porc, une douzaine de socs de porc, douze saucissons d'été au lapin et tout plein de cuisses de canard, de poulet et de lapin. On l'utilise cinq jours par semaine pendant une bonne partie de l'année, ce qui rend le temps de préparation en cuisine plus intéressant et nous permet de créer de nouveaux mets «classiques» pour les clients. *Les cuisses de canard fumées* (p. 151) en sont un bon exemple. Lorsqu'on ajoute de la fumée, le plat devient complètement différent.

Un soir, le joueur du Canadien Roman Hamrlik s'est installé, seul, au bar du Liverpool avec une bière *Czechvar* et des cuisses de canard. La semaine suivante, une foule d'autres joueurs tchèques et slovaques sont venus prendre la même chose. Ce n'est pas vraiment un classique du Liverpool House, mais il est maintenant à peu près certain que nous servirons de la *Czechvar* et des cuisses de canard pendant la saison de hockey. Le fumoir a également permis la création des côtes levées Joe Beef, qui sont devenues un phénomène depuis que la recette a été diffusée à la populaire émission de télévision *À la di Stasio*. Grâce à Josée di Stasio, nous vendons en moyenne quarante carrés de porc par soir, le Joe Beef et le Liverpool House réunis. Nous avons la chance de rencontrer des gens de partout au Québec qui sont prêts à faire trois heures de route pour venir dans nos restaurants (grâce aux incitations de Josée).

Les recettes qui suivent sont inspirées par le fumoir du Joe Beef.
—FM

LA CONSTRUCTION DE SON PROPRE FUMOIR

J'AI TOUJOURS ÉTÉ FASCINÉ par les objets utilitaires : un globe terrestre sur roulettes qui dissimule des spiritueux, un sécateur n° 2 de Felco, un verre à vin d'Alsace parfait ou un fumoir bien fait. Et cette fascination me paraît saine, si on fait abstraction des factures eBay. Quand ma tête est remplie de projets, le travail semble moins routinier et devient presque amusant. François, Emma, Manu, Marco et tout le personnel du Joe Beef semblent être du même avis ; quand ils se présentent au boulot, ils ont réellement envie de préparer des saucissons d'été, de coudre des boyaux à saucisses ou de simplement parler de comment on fabriquait jadis un bon « baloney ».

Nous comprenons parfaitement le fonctionnement de notre fumoir parce que nous l'avons construit nous-mêmes. Nous sommes également conscients que la plupart des gens qui veulent fumer des aliments n'ont pas l'espace (ni le désir) de construire un fumoir autonome comme le nôtre. Par conséquent, nous proposons deux options pour le fumage domestique : la construction de son propre fumoir (semblable au nôtre) ou la fabrication d'une boîte à fumée à utiliser avec un gril extérieur (voir la recette de sandwich chaud délicieux à la p. 151). Nous avons inclus le plan d'origine de notre fumoir, avec les instructions correspondantes. Il vous sera sans doute inutile, mais on ne peut ignorer un plan original. Vous n'avez qu'à imaginer qu'il s'agit d'un « plan fantasmatique », par exemple celui d'une machine à voyager dans le temps ou de la cabine de Grizzly Adams.

UN MOT SUR LA SÉCURITÉ

Je ne suis pas un soudeur professionnel. J'ai appris à souder dans une école d'agriculture et je me suis exercé ici et là pendant quelques années. Par contre, je sais comment travailler de manière sécuritaire. Pour commencer, protégez vos yeux avec des lunettes de sécurité lorsque vous coupez, assemblez ou manipulez des tuyaux d'acier. Pour souder, portez un casque intégral. J'ai subi une chirurgie des cataractes à l'âge de 28 ans, sans doute à cause d'un excès de courage. Couvrez votre tête et portez un chandail à manches longues et des pantalons ininflammables, même pour meuler : les étincelles peuvent mettre le feu à n'importe quoi. Les ourlets de votre pantalon doivent être à l'extérieur de vos bottes de travail. Ne gardez pas de briquet dans vos poches : c'est idiot. Portez des gants de soudeur (pas trop vieux ni transparents). S'il pleut ou si la terre est humide, reportez les travaux. Utilisez une rallonge conforme. Avisez les gens que vous allez souder en criant : « SOUDURE ! »

UNE LISTE (TRÈS MINIMALE) D'OUTILS

- 1 soudeuse MIG, à fil fourré ou à l'arc, (fonctionnement à 220 V obligatoire)
- 1 tronçonneuse abrasive de 12 po (30 cm)
- 1 meuleuse abrasive de 4 po (11 cm) avec meule et brosse métallique
- 1 crayon de stéatite
- 1 marteau de soudeur
- 1 grosse pince à étau de soudeur
- 2 angles de retenue magnétiques
- 1 masque de soudure à l'arc
- 1 morceau de ferraille d'acier épais, pour utiliser comme poids
- 1 pince coupante (si le fil colle)
- fil fourré approprié en quantité suffisante
- 1 perceuse électrique puissante avec mèche à métaux de $1/2$ po (12 mm)
- 1 ruban à mesurer
- 1 chalumeau à l'acétylène ou torche au MAPP

LISTE DES COUPES

Utiliser des tubes carrés en acier avec des parois d'une épaisseur de $1/8$ po (3 mm) (voir le diagramme).

Pour la charpente principale :
- 4 tubes de $1 1/2$ x $1 1/2$ x 60 po (4 x 4 x 152 cm)
- 4 tubes de 1 x 1 x 69 po (2,5 x 2,5 x 175 cm)

- 4 tubes de 1 x 1 x 46 po
  (2,5 x 2,5 x 117 cm)
- 4 tubes de 1 x 1 x 21 po
  (2,5 x 2,5 x 53 cm)
- 4 tubes de 1 x 1 x 22 po
  (2,5 x 2,5 x 56 cm)
- 2 tubes de $1/4$ x $2^1/2$ x 26 po
  (6 mm x 6 cm x 66 cm) [pour
  l'armature de la base]
- 14 cornières de 1 x 1 x 23 po
  (2,5 x 2,5 x 58 cm) [pour la
  grille]

Pour les portes :
- 4 tubes de 1 x 1 x 48 po
  (2,5 x 2,5 x 122 cm)
- 4 tubes de 1 x 1 x 36 po
  (2,5 x 2,5 x 91,5 cm)

Pour la boîte à fumée :
- 4 tubes de 1 x 1 x 17 po
  (2,5 x 2,5 x 43 cm)
- 2 tubes de 1 x 1 x 24 po
  (2,5 x 2,5 x 61 cm)
- 2 tubes de 1 x 1 x 22 po
  (2,5 x 2,5 x 56 cm)

**Pour le revêtement extérieur,
utiliser de la tôle de $1/8$ po
(3 mm) :**
- 1 tôle de 72 x 48 po
  (183 x 122 cm)
- 2 tôles de 72 x 24 po
  (183 x 61 cm)
- 1 tôle de 48 x 24 po
  (122 x 61 cm)
- 2 tôles de 36 x 48 po
  (91,5 x 122 cm)
- 1 tôle de 24 x 30 po
  (61 x 76 cm)

**Pour les portes et le haut de la
boîte à fumée, utiliser de la tôle
de $1/4$ po (6 mm) :**
- 1 tôle de 24 x 24 po
  (61 x 61 cm)
- 1 tôle de 6 x 21 po
  (15 x 53 cm)
- 1 tôle de 24 x 18 po
  (61 x 46 cm)

Les poignées et les broches
de charnières sont faites de tiges
d'acier de $1/2$ po (12 mm), pliées
avec le chalumeau. Couper et
positionner avec des rondelles
d'un diamètre intérieur de $1/2$ po
(12 mm), puis faire tenir avec une
soudure. Les tubes des charnières
ont un diamètre intérieur de
$5/8$ po (1,5 cm) et des parois d'une
épaisseur de $1/8$ po (3 mm).

1. Dessiner un plan, en
déterminant les longueurs
à couper. C'est amusant de
chercher des modèles de
fumoir dans des livres comme
*The Practical Handyman's
Encyclopedia* et d'anciens
manuels de soudure, mais on
peut aussi consulter l'Internet.

2. Dresser une liste complète
des matériaux nécessaires.

3. Commander et acheter les
matériaux chez votre fournisseur
d'acier local.

4. Mesurer l'acier à deux reprises
et marquer une seule fois (avec
précision) avant de couper
avec une scie à ruban ou une
tronçonneuse.

5. Dans un endroit sec et
sécuritaire, préparer la soudeuse
MIG, à fil fourré ou à l'arc.

6. Déterminer la position de
chaque tube de liaison.

7. Faire un point de soudure
(une fixation temporaire avant
la soudure définitive) sur les
panneaux avant et arrière,
puis prendre deux mesures en
diagonale ; celles-ci doivent être
égales pour un carré parfait.
Terminer ensuite la soudure.

8. Fixer le devant à l'arrière avec
les tubes de liaison. Au besoin,
redresser à l'aide d'un cric ou
une sangle à cliquet.

9. Assembler et souder les
cadres de porte et la boîte
à fumée.

10. Recouvrir la charpente avec
les panneaux mesurés et coupés
préalablement. Les numéroter
pour éviter les erreurs. Faire un
point de soudure à l'intérieur
et à l'extérieur pour rendre le
fumoir imperméable à l'air.

11. Mesurer, couper et plier les
tiges avec le chalumeau pour
fabriquer les poignées et les
pentures.

12. Faire de même pour la grille
de la boîte à fumée.

13. Peindre l'extérieur avec
de la peinture pour poêle.

14. Installer le clapet et le
thermomètre.

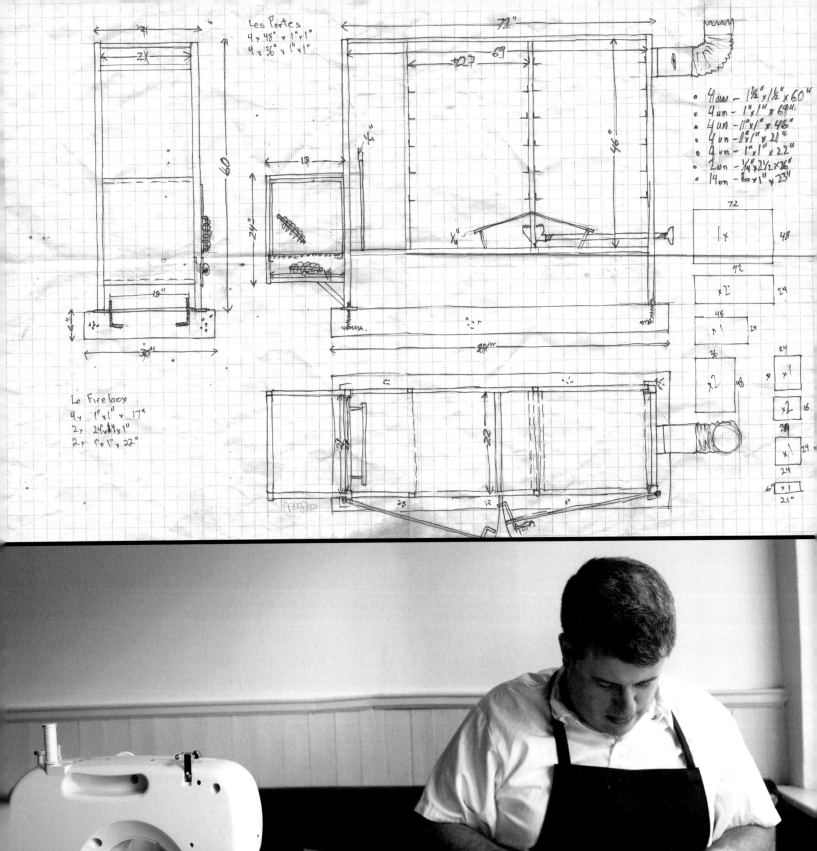

HOT CHICKEN, LAPIN, CANARD...

Donne 4 gros sandwiches

Même si les restaurants comme les Rôtisseries Saint-Hubert servent des *hot chicken sandwiches* depuis les années 1930, rien ne prouve que ce plat soit originaire du Québec. Toutefois, on constate qu'il n'existe pas à l'extérieur de la province alors qu'ici, c'est un aliment de base. Il s'agit de poulet chaud, déchiqueté, servi entre deux tranches de pain blanc, le tout couvert de petits pois et nappé de sauce brune, habituellement une variante de la sauce à poutine.

Vous pouvez utiliser du porc, du canard, du lapin ou du poulet, tous chauds et délicieux. Pour le porc, utilisez la recette de porc déchiqueté des *Pétoncles au* pulled pork *(porc déchiqueté)* (p. 30). Pour les autres viandes, il y a trois étapes à suivre : saler, fumer et confire. Si vous n'avez pas de boîte à fumée, utilisez une boîte de conserve de 1 litre pour le fumage. Si vous habitez aux États-Unis, D'Artagnan (www.dartagnan.com) livre à votre porte le gras de canard dont vous aurez besoin à l'étape 3. Sinon, utilisez du gras de bacon.

La sauce brune est une imitation parfaite de la sauce barbecue pour poulet. Elle n'est pas piquante et ne ressemble pas à la sauce épaisse qui goûte les épinards et le bicarbonate de soude. Elle est plus relevée, à mi-chemin entre la sauce barbecue et la sauce brune. Elle est également délicieuse si on la sert sans le pain, sur du canard, du porc, de la poutine et, bien entendu, du poulet.

LES VIANDES FUMÉES

¼ tasse (55 g) de sel cachère

¼ tasse (50 g) de cassonade, tassée

1 gousse d'ail, hachée

1 c. à soupe de grains de poivre

6 cuisses entières de canard, de lapin ou de poulet

environ 1 litre de copeaux de bois naturel

environ 2 c. à soupe d'huile d'olive

9 tasses (environ 2 kg) de gras de canard, fondu

LA DÉLICIEUSE SAUCE BRUNE

1 petit oignon, haché finement

1 c. à thé d'ail, émincé

¼ tasse (60 ml) de jus de cuisson de poulet, de canard ou de porc rôti

¼ tasse (30 g) de farine tout usage

¼ c. à thé de poivre de Cayenne

2 c. à thé de moutarde sèche de marque Colman

1 c. à thé de sel de céleri

½ c. à thé de piment de la Jamaïque

½ c. à thé de poivre

2 c. à soupe de sauce HP ou de *Sauce à steak Grand Monsieur* (p. 251)

1 ¼ tasse (300 ml) de jus de tomate (nous utilisons la marque Heinz)

2 tasses (500 ml) de bouillon de poulet

sel

8 tranches de pain blanc

1 tasse (140 g) de pois surgelés ou de pois frais, écossés

Bonnes frites (p. 154), coupe ondulée

SUITE...

1. Pour saler la viande, mélanger dans un petit bol le sel, la cassonade, l'ail et les grains de poivre. Bien frotter les cuisses avec le mélange. Mettre les cuisses salées dans un ou plusieurs sacs en plastique refermables et réfrigérer 4 h. Ensuite, les retirer des sacs, rincer et éponger avec du papier essuie-tout.

2. Pour fumer la viande, allumer le gril à température moyenne-basse. Pour préparer la boîte à fumée (ou la boîte de conserve de 1 pinte ou 1 litre), la remplir entièrement de copeaux de bois. Recouvrir complètement la boîte de papier d'aluminium et percer 3 ou 4 trous sur le dessus. Lorsque le gril est chaud, mettre la boîte sur le feu du côté opposé à celui où sera déposée la viande.

3. Dans un bol suffisamment grand, enduire les cuisses d'huile. Mettre les cuisses sur le gril, fermer le couvercle et fumer 45 minutes. Vers la fin, il devrait y avoir une bonne quantité de fumée qui s'échappe de la boîte. Le but est de fumer la viande pour obtenir de la saveur et non pour la cuire.

4. Pour confire la viande, préchauffer le four à 300 °F (150 °C). Verser le gras de canard dans un plat de cuisson suffisamment grand pour contenir 6 cuisses ; le faire fondre. Une fois le gras fondu, y nicher les 6 cuisses fumées côte à côte. Si des cuisses de canard ou de lapin sont utilisées, les cuire au four 3 ½ h ; pour du poulet, cuire pendant 2 ½ h. Vous êtes sur la bonne voie si, au bout de 45 min, le gras pétille.

5. Pendant ce temps, préparer la sauce brune. Dans une casserole, faire suer l'oignon et l'ail dans les jus de cuisson à feu moyen 4 à 5 min jusqu'à ce qu'ils soient colorés. Ajouter la farine et remuer vigoureusement avec une cuillère en bois. Ajouter le poivre de Cayenne, la moutarde, le sel de céleri, le piment de la Jamaïque et le poivre. Remuer 1 ou 2 min de plus, puis ajouter la sauce HP. Remuer de nouveau pendant 1 min, puis ajouter le jus de tomate et le bouillon. Donner environ 10 tours de fouet, réduire à feu doux et laisser mijoter 20 min. Filtrer la sauce ; on devrait en obtenir 2 tasses (500 ml). Saler. Bien réchauffer avant de servi.

6. Lorsque le confit est prêt, retirer le plat du four et laisser refroidir 30 min. Retirer les cuisses confites du gras. (Vous pouvez terminer la recette ici, sans faire de sandwichs, et nous ne vous en tiendrons pas rigueur… Les cuisses confites sont encore meilleures réchauffées le lendemain.) Pour faire les sandwichs, retirer la chair des os pendant que les cuisses sont encore chaudes, puis la déchiqueter avec les doigts ou deux fourchettes.

7. Sortir quatre assiettes et mettre une tranche de pain dans chacune. Répartir la viande également sur les tranches de pain. Verser la moitié de la sauce sur la viande et le pain. Terminer les sandwichs en posant les tranches de pain restantes par-dessus. Ajouter les pois à la sauce restante et réchauffer 2 ou 3 min. Verser la sauce et les pois sur les sandwichs. Servir avec les frites.

BABY BACK RIBS (PETITES CÔTES LEVÉES DE DOS FUMÉES)

Donne 4 carrés ou 4 à 6 portions

Nous utilisons les côtes levées dans les gnocchis et dans la soupe aux pommes de terre. On les coupe aussi en trois et on retire les os pour préparer un sandwich McKiernan aux côtes levées. Tout comme le lard au tournant du siècle dernier, les côtes levées au Joe Beef sont incontournables. Nous proposons deux cuissons : le rôtissage et le fumage. Servez avec les *Bonnes frites* (p. 154).

2 c. à soupe de paprika fumé

2 c. à soupe d'ail en poudre

2 c. à soupe de moutarde sèche de marque Colman

2 c. à soupe de poivre

½ c. à thé de feuilles de laurier, moulues

4 carrés de petites côtes levées de dos d'environ 1 ½ lb (680 g) chacun

1 bouteille de bière de 12 oz (375 ml), si les carrés sont rôtis

Sauce barbecue (p. 176)

environ 1 pinte (1 litre) de copeaux de bois naturel

1. Préchauffer le four à 325 °F (165 °C). Dans un petit bol, mélanger le paprika, l'ail en poudre, la moutarde, le poivre et la feuille de laurier. Mettre les côtes levées dans une rôtissoire et les enduire généreusement du mélange d'épices. Secouer l'excédent. Verser la bière entre les côtes levées. Couvrir de papier d'aluminium.

2. Rôtir pendant 2 ½ h. Pendant les 30 dernières minutes, retirer le papier d'aluminium et badigeonner les côtes levées de sauce barbecue.

3. Pour fumer les côtes levées, vérifier d'abord à l'aide d'un thermomètre à four si le gril est en mesure de maintenir une température qui se situe entre 210 et 230 °F (100 et 110 °C) pendant 20 min. Comme le temps de fumage est de 4 h, vérifier également l'approvisionnement en gaz. Utiliser les mêmes ingrédients que pour le rôtissage, sauf la bière. Autrement dit, mélanger les épices et enduire les carrés du mélange. Ensuite, remplir entièrement la boîte à fumée (ou une boîte de conserve de 1 litre de copeaux de bois. Couvrir la boîte complètement de papier d'aluminium et percer 3 ou 4 trous sur le dessus.

4. Dans la plupart des cas, les grils ont trois brûleurs : n'allumer que celui de gauche à température moyenne-basse et cuire les côtes levées à droite. On peut placer sous la grille une lèchefrite en aluminium remplie d'eau pour prévenir les flambées et ajouter de l'humidité. Fermer le couvercle pendant le fumage. Vérifier de temps à autre que la température ne dépasse pas 240 °F (115 °C). Au bout de 2 h, vérifier les côtes levées. Si les bords sont trop mous ou trop durs, ajuster la température. La cuisson devrait prendre 4 h. (Lorsque je fume les côtes levées, je garde la sauce barbecue à portée de main pour les badigeonner.)

BONNES FRITES

Donne 4 portions

Les meilleures frites sont faites avec des pommes de terre qui n'ont jamais eu froid, car l'amidon se transforme en sucre à certaines températures. Si vous voulez approfondir ce sujet, consultez le livre *On Food and Cooking: The Science and Lore of the Kitchen* de Harold McGee. Au restaurant, nous utilisons les pommes de terre Russet de l'Île d'Orléans (que Cartier surnommait «l'île de Bacchus» en raison des vignes sauvages qui ornaient le paysage), mais toute variété semblable convient.

Cette recette nécessite une friteuse. Si vous n'en avez pas, vous pouvez utiliser une marmite épaisse et profonde de 5 litres et un thermomètre à friture. Nous utilisons de l'huile de canola et du gras de bœuf en parts égales, si on mange les frites le lendemain, elles sont meilleures cuites ainsi. Si vous pouvez trouver du gras de panne de bœuf fondu (le gras autour des rognons), c'est le meilleur choix. Si cela vous paraît excessif, vous pouvez simplement utiliser de l'huile d'arachide. Nous nous gardons de le faire, histoire de ne pas emmerder à la fois les végétariens et les gens allergiques aux arachides.

Il y a quelques années, nous avons commencé à enduire nos frites de beurre d'escargot (le nom provient de son utilisation et non de sa composition ; en gros, c'est du beurre à l'ail) et nous ne pouvons plus nous arrêter. Nous aimons également y ajouter un peu de pecorino râpé.

---

4 grosses pommes de terre Russet

sel

huile, pour la grande friture

beurre d'escargot (voir la recette de *Bourgots au beurre d'escargot*, p. 131) (facultatif)

¼ tasse (30 g) de fromage pecorino, râpé (facultatif)

1. Peler les pommes de terre et les couper en bâtonnets de ³/₈ po (1 cm) – la taille d'un crayon Crayola. Mettre les bâtonnets dans un bol profond, saupoudrer de 1 c. à soupe de sel et mélanger avec les doigts. Couvrir avec de l'eau du robinet et laisser reposer 1 h.

2. Égoutter les pommes de terre, bien rincer et sécher à l'aide d'une essoreuse à salade ou d'un linge propre.

3. Verser de l'huile dans la friteuse à une hauteur de 3 po (7,5 cm) et chauffer à 260 °F (125 °C). Frire les pommes de terre, une petite quantité à la fois, 4 à 6 min jusqu'à ce qu'elles soient tendres. Égoutter et déposer sur une plaque à pâtisserie.

4. Chauffer l'huile à 360 °F (185 °C) en vue d'une deuxième friture rapide. Encore une fois, frire brièvement les pommes de terre, une petite quantité à la fois, pour les rendre croustillantes sans colorer l'extérieur. Elles devraient garder leur couleur dorée. Les retirer de l'huile, chauffer l'huile de nouveau jusqu'à 360 °F (185 °C) et les frire une dernière fois jusqu'à ce qu'elles soient croustillantes. Goûter pour vérifier la cuisson, puis éponger sur du papier essuie-tout.

5. Servir immédiatement, saupoudrées de sel ou enduites de beurre, avec ou sans fromage.

SAUCISSON AU LAPIN DU LIVERPOOL HOUSE

Donne 6 saucissons d'une longueur de 8 po (20 cm)
et d'un diamètre de 3 po (7,5 cm)

Quand Fred est en voyage, il s'arrête d'abord à l'épicerie. Il n'est pas question de marchés bucoliques ou de bouchers virils ici ; non, il est complètement fasciné par les supermarchés. Quoi de mieux qu'une promenade dans une allée bien garnie d'un Monoprix, alors qu'on vient d'arriver à Paris ? Il a le même réflexe lorsqu'on se rend dans l'ouest du Canada, où il s'attarde au rayon des saucissons. Aucun produit artisanal ici, nous en avons la certitude. Toutefois, la variété de produits est incroyable : du saucisson de Bologne miniature, du saucisson d'été dans un boyau de coton, des saucissons Mennonite sans boyau, de la tête fromagée, du bœuf séché, etc.

C'est amusant de prendre une bonne vieille saucisse du commerce et d'en faire un produit convenable, c'est-à-dire avec de la bonne viande et de la vraie fumée. Cette recette a été mise au point avec l'aide d'Emma, qui était chef de cuisine au Liverpool House à l'époque. Nous suggérons d'utiliser des sacs en mousseline pour préparer cette saucisse. Vous en trouverez en ligne ou, en tant qu'authentique adepte du Joe Beef, vous pouvez les coudre vous-mêmes (voir la note).

La fumée pénètre mieux dans le saucisson et vous n'aurez pas besoin d'un poussoir. Tout se fait à la main.

3 lb (1,4 kg) de lapin, désossé, coupé en cubes de 1 po (2,5 cm)

1 lb (455 g) de longe de porc maigre, désossée, coupée en cubes de 1 po (2,5 cm)

2 lb (900 g) de gras de bajoue ou de dos de porc, coupé en cubes

3 c. à soupe de sel cachère

1 ½ tasse (375 ml) d'eau

½ tasse (110 g) de lait en poudre

¼ tasse (30 g) de moutarde sèche de marque Colman

2 c. à soupe de sucre

2 c. à soupe de poivre noir, moulu

1 c. à thé de poudre de Prague n° 1

6 boyaux à saucisses de $2^{3}/_{8}$ x 24 po (6 x 61 cm) (nous les achetons en ligne chez Sausage Maker, au www.sausagemaker.com)

corde de boucher, pour ficeler les boyaux

INGRÉDIENTS POUR LE POCHAGE

2 oignons, piqués de trois clous de girofle chacun

4 feuilles de laurier

Fruits à noyau en conserve (p. 161), pour servir

1. Dans un grand bol, bien mélanger le lapin, la longe de porc, le gras de bajoue de porc, le sel, l'eau, le lait en poudre, la moutarde sèche, le sucre, le poivre et la poudre de Prague. Couvrir et réfrigérer au moins 2 h ou jusqu'au lendemain.

2. Munir le hachoir à viande d'une grille avec des trous moyens ($^{3}/_{8}$ po ou 10 mm). Passer lentement le mélange de viande dans le hachoir. À l'aide des doigts, farcir chaque boyau avec 1 lb (455 g) de viande : façonner de petites boules de viande, les insérer dans le boyau et presser

celui-ci pour compacter le mélange (si les boyaux sont trop longs, les tailler pour obtenir la bonne longueur). Ficeler les extrémités avec de la corde de boucher. Mettre les saucissons sur un plateau, recouvrir d'un linge propre et laisser reposer 1 h à température de la pièce.

3. Pour fumer les saucissons, préchauffer le fumoir à une température de 200 °F (93 °C). (Pour les fumer sur un gril, suivre la méthode du *Hot chicken, lapin, canard...*, p. 151.) Suspendre les saucissons dans le fumoir (nous les attachons à une grille à l'aide de crochets en acier inoxydable) et les fumer jusqu'à une température interne de 152 °F (67 °C).

Il faut compter environ 3 h à une température de 185 °F (85 °C) (la température baisse un peu lorsque les saucissons sont à l'intérieur). S'assurer de vaporiser les saucissons avec de l'eau toutes les 30 min. Lorsque le fumage est terminé, laisser refroidir les saucissons pendant une journée.

4. Sinon, pocher les saucissons dans de l'eau frémissante avec les oignons et les feuilles de laurier 30 à 40 min, jusqu'à une température interne de 152 °F (67 °C).

5. Servir les saucissons avec un canif, des craquelins et des fruits à noyau en conserve, de préférence pendant un voyage de pêche. Les saucissons se conservent au réfrigérateur une semaine si pochés ou 10 jours si fumés, emballés dans du papier d'aluminium.

Note : *Pour fabriquer vos propres boyaux, tailler une mousseline non blanchie en rectangles de 14 x 6 ½ po (35 x 16,5 cm). Plier en deux sur le sens de la longueur et coudre le côté long et un côté court pour obtenir un sac de 14 x 3 ¼ po (35 x 8 cm). Lavez les boyaux avant l'utilisation.*

PORCHETTA ALLA JOE BEEF

Donne 6 à 8 portions

La *porchetta* se déguste tiède : préparez-la le matin, faites-la cuire en après-midi, laissez-la tiédir et mangez-la une heure plus tard. La *porchetta* traditionnelle est un cochon entier farci ; ceci est notre version, qui a peu à voir avec le classique italien. Il faut utiliser un morceau très mince de soc de porc afin d'être capable de l'envelopper avec le flanc de porc. Nous achetons une épaule de 5 lb (2,3 kg), que nous tranchons sur le sens de la longueur. Nous utilisons une moitié pour cette recette et congelons l'autre pour un autre usage). Cette recette peut sembler laborieuse mais elle ne l'est pas, surtout si vous demandez au boucher de parer la viande.

1 morceau de flanc de porc de 4 lb (1,8 kg), la peau enlevée et réservée

1 soc de porc cylindrique de 2,5 lb (1,1 kg) (épaule de porc)

8 brins de romarin

2 gousses d'ail

½ piment jalapeño

2 c. à soupe de graines de fenouil

¼ tasse (60 ml) de vermouth blanc

2 c. à soupe de sel

1 c. à soupe de poivre

¼ tasse (60 ml) d'huile d'olive

huile de canola, pour badigeonner

2 grosses carottes, coupées en deux sur le sens de la largeur

Petits pains aux pommes de terre (p. 160)

Babylone Plum Jam (*confiture de prunes aux épices*) (p. 160)

1. S'assurer que la largeur du flanc et la longueur du soc sont égales, sinon le résultat ressemblera à un hot-dog de bande dessinée (une grosse saucisse dans un petit pain). Au besoin, couper pour ajuster. Ensuite, préchauffer le four à 350 °F (180 °C).

2. Pour préparer la pâte d'assaisonnement, mettre dans un robot culinaire le romarin, l'ail, le piment, les graines de fenouil, le vermouth, le sel, le poivre et l'huile d'olive. Mélanger pour obtenir une pâte. Autrement, utiliser un mortier et un pilon.

3. Frotter le soc et le flanc avec la pâte, à l'intérieur et à l'extérieur. Envelopper le soc avec le flanc, le côté gras vers l'extérieur. Ensuite, enrouler la peau du flanc autour du soc enveloppé ; dans un monde idéal, les tailles correspondent. Rouler fermement et ficeler avec de la corde de cuisine. Badigeonner l'extérieur d'huile de canola.

4. Disposer les carottes en ligne au fond d'une rôtissoire et mettre le porc ficelé par-dessus. Rôtir 2 h. Baisser la température à 275 °F (135 °C) et continuer la cuisson 5 h de plus. Comme on fait rôtir lentement un porc de grosse taille, il vaut mieux le cuire un peu trop plutôt que pas assez. L'arôme et l'aspect indiquent si la cuisson est terminée.

5. Retirer du four et laisser reposer 30 min. Couper la corde, trancher et servir avec les petits pains et la confiture.

PETITS PAINS AUX POMMES DE TERRE

Donne 12 petits pains

Les petits pains bon marché qu'on mange chez grand-mère le dimanche soir, qui sont très mous et vendus dans des sacs de plastique, ça vous dit quelque chose ? Cette recette donne exactement le même résultat. La base de la recette est une purée de pommes de terre ; il est donc primordial de commencer à la préparer dès que vous avez terminé une purée de pommes de terre. Ces petits pains accompagnent parfaitement un sandwich au porc déchiqueté ou une *porchetta*.

2 ¼ c. à thé (1 sachet) de levure sèche active

1 c. à soupe de sucre

6 c. à soupe (90 ml) d'eau tiède

1 œuf

⅔ tasse (160 ml) de lait, à température de la pièce

½ tasse (100 g) de purée de pommes de terre chaude

3 ½ tasses (510 g) de farine tout usage, et un peu plus pour saupoudrer

1 c. à soupe de sel

⅓ tasse (75 ml) de gras de bacon fondu, puis refroidi à température de la pièce

SUITE...

1. Dans un petit bol, mélanger la levure, le sucre et l'eau et laisser reposer 15 min jusqu'à ce que le mélange soit mousseux.

2. À l'aide d'un batteur sur socle muni d'un crochet pétrisseur, pétrir à basse vitesse l'œuf, le lait, la purée de pommes de terre et le mélange de levure. Ajouter la farine et le sel et pétrir 4 min. Ajouter le gras de bacon à la cuillère et mélanger pour obtenir une pâte homogène. La consistance de la pâte doit être lisse. (Le goût est celui d'une pâte crue mélangée à de la purée de pommes de terre – bref, pas très appétissant…)

3. Transférer la pâte dans un bol huilé et réserver dans un endroit chaud. Laisser la pâte lever pendant 1 h ou jusqu'à ce qu'elle ait doublé de volume. Transférer la pâte sur une surface légèrement farinée, la faire dégonfler et la pétrir 1 min. Diviser la pâte en 12 morceaux égaux de 2 ½ à 2 ¾ oz (70 à 75 g) chacun, en utilisant une balance. Avec la paume, rouler chaque morceau sur la surface en appuyant doucement. Tapisser une plaque à pâtisserie avec rebords de papier parchemin et huiler les parois. Mettre les boules de pâte sur la plaque, le pli vers le bas, en les espaçant de ¼ po (6 mm) de manière à ce qu'elles se rejoignent en levant. Laisser gonfler dans un endroit chaud 45 min ou jusqu'à ce que la pâte ait doublé de volume. Pendant ce temps, préchauffer le four à 375 °F (190 °C).

4. Cuire au four les petits pains 20 à 25 min ou jusqu'à ce qu'ils soient très légèrement dorés. La couleur doit rappeler celle des pains pâteux bon marché du commerce que grand-mère servirait. Retirer du four et laisser refroidir 15 min avant de déchirer et servir.

BABYLONE PLUM JAM (CONFITURE DE PRUNES AUX ÉPICES)

Donne environ 1 ½ chopine (680 ml)

Le goût épicé de cette confiture convient davantage à la viande et au fromage qu'au pain grillé. Pour ce qui est du terme «Babylone», c'est simplement pour souligner l'engouement des cuisiniers d'à travers le monde pour la musique reggae!

1 ½ lb (680 g) de prunes (environ 10), dénoyautées et hachées

2 ¼ tasses (455 g) de sucre

¼ tasse (60 ml) de vinaigre blanc distillé

1 petit piment rouge frais ou séché

2 c. à soupe de gingembre, moulu

½ tasse (105 g) de graines de moutarde

1. Dans une casserole épaisse, mélanger les prunes, le sucre et le vinaigre et laisser reposer 1 h.

2. Chauffer la casserole à feu doux et cuire 1 h, en remuant à l'occasion, jusqu'à ce que le mélange ait épaissi.

3. Ajouter le piment, le gingembre et les graines de moutarde. Cuire 15 min de plus, en remuant, pour obtenir la consistance d'une confiture épaisse et non celle d'une soupe. Si les prunes sont grosses, il faudra les faire cuire plus longtemps pour éliminer le surplus d'eau. Retirer et jeter le piment. Pour une consistance plus légère, mélanger avec un mélangeur à main.

4. Laisser refroidir 10 min avant de servir ou de mettre dans un contenant hermétique. La confiture se conserve 1 mois au réfrigérateur.

FRUITS À NOYAU EN CONSERVE

Donne environ 2 chopines (1 litre)

Voici la recette de Suzanne, la mère de Frédéric. C'est une vieille recette wallonne, une marinade qui se sert bien avec du rôti de porc et des saucisses. Vous pouvez également mélanger la marinade et de l'huile de noix pour arroser les betteraves. Vous pouvez aussi en ajouter une ou deux gouttes à une sauce au vin un peu fade pour lui donner un peu de piquant.

Vous pouvez utiliser la marinade pour presque tous les fruits à noyau. La quantité requise varie selon les fruits utilisés. Pour cette recette, on donne la quantité nécessaire pour préparer 1 lb (455 g) de cerises ou de prunes italiennes, mais ça pourrait varier si vous utilisez d'autres fruits à noyau. En raison de notre peur bleue des aliments en conserve avariés (qui nous vient d'un vieil épisode de *Quincy* dans lequel le coupable était le botulisme), nous suggérons d'utiliser des contenants en plastique bien propres et de toujours réfrigérer les conserves.

---

1 lb (455 g) de grosses cerises noires ou de prunes italiennes, ou de demi-cerises et de demi-prunes

1 bâton de cannelle

1 feuille de laurier

2 tasses (500 ml) de vinaigre de vin blanc

1 tasse (250 ml) d'eau

1 tasse (200 g) de sucre turbinado ou de cassonade, tassés

1. Rincer les fruits et les sécher. Chauffer le bout d'une épingle pour la stériliser, puis piquer chaque prune environ 8 fois et chaque cerise environ 4 fois.

2. Répartir les fruits entre les contenants et bien tasser ; casser le bâton de cannelle et déchirer la feuille de laurier en plusieurs morceaux et répartir également entre les contenants.

3. Dans une casserole, mélanger le vinaigre, l'eau et le sucre et porter à ébullition, en remuant pour dissoudre le sucre. Retirer du feu et verser sur les fruits. Laisser les fruits reposer 2 min, puis couvrir et réfrigérer rapidement.

4. Laisser les fruits mariner au moins 1 semaine avant de servir. Ils se conservent jusqu'à 2 mois.

CHEDDAR FUMÉ ET BEIGNETS

Donne 20 à 24 beignes, selon la taille

Pier Luc Dallaire travaille pour nous depuis cinq ans : il a été cuisinier, débarrasseur, barman, écailleur d'huîtres, et désormais, il est un garçon de table authentiquement français ! Son père, Bertrand, était jardinier dans l'âme et sa mère, Huguette, préparait ces beignets d'enfer. Ils sont à base de poudre à lever et non de levure. Vous en trouverez dans les marchés aux puces locaux. Le fromage Île-aux-Grues est un superbe produit québécois que nous n'avons pu nous empêcher de fumer. Le mariage des beignes et du fromage donne un résultat divin.

2 ¾ tasses (350 g) de farine tout usage, et un peu plus pour saupoudrer

1 c. à soupe de levure chimique

½ c. à thé de sel

¼ c. à thé de muscade, fraîchement râpée

¼ c. à thé de cannelle, moulue

¼ tasse (55 g) de beurre non salé, à température de la pièce

¼ tasse (100 g) de sucre

2 œufs

¼ tasse (60 ml) de crème à fouetter (35 % M.G.)

¼ tasse (60 ml) de lait

1 c. à thé d'extrait de vanille

huile de canola, pour la grande friture

1 tasse (300 g) de sirop d'érable

8 minces tranches de cheddar fumé (voir la recette ci-après)

1. Dans un bol, mélanger la farine, la levure chimique, le sel, la muscade et la cannelle. Réserver.

2. Dans un deuxième bol, battre le beurre en crème avec le sucre jusqu'à consistance lisse. Ajouter les œufs, un à la fois, en battant après chaque addition. Ajouter doucement la crème et le lait, en mélangeant bien, puis incorporer la vanille. Incorporer ensuite la farine et remuer jusqu'à la formation d'une pâte raide.

3. Sur une surface farinée, abaisser la pâte à une épaisseur d'environ ½ po (12 mm). À l'aide d'un emporte-pièce à beigne, découper les beignes (nous les préférons petits).

4. Dans une friteuse, verser l'huile à une hauteur de 3 po (7,5 cm) (ou selon les indications du fabricant) et chauffer à 350 °F (180 °C). (Autrement, utiliser une marmite épaisse et profonde et un thermomètre à friture.) Ajouter les beignes, une petite quantité à la fois, et frire 3 à 4 min jusqu'à ce qu'ils soient légèrement dorés. Égoutter sur du papier essuie-tout.

5. Dans une petite casserole, porter le sirop d'érable à ébullition à feu vif, puis réduire le feu et laisser mijoter 5 min. À l'aide d'une pince, tremper les beignes dans le sirop. Servir 4 à 6 beignes par personne avec quelques tranches de cheddar fumé.

SUITE...

CHEDDAR FUMÉ

1 bloc de cheddar de 2 lb (900 g)
1 c. à soupe de whisky canadien
2 c. à soupe de sirop d'érable

1. Mettre le fromage, le whisky et le sirop dans un grand sac pour congélateur. Sceller et congeler 4 h.

2. Allumer le fumoir et le chauffer à une température de 85 à 105 °F (30 à 40 °C); il faut fumer à froid, en utilisant surtout des copeaux de bois et en laissant couver le feu.

3. Insérer un thermomètre à sonde dans le fromage et mettre dans le fumoir. Fumer jusqu'à une température interne de 39 °F (4 °C). Le fromage fumé se conserve jusqu'à 1 mois au réfrigérateur, scellé hermétiquement dans une pellicule plastique.

ANECDOTES SUR LE GOÛT ET QUELQUES THÉORIES

Je n'ai jamais un service qui ne finit pas.

—Nicolas Jongleux, à un stagiaire pendant une soirée particulièrement infernale

APRÈS PLUS de quinze ans en restauration, on commence à élaborer des idées à propos d'un tas de trucs. Et après des années passées à valider ces idées, celles-ci deviennent des théories : Quel genre de cuisinier travaillera pour nous longtemps ? Pourquoi ne peut-on pas faire confiance aux personnes qui ont des lèvres fines ? Pourquoi un service de traiteur semble-t-il, à tort, être une bonne idée ?

QUELQUES THÉORIES

La section qui suit regroupe plusieurs de nos théories, glanées au hasard. C'est l'équivalent d'une expérience de la pensée, un peu comme les *Éclairs au Velveeta* (p. 170) ou la *Double mise du Joe Beef* (p. 173) — des mets uniques. Nous éprouvons une affection instantanée et indéfectible pour les clients qui commandent ces plats.

Théorie n° 1

Les assiettes carrées : Un peu comme un homme en veston et en short, les assiettes carrées ne conviennent pas aux mets du Joe Beef. Elles semblent lourdes à porter et cadrent mal avec nos tables. La nourriture y a l'air peu appétissante ; c'est comme manger une version culinaire d'un tableau de Malevich. Même à Paris, dans les plus anciennes brasseries (à tel point qu'elles font partie du patrimoine mondial), où les toilettes sont trop vieilles pour accommoder les personnes handicapées, vous verrez du thon cru survoler les tables dans une assiette carrée. La cuisine française ne doit pas être servie dans des assiettes carrées.

Théorie n° 2

Le raifort : Cette racine est un remède universel. Les gens croient à tort que nos huîtres crues sont servies avec des copeaux de parmesan, mais il s'agit en fait de raifort à l'odeur bien piquante, fraîchement râpé. Même s'il semble ne tenir qu'une petite place dans un repas, le raifort est essentiel à notre « mise en place ». Empilez-le sur un steak et vous en aurez des frissons. Notre recette est toute simple : pelez l'épaisse racine phallique, coupez-la en morceaux, conservez-la au réfrigérateur dans l'eau avec un peu de vinaigre, puis râpez-la finement au dernier moment. Essayez le raifort dans un bouillon très chaud lors de votre prochain rhume.

Théorie n° 3

Les quatre saisons des lardons : Nous coupons le bacon selon la saison. À certains moments de l'année, un gros morceau bien gras devient essentiel pour rehausser la saveur et à la texture d'un plat.

Les lardons d'hiver sont gros, épais et longs. Pendant les jours sombres de janvier, au moment où vos souvenirs de plage semblent lointains et où vous êtes contraints à manger des légumes racines

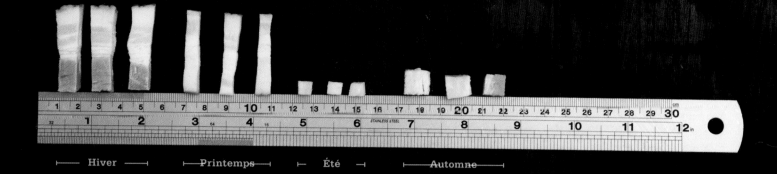

Hiver   Printemps   Été   Automne

flétris, de la salade provenant d'une autre planète et du cou de porc fondant, vous pouvez incorporer à vos pommes de terre une poignée de gros lardons de 1 po (2,5 cm) d'une épaisseur de ¼ po (6 mm) pour oublier vos peines. Au printemps, on commence à se lasser du bacon, mais on l'apprécie en lamelles dans le spaghetti au homard. C'est une façon d'oublier l'hiver en attendant l'été ; de plus, en coupant les lardons en juliennes, on fait honneur aux gyromitres géants, aux têtes de violon et aux pissenlits. L'été, on n'en veut qu'un soupçon, les plus petits dés, tout juste le bout d'une allumette. Coupé de cette façon, le lardon peut être ajouté aux petits légumes cuits à la perfection et aux fruits de mer à peine apprêtés, et il ne gâche pas le goût de nos boissons estivales, le sancerre rosé de François Cotat par exemple. En automne, nous le coupons en cubes un peu plus épais (¼ po ou 6 mm), signe annonciateur de la saison à venir. Les petits lardons d'été sembleraient complètement perdus près des champignons, du gibier et des légumes racines d'automne. De tels mets exigent un accompagnement plus consistant.

Théorie n° 4

Les légumes gras : Si les légumes que vous cuisez vous semblent graisseux, ce n'est jamais parce que vous avez utilisé trop de gras : c'est plutôt en raison d'un manque d'eau. D'une certaine manière, le gras « clandestin » est moins désagréable que le gras huileux et bien visible. Lorsqu'une sauce ou un plat braisé semblent graisseux ou mal amalgamés, retirez quelques cuillères à soupe de gras et remplacez-les par quelques gouttes d'eau froide. La sauce deviendra plus satinée et appétissante.

Théorie n° 5

La gueule de bois : Si quelqu'un vient travailler en se déclarant en « pleine forme », il ou elle a de toute évidence trop bu. Pour atténuer la gueule de bois, rien n'est aussi efficace qu'un verre de jus de gingembre, de la vitamine B, une bouteille de Pedialyte, ainsi que du Spam et du fromage fondu américain apprêtés avec trois bottes de chou vert frisé flétri.

Théorie n° 6

Les couteaux de luxe : De nos jours, les gens ont trop de couteaux. Le couteau de chef classique, le couteau à trancher et le couteau de boucher, c'est tout ce dont vous avez vraiment besoin. Un de nos amis est un genre de vendeur itinérant de couteaux en acier Damas. Il vient faire un tour de temps en temps pour aguicher le personnel de cuisine avec ses nouvelles importations séduisantes en leur promettant qu'ils peuvent « payer plus tard ». C'est trop tentant pour des passionnés de couteaux comme Frank et Marco. C'est vite vendu, un peu comme si on vendait des harengs à des phoques. Cela dit, nos couteaux préférés sont en acier ordinaire et viennent de chez E. Dehillerin, près des Halles, à Paris. Ce sont de beaux objets noirs faciles à aiguiser, utilisés par des gens comme Dumaine, Chapel et Bocuse. Une autre bonne marque est Dexter-Russell, dont les couteaux possèdent des lames en acier ordinaire et des poignées en hêtre. Ils sont bon marché, fiables et toujours fabriqués en Amérique.

Théorie n° 7

Les « clients amis » : Quand vous êtes chef, certains clients deviennent vos amis. Ils vont vous demander de faire le traiteur (voir l'encadré) ou vous inviter à des réceptions où vous êtes projeté dans un autre cercle social (malaise). On se sent alors comme la prostituée de *Pretty Woman*: on se retrouve tout à coup en compagnie de gens fortunés, alors que nous venons de milieux modestes et ordinaires. C'est bizarre et rarement agréable, même si nous savons que l'intention était bonne. Peut-être est-ce plus un aveu qu'une théorie.

Théorie nº 8

Les à-côtés: Cela nous a toujours paru étrange qu'un restaurant fasse l'impossible pour dérouler le tapis rouge devant quelqu'un qui a des millions en banque, mais réserve un accueil plus froid au couple qui a économisé pendant des mois pour venir y manger. Si nous remarquons un étudiant passionné ou un couple qui a un premier rendez-vous dans un de nos restaurants, nous leurs donnerons le monde. Ils auront droit au menu complet pour 30 $ et c'est avec plaisir que nous leur offrirons une bouteille de bon vin. Ceci n'est pas une habitude, bien entendu, mais nous le faisons de temps en temps.

Théorie nº 9

Les bonnes manières: Ne portez jamais un chapeau dans un pub irlandais.

Théorie nº 10

Tout n'est pas fait pour être vu: un animal à l'abattoir, ce n'est pas joli, mais c'est une nécessité, et la plupart des gens du métier travaillent avec soin. Pas besoin de tout voir. Les serveurs courent comme des fous, mais doivent se présenter à la table calmes et posés et traiter chaque client comme s'il était le seul. Voilà un bon service.

Théorie nº 11

La batterie de cuisine Le Creuset: Nous ne voulons pas être des colporteurs, mais si vous êtes parvenu jusqu'ici dans le livre, vous avez sans doute réalisé qu'un plat de qualité en fonte émaillée est crucial. On peut y mettre poulet, jarret, soupe, des lentilles, n'importe quoi. Ils conservent la chaleur et restent bien fermés et, on peut les utiliser sur des plaques à induction. Nous suggérons d'en avoir de diverses tailles: une braisière, un plat de cuisson et quelques ramequins individuels. Tenez-vous-en à la marque d'origine; vous aurez accès à des pièces de rechange et la garantie est hallucinante. Les autres modèles sont plus contemporains, mais moins commodes et élégants. Nous apprécions également le fait que ces plats sont ancrés dans la tradition: pendant leur lune de miel, nos parents ont parcouru les rues pavées des vieilles villes du Portugal, mangeant de l'ananas au madère et pensant à leurs cadeaux de noces: un service à fondue et une cocotte Le Creuset.

LE GOÛT

Au cégep, Fred rêvait qu'il composait une recette de soupe sur du papier à musique, où les accords et les gammes représentaient le sel et la température: la soupe était la chanson, les ingrédients, les notes. Ceci n'est pas seulement une incursion subreptice dans l'inconscient de Fred, mais aussi une jolie façon d'expliquer que le goût se manifeste autant dans la dégustation que dans la création d'un plat. C'est également une parfaite introduction à notre dernière théorie: celle qui fait le lien entre le goût et le Big Mac.

Le Big Mac contient un peu de tout dans les bonnes quantités. La combinaison des éléments est si parfaite que le résultat est supérieur à la somme des parties. Il y a une bonne leçon à tirer de la jouissance gustative qui en découle. Vous avez non seulement le salé, mais aussi le gras, puis le sucré et l'amer, et le piquant: poivre, piment, etc. À la bonne température, c'est irrésistible. Le Big Mac déjoue l'évolution: on ressent le besoin d'en manger même si nous n'avons pas besoin de toutes ces calories pour labourer les champs comme auparavant. Évidemment, nous n'avons pas choisi le Big Mac pour sa valeur politique ou nutritive. J'en conviens, tous devrait manger plus sainement. Considérons plutôt le Big Mac comme un modèle d'équilibre gustatif optimal. Utilisez-le comme référence lorsque vous goûter à votre soupe aux lentilles ou pour du piquant à votre sauce au vin.

Il y a le sucré, le salé, le gras, le piquant et l'amer. Lorsque vous les ajoutez à un plat pour lui donner bon goût, vous n'utilisez pas la même quantité de chacun; vous ajustez plutôt selon votre perception, par exemple une pincée de l'un pour compenser une cuillère de l'autre. Lorsque vous assaisonnez avec de petites quantités à la fois, vous notez à peine le changement, jusqu'à ce que vous atteigniez le «seuil

$$T = l_{sugar} + l_{salt} + l_{Fat} + l_{Bite} + l_{acid}$$
$$T = e_{so} + e_{sa} + e_F + e_B + e_a \ , \ T = \lambda$$
$$T = (e \pm T)_{su} + (e \pm T)_{sa} + (e \pm T)_F + (e \pm T)_B + (e \pm T)_a, T < \lambda$$
$$V = \frac{\{ |l_{so}| + |l_{sa}| + |l_F| + |l_B| + |l_A| \}}{5}$$
$$V = e \ , \ V = \lambda$$
$$V = e \pm T, \ V < \lambda$$
$$-T \qquad e \qquad +T$$

$\lambda =$ OPTIMAL
$T =$ TASTE   THE BIG MAC EQUILIBRIUM.

critique», où précision et équilibre deviennent essentiels. Quand tout s'harmonise divinement, vous avez atteint l'équilibre optimal. Lorsque vous modifiez l'une des composantes, l'harmonie est brisée et il faut automatiquement modifier les autres. Aucun élément n'est indépendant. L'accord demeure cohérent jusqu'à l'atteinte du seuil supérieur, où l'harmonie n'est plus possible. Notez que le mouvement est unidirectionnel et irréversible. Par exemple, quand je cuis des lentilles, je les fais reposer dans le liquide de cuisson et je sale le bouillon. Mais si j'utilise seulement du sel, le bouillon aura une consistance de saumure. J'ajoute donc un filet de vinaigre, une pincée de sucre, puis un soupçon de poivre de Cayenne et peut-être un peu de beurre; si le bouillon est froid, je mets un peu d'huile et une petite quantité du reste. J'obtiens ainsi des lentilles qui ont un goût de légumineuses aux stéroïdes.

Quiconque a déjà improvisé une béarnaise ou une mayonnaise sait de quoi il s'agit lorsqu'on parle de rectifier la saveur, et c'est là la base de la théorie du Big Mac. C'est l'exemple parfait d'un équilibre précaire et pourtant optimal qui règne entre toutes les composantes gustatives. Vous pouvez aussi jouer avec la texture ou la température, mais c'est une tout autre histoire. En France, il y a quelques années, j'ai commandé des œufs en meurette. Le goût de beurre et de sel était plus prononcé que ce à quoi je m'attendais, mais comme le plat comportait une bonne dose de vinaigre, le tout était parfait (et mémorable parce qu'au même moment, des travestis montés sur des échasses traversaient le Marais en distribuant des circulaires et en reluquant obstinément mes œufs.

Les recettes qui suivent correspondent au profil du Big Mac côté goût ou sont des éléments de base à ajouter à d'autres plats. . —**FM**

ÉCLAIRS AU VELVEETA

Donne 4 portions

Cette recette illustre parfaitement la théorie du Big Mac : elle joue sur tous les tableaux, elle a un goût impeccable et, même si elle est si riche, vous vous en apercevez à peine. C'est un plat un peu bizarre, un peu vulgaire et très savoureux. Merveilleux.

1 oignon, tranché finement

1 c. à soupe d'huile de canola

1 c. à soupe de vinaigre de xérès

1 c. à soupe de groseilles

½ tasse (125 g) de fromage Velveeta

⅔ tasse (150 g) de purée de pommes de terre chaude

sel et poivre

2 c. à soupe de ciboulette, hachée, et un peu plus pour garnir

4 minces tranches de foie gras frais d'environ 3 oz (85 g) chacune

4 *Éclairs* (p. 266) d'une longueur d'environ 6 po (15 cm)

sel en flocons

4 tranches de bacon, cuites jusqu'à ce qu'elles soient croustillantes

1. Dans une sauteuse, faire revenir l'oignon dans l'huile à feu doux environ 5 min jusqu'à ce qu'il soit caramélisé. Incorporer le vinaigre et les groseilles, retirer du feu et réserver.

2. Dans une petite casserole, mélanger le Velveeta et la purée de pommes de terre. Cuire à feu doux en remuant à l'occasion jusqu'à ce que le fromage ait fondu. Assaisonner de sel et de poivre au goût, puis incorporer la ciboulette. Retirer du feu, couvrir la casserole de papier d'aluminium et la laisser sur la cuisinière pour conserver la chaleur.

3. Chauffer la sauteuse à feu moyen-vif et allumer la hotte. Assaisonner de sel et de poivre les deux côtés des tranches de foie gras. Lorsque la sauteuse est chaude, y mettre le foie gras et saisir 1 min de chaque côté jusqu'à ce que le tout soit bien doré. Ne pas oublier de tourner les tranches vers l'extérieur pour éviter les éclaboussures. Transférer le foie gras dans une assiette et laisser reposer. Le liquide jaune qui coule du foie est un excédent de gras, qui doit être conservé.

4. Couper le tiers supérieur de chaque pâtisserie sur le sens de la longueur (de manière à ce que le dessus soit la moitié de l'épaisseur du dessous). Déposer une c. à soupe et demie du mélange d'oignon au fond de chaque pâtisserie. Répartir le mélange de purée et de fromage entre les quatre portions, par-dessus l'oignon. Ajouter une tranche de foie gras, une pincée de sel en flocons, quelques brins de ciboulette et une tranche de bacon, puis couvrir le tout avec le tiers supérieur des pâtisseries. Servir les éclairs chauds.

GNOCCHIS À LA RICOTTA, SAUCE RICHE ET DÉLICIEUSE

Donne 4 portions

On utilise cette sauce rouge pour dynamiser les plats un peu fades comme les gnocchis ou pour faire une sauce chasseur rapide en l'ajoutant à une sauce pour poulet. Nous préparons la plupart de nos sauces en les cuisant au four dans un plat en fonte émaillée de fabrication française. Nous ne sommes pas pointilleux sur la sorte de tomates à utiliser: prenez-les entières et en conserve, des tomates San Marzano par exemple. Si vous ne pouvez pas vous procurer de la peau de cochon chez votre boucher, utilisez une patte de cochon, coupée en deux sur la longueur. Vous pouvez également ajouter à la sauce de petites côtes levées de dos fumées (p. 153) avant de la servir avec les gnocchis.

LA SAUCE

1 carré de peau de cochon, environ la taille d'une feuille de papier pour imprimante

sel et poivre

1 brin de romarin

1 filet d'anchois

1 feuille de laurier

1 petit piment frais ou séché

2 gousses d'ail, hachées grossièrement

1 c. à soupe de graines de fenouil

2 boîtes de 28 oz (796 ml) de tomates italiennes

2 c. à soupe d'huile d'olive

1 oignon, coupé en dés fins

1 croûte de parmesan de 8 po (20 cm) carrés (facultatif)

LES GNOCCHIS

1 œuf entier

1 jaune d'œuf

2 tasses (455 g) de ricotta fraîche

1 tasse (130 g) de farine tout usage, et un peu plus pour abaisser et saupoudrer

¼ tasse (30 g) de parmesan, râpé

le zeste d'un demi-citron, râpé

¼ c. à thé de muscade, fraîchement râpée

sel et poivre

8 litres d'eau

4 grosses poignées de glaçons

¼ tasse (60 ml) d'huile neutre

1. Pour préparer la sauce, préchauffer le four à 350 °F (180 °C). Mettre la peau de cochon dans une assiette, le côté gras vers le haut, et assaisonner généreusement de sel et de poivre. Déposer le romarin, l'anchois, la feuille de laurier et le piment sur la peau. Saupoudrer d'ail et de graines de fenouil. Enrouler la peau étroitement et la ficeler solidement avec de la corde de boucher, comme si c'était un sac de couchage bon marché utilisé au cours d'un voyage au camping du lac Cristal organisé par le cégep. Réserver.

2. Ouvrir les boîtes de tomates et écraser celles-ci avec les doigts au-dessus d'un grand bol.

3. Dans un faitout, chauffer l'huile à feu moyen et faire revenir l'oignon. Après environ 5 min, lorsqu'il est translucide, ajouter les tomates. Nicher le sac de couchage dans les tomates. Ajouter une c. à soupe de sel et la croûte de parmesan.

SUITE...

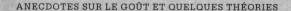

4. Couvrir et cuire au four 2 à 2 ½ h, jusqu'à ce que la peau soit facile à percer avec une fourchette.

5. Pendant ce temps, pour préparer les gnocchis, fouetter l'œuf entier et le jaune d'œuf dans un petit bol. Sur une grande surface de travail propre saupoudrée de farine, mélanger la ricotta et la farine. Creuser un puits dans le mélange et ajouter les œufs, le parmesan, le zeste de citron, la muscade, une c. à thé de sel et une pincée de poivre. Abaisser les parois du puits avec le bout des doigts, puis mélanger tous les ingrédients avec les mains. Pétrir délicatement et brièvement pour obtenir une pâte uniforme. Elle doit être ferme sans être dure.

6. Abaisser la pâte avec les mains pour former un rectangle d'une épaisseur de ¾ po (2 cm) et couper en lanières d'une largeur de 1 po (2,5 cm). Rouler chaque lanière entre les paumes farinées pour façonner un tuyau. Chaque tuyau devrait avoir une épaisseur d'environ ½ po (12 mm). Couper chaque tuyau en morceaux de 3 po (7,5 cm) et déposer soigneusement sur un plateau fariné. Réfrigérer les gnocchis 15 min pour les raffermir et fixer la forme.

7. Pendant ce temps, dans une grande marmite, saler 6 litres d'eau et porter à ébullition à feu vif. Préparer un bain de glace avec les 2 litres d'eau restantes et les glaçons.

8. À l'aide d'une spatule, déposer délicatement 12 gnocchis à la fois dans l'eau bouillante. Dès qu'ils remontent à la surface, calculer 2 à 3 min pour la cuisson. Goûter

pour tester la cuisson. À l'aide d'une araignée à friture, transférer les gnocchis dans le bain de glace et laisser reposer 1 min. Les déposer ensuite sur un plateau et huiler légèrement.

9. Retourner à la sauce et retirer le rouleau de peau et la croûte de fromage. Jeter la croûte. Si désiré, couper la corde, dérouler le rouleau, jeter les assaisonnements et couper la peau en dés pour servir avec les gnocchis (c'est ce que nous faisons même si nous convenons que cette présentation n'a rien d'appétissant).

10. Filtrer la sauce et la garder au chaud. (Elle se conserve jusqu'à 7 jours au réfrigérateur et plus longtemps au congélateur. Comme elle a été cuite avec la peau, la sauce deviendra légèrement gélatineuse au réfrigérateur.)

11. Pour servir, chauffer à feu moyen-doux 2 c. à soupe d'huile dans une sauteuse. Ajouter les gnocchis et cuire 1 ou 2 min, puis les tourner délicatement et cuire environ 1 min de plus pour les réchauffer. Garnir de sauce et servir avec quelques tranches minces de parmesan.

DOUBLE MISE DU JOE BEEF

Donne 2 sandwiches ou 4 portions

Chère planète, nous regrettons que la nourriture en soit arrivée là. Comme disait Richard Pryor, la Double mise est plus ou moins la façon que Dieu a choisie pour vous faire savoir que vous avez trop d'argent. Mais c'est aussi très délicieux.

LA CROÛTE

2 tasses (260 g) de farine tout usage

1 c. à soupe de levure de bière (facultatif)

2 c. à thé de levure chimique

2 c. à thé de poivre concassé

2 c. à thé de sauge en poudre

2 c. à thé de sel

2 c. à thé d'assaisonnement Old Bay

1 c. à thé de poudre d'ail

2 tasses (500 ml) de babeurre

LA MAYONNAISE

2 c. à soupe de mayonnaise

1 c. à thé de sauce sriracha

½ c. à thé de sauce Maggi ou d'extrait de levure Marmite

4 tranches de foie gras de canard frais de 3 oz (85 g) et d'une épaisseur de ¾ po (2 cm) chacune

huile de canola, pour la grande friture

2 tranches de cheddar de bonne qualité

4 tranches de bacon, cuites jusqu'à ce qu'elles soient croustillantes

2 c. à soupe de sirop d'érable

sel de mer et poivre

1. Pour préparer la croûte, tamiser la farine, la levure de bière, la levure chimique, le poivre, la sauge, le sel, l'assaisonnement Old Bay et la poudre d'ail dans un bol. Laisser le babeurre au réfrigérateur.

2. Pour préparer la mayonnaise, mélanger dans un bol la mayonnaise et les sauces sriracha et Maggi.

Mettre au réfrigérateur jusqu'au service.

3. Mettre le foie gras au congélateur 30 min avant de le cuire.

4. Verser l'huile dans la friteuse à une hauteur de 3 po (7,5 cm) et chauffer à une température de 350 °F (180 °C). Pour former la croûte, mettre le bol contenant le mélange de farine sur la surface de travail. Placer un deuxième bol à côté et y verser le babeurre.

5. Tremper les tranches de foie gras dans le babeurre, une à la fois, puis dans la farine. Répéter à quelques reprises. L'enrobage doit être détrempé plutôt que sec ; ne pas tapoter les tranches.

6. Plonger ensuite 2 tranches de foie gras dans l'huile chaude et cuire exactement 3 min 20 s. Égoutter rapidement sur du papier essuie-tout et éponger. Répéter avec le reste des tranches.

7. Déposer une tranche de fromage sur une « galette », mettre 2 tranches de bacon par-dessus et tartiner avec la moitié de la mayonnaise. Garnir avec une deuxième galette, puis mettre dans une assiette. Répéter pour faire un deuxième sandwich. Arroser d'un filet de sirop d'érable et saupoudrer d'une pincée de sel de mer croustillant et de poivre.

JUS DE PEAU DE POULET

Donne environ 2 tasses (500 ml)

Notre sauce préférée est à base de peau de poulet. Elle est délicieuse et
nous l'utilisons dans beaucoup de plats du Joe Beef (nous préférons taire
le nombre exact). C'est comme si on extrayait le bon goût d'une peau
de poulet bien croustillante. Demandez au boucher de vous fournir de
la peau de poulet. On vend plus de poulet sans la peau qu'avec la peau,
alors on doit bien pouvoir en trouver ailleurs que dans une usine où on
produit de la graisse de poulet… Servez la sauce telle quelle ou sur des
pintades ou d'autres volailles.

2 lb (900 g) de peau de poulet

1 carotte, pelée et coupée en morceaux

1 branche de céleri, coupée
   en morceaux

1 oignon, coupé en morceaux

1 brin de romarin

1 gousse d'ail

1 pincée de sel

2 feuilles de laurier

4 ¼ tasses (environ 1 litre) d'eau

2 tasses (500 ml) de vin blanc sec

1. Préchauffer le four à 375 °F
(190 °C). Dans un grand plat en
fonte émaillée, mettre la peau de
poulet, la carotte, le céleri, l'oignon,
le romarin, l'ail, le sel, les feuilles
de laurier et ¼ tasse (60 ml) d'eau.
Mettre au four et cuire à découvert
2 h, en remuant et en tournant les
peaux de poulet de temps en temps.

2. Au bout de 2 h, la peau devrait
ressembler à celle d'un poulet
rôti. Dégraisser puis ajouter l'eau
restante et le vin. Remettre le plat
au four, réduire la température
à 300 °F (150 °C) et cuire 1 h.

3. Retirer du four, filtrer et servir
immédiatement ou laisser refroidir
et réfrigérer pour utiliser plus
tard. La sauce se conserve au
réfrigérateur jusqu'à 1 semaine
et jusqu'à 1 mois au congélateur.

TACOS À LA PEAU DE POULET

Donne 8 tacos

Nous avons inventé ce plat parce que nous aimons l'idée d'un *pico de gallo* à base de pommes de terre. (Vous pouvez en fait ne préparer que le sel à frotter et le mettre sur presque n'importe quoi, surtout sur des œufs.) Les morceaux de pommes de terre doivent être minuscules et croustillants de manière à obtenir un goût de croustilles au sel et au vinaigre.

environ 1 ½ lb (680 g) de peau de poulet

2 c. à soupe d'huile de canola

sel et poivre

LE SEL À FROTTER

2 c. à thé de sel

2 c. à thé de sucre

1 c. à thé de poivre

1 c. à thé de poudre de piment rouge

1 c. à thé de cumin, moulu

1 c. à thé de coriandre, moulue

1 c. à thé de poudre de rocou (facultatif)

PICO DE GALLO AUX POMMES DE TERRE

1 tasse (140 g) de pommes de terre, coupées en dés très fins

¼ tasse (60 ml) d'huile de canola

⅓ d'oignon rouge, coupé en dés très fins

1 piment Jalapeño, épépiné et coupé en dés extra-fins

1 c. à soupe de mayonnaise (voir la recette ci-dessous)

¼ tasse (10 g) de coriandre fraîche, hachée

3 c. à soupe de jus de lime frais

sel

8 petites tortillas de maïs, réchauffées

8 jaunes d'œufs de caille cuits durs (facultatif)

8 brins de coriandre

1. Préchauffer le four à 425 °F (220 °C). Couper la peau en 4 ou 5 morceaux d'environ 1 po (2,5 cm) carré chacun. Avec les doigts, mélanger les morceaux de peau et l'huile de canola dans une rôtissoire et assaisonner d'une pincée de sel et de poivre.

2. Rôtir les morceaux de peau 1 h, en remuant toutes les 15 min avec une pince.

3. Pendant la cuisson des morceaux de peau, préparer le sel à frotter. Dans un petit bol, mélanger le sel, le sucre, le poivre, la poudre de piment, le cumin, la coriandre et la poudre de rocou.

4. Les morceaux de peau sont prêts lorsqu'ils sont croustillants, dorés et appétissants. Retirer du four, égoutter et éponger avec du papier essuie-tout. Hacher finement pendant qu'ils sont tièdes et assaisonner avec le sel à frotter. Garder au chaud. (Mettre le sel à frotter restant dans un bocal hermétique et conserver dans un placard frais et sec.)

5. Juste avant la fin de la cuisson des morceaux de peau, préparer le pico de gallo aux pommes de terre. Dans une poêle antiadhésive, frire les pommes de terre dans l'huile environ 6 min, jusqu'à ce qu'elles soient dorées et croustillantes. Transférer sur du papier essuie-tout et éponger. Juste avant de servir les tacos, mélanger les pommes de terre, l'oignon, le piment, la mayonnaise, la coriandre et le jus de lime et assaisonner de sel. Ne pas mélanger les ingrédients avant ce stade ; la « salsa » doit être fraîchement préparée.

6. Pour préparer les tacos, mettre de la peau de poulet, des pommes de terre, un jaune d'œuf (facultatif) et un brin de coriandre dans une tortilla chaude.

MAYONNAISE

Donne environ 1 tasse (250 ml)

Voici une recette de mayonnaise classique.

1 jaune d'œuf

1 c. à soupe de moutarde de Dijon

1 tasse (250 ml) d'huile de canola

sel et poivre

le jus d'un demi-citron

Purée de fines herbes (p. 176) (facultatif)

1. Dans un grand bol, fouetter le jaune d'œuf et la moutarde. Verser l'huile en un long filet continu, puis fouetter, fouetter, fouetter. Garder un verre d'eau à portée de la main pour épaissir la mayonnaise si elle tourne et pour ainsi la récupérer. Assaisonner de sel, de poivre et de jus de citron au goût. Incorporer un peu de purée de fines herbes pour ajouter de la saveur.

2. Servir immédiatement ou couvrir et réfrigérer jusqu'à 2 jours.

PURÉE DE FINES HERBES

Donne 2 tasses (500 ml)

Au restaurant, cette purée fait partie de notre «mise en place». Nous la mettons dans la *Mayonnaise* (p. 175), nous la servons telle quelle avec des pommes de terre ou du poisson ou nous l'utilisons pour relever les sauces, les soupes, les ragoûts ou les mets crus comme le tartare. Pour cette purée, n'utilisez pas de fines herbes boisées comme le romarin, le thym ou la sauge et assurez-vous de bien les laver.

1 botte de cerfeuil
1 botte de ciboulette
1 botte de persil plat
1 botte d'estragon
1 botte de cresson, blanchi et refroidi dans un bain de glace
un filet de jus de citron frais
2 c. à thé d'huile neutre
½ tasse (125 ml) d'eau
1 pincée de sel

1. Dans un robot culinaire, mélanger les fines herbes, le cresson, le jus de citron, l'huile et l'eau pour obtenir une consistance lisse. Assaisonner de sel.

2. Conserver dans un contenant hermétique jusqu'à 1 semaine.

MOUTARDE

Donne environ 2 ½ tasses (625 ml)

Une bonne partie de la moutarde de Dijon expédiée en Amérique du Nord depuis la France est fabriquée avec des graines de la Saskatchewan. Il est donc normal que nous la fabriquions nous-mêmes. Vous pouvez tenter vos propres expériences en utilisant différents vinaigres et aromates (estragon, raifort, aneth).

½ tasse (90 g) de graines de moutarde
5 c. à soupe (75 ml) d'eau
2 c. à soupe de sirop d'érable
un peu moins de 2 c. à soupe d'huile neutre
1 ¼ tasse (300 ml) de vinaigre de vin blanc
1 c. à soupe de curcuma, moulu
1 pincée de poivre de Cayenne
1 c. à thé de sel

1. Dans un robot culinaire puissant, mélanger à haute vitesse les graines de moutarde, l'eau, le sirop d'érable, l'huile, un tiers du vinaigre, le curcuma, le poivre de Cayenne et le sel. (Si le robot n'est pas assez puissant, le mélange contiendra davantage de graines entières, ce qui n'est pas idéal, mais tout de même acceptable.) Au début, les graines rebondiront comme des boules de bingo.

2. Lorsque les graines cessent de rebondir, ajouter lentement le vinaigre restant. Arrêter le robot culinaire lorsque la lame commence à ralentir et que la moutarde est bien épaisse. Transférer dans un bocal hermétique et conserver au réfrigérateur jusqu'à 1 mois.

SAUCE BARBECUE

Donne environ 2 tasses (500 ml)

Voici notre célèbre sauce pour côtes levées.

1 bouteille de Coca-Cola de 8 oz (237 ml)
1 tasse (250 ml) de ketchup
¼ tasse (60 ml) de vinaigre de cidre
2 c. à soupe de mélasse
1 c. à soupe de sauce sriracha
1 c. à thé de grains de café en poudre
sel et poivre

Dans une casserole, mélanger le Coca-Cola, le ketchup, le vinaigre, la mélasse, la sauce sriracha et le café. Assaisonner généreusement de sel et de poivre. Cuire à feu doux 30 min. La sauce se conserve jusqu'à 2 semaines au réfrigérateur dans un contenant hermétique.

SAUCE HOLLANDAISE FACILE

Donne ½ tasse (180 g)

Nous utilisons cette sauce avec les *Pétoncles au* pulled pork *(porc déchiqueté)* (p. 30).

7 jaunes d'œufs, à la température de la pièce
1 tasse (225 g) de beurre non salé
1 pincée de poivre de Cayenne
sel
1 c. à soupe de jus de citron frais

1. Mettre les jaunes d'œufs dans un pichet de 1 litre assez large pour contenir la tête d'un mélangeur à main.

2. Dans une petite casserole, faire fondre le beurre à feu doux. Porter à une température de 245 °F (119 °C) exactement, puis retirer du feu.

3. En mélangeant avec le mélangeur à main, verser soigneusement le beurre chaud en un filet continu dans les jaunes d'œufs et continuer de mélanger pour obtenir une émulsion lisse.

4. Assaisonner de poivre de Cayenne et de sel, puis incorporer le jus de citron. Conserver à la température de la pièce jusqu'au service.

CRUDITÉS SURES

Donne environ 3 tasses (600 g)

Voici un aliment de base qu'on trouve dans à peu près toutes les cuisines professionnelles, et grâce à cette méthode facile, il y en aura aussi dans la vôtre. Nous aimons servir les crudités avec le *Tartare de bœuf* zesty *italienne* (p. 245).

½ tasse (70 g) de céleri, haché
½ tasse (55 g) de carotte, en juliennes
½ tasse (55 g) de fleurons de chou-fleur, hachés finement
¼ tasse (30 g) d'oignon rouge, tranché
¼ tasse (55 g) de sel kascher
½ tasse (125 ml) de vinaigre de vin rouge
½ tasse (125 ml) d'eau
½ gousse d'ail
1 piment oiseau

1. Mettre le céleri, la carotte, le chou-fleur et l'oignon dans une passoire. Ajouter le sel et malaxer. Laisser reposer 5 min, puis rincer et mettre dans un bol.

2. Dans une petite casserole, porter à ébullition le vinaigre, l'eau, l'ail et le piment. Retirer immédiatement du feu et verser sur les légumes.

3. Couvrir le bol et réfrigérer immédiatement pour au moins 1 h ou aussi longtemps que possible.

ŒUF TRUFFÉ, BISCUIT & CRESSON

Donne 4 portions

Selon Fred, un œuf cuit dans la viande est sublime. Alors qu'on préparait des bracioles, on l'a déjà vu creuser comme une taupe pour atteindre les œufs à l'intérieur, laissant s'écrouler sur elle-même la coquille de viande vide. Voici une courte recette qui donne aux œufs le goût de viande tant prisé par Fred.

6 œufs mollets de la recette des *Œufs en gelée* (p. 57) (au cas où vous en casseriez un ou deux)

LA SAUCE

2 c. à thé d'échalote, hachée

1 c. à soupe plus 1 c. à thé de beurre non salé

1 tasse (250 ml) de *Jus de peau de poulet* (p. 174)

sel et poivre

4 *Biscuits aux épices à steak de Montréal* (p.179), réchauffés et beurrés

truffes, selon la quantité désirée

1 botte de cresson frais, sans les tiges dures

fromage cheddar vieilli, pour faire des copeaux

1. Pour préparer la sauce, faire suer l'échalote dans une petite casserole à feu moyen-doux avec 1 c. à soupe de beurre jusqu'à tendreté. Ajouter la sauce et le reste du beurre, cuire jusqu'à ce que le liquide frémisse et assaisonner de sel et de poivre.

2. Déposer délicatement les œufs dans la sauce frémissante et cuire 2 à 3 min. Piquer les œufs doucement pour s'assurer qu'ils ne sont pas durs. Ils sont prêts lorsqu'ils sont enrobés de sauce, encore tendres et chauds au toucher.

3. Déposer un biscuit dans chaque assiette. À l'aide d'une cuillère ou avec les doigts, faire un petit creux au milieu de chaque biscuit. Déposer soigneusement un œuf dans chaque creux. Répartir la sauce également entre les assiettes, puis râper des copeaux de truffes sur les œufs.

4. Remettre la casserole à feu moyen-doux, ajouter le cresson et le laisser quelques secondes pour le tiédir. Le haut des tiges doit flétrir légèrement.

5. Garnir chaque portion de quelques copeaux de fromage et servir immédiatement avec le cresson en accompagnement.

« *Rien n'est comparable à un œuf cuit dans la viande.* »

—Frédéric Morin

BISCUITS AUX ÉPICES À STEAK DE MONTRÉAL

Donne 12 biscuits

½ tasse (110 g) de gras de bacon fondu, à la température de la pièce, et un peu plus pour graisser la plaque à pâtisserie

2 tasses (240 g) de farine tout usage, tamisée, et un peu plus pour saupoudrer

1 c. à soupe de levure chimique

1 c. à soupe de sucre

1 c. à soupe de sel

1 ½ tasse (375 ml) de babeurre

3 c. à soupe de crème à fouetter (35 % M.G.)

1 c. à soupe de sel de mer

1 c. à soupe de flocons d'oignon séché

1 c. à soupe de graines de pavot

1 c. à soupe de graines de sésame

1. Préchauffer le four à 375 °F (190 °C). Graisser une plaque à pâtisserie avec rebords.

2. Dans un grand bol, mélanger la farine, la levure chimique, le sucre, le sel, le babeurre et le gras de bacon. Le mélange doit être épais et sableux.

3. Sur une surface farinée, aplatir la pâte pour obtenir un rectangle de 8 x 11 po (25 x 28 cm) d'une épaisseur d'environ 1 po (2,5 cm). Saupoudrer de farine si la pâte est collante.

4. À l'aide d'une coupe à vin ou d'un emporte-pièce à biscuit de 3 po (7,5 cm), découper des cercles dans la farine pour former les biscuits. Déposer sur la plaque à pâtisserie graissée. Récupérer les retailles, aplatir de nouveau et découper d'autres biscuits ou les former avec les doigts.

5. Badigeonner le dessus des biscuits de crème, puis saupoudrer uniformément de sel de mer, de flocons d'oignon, de graines de pavot et de graines de sésame. Cuire 12 min jusqu'à ce qu'ils soient dorés.

PURÉE DE POMMES DE TERRE

Donne 4 portions

Jerry O'Regan est un ami irlandais de David qui demande toujours à trois reprises si son plat principal sera servi avec une purée de pommes de terre. En fait, Jerry ne comprend pas pourquoi on n'en sert pas avec tous nos mets. Parfois, nous remplaçons ses pommes de terre par des lentilles, qu'il regarde avec mépris. Nous ne voulons pas renforcer le stéréotype de l'Irlandais qui ne vit que pour les pommes de terre, mais après avoir fait la cuisine pour Jerry pendant dix ans, nous commençons à le connaître, et il correspond parfaitement à ce cliché. À la fin d'un repas, au lieu de dire merci, Jerry déclare: «Ça fait du bien de manger des pommes de terre, hein, Dave?»

2 lb (900 g) de pommes de terre Fingerling, avec la pelure

sel et poivre

½ tasse (125 ml) de lait

½ tasse (110 g) de beurre non salé froid, coupé en dés, et un peu plus au besoin

1. Mettre les pommes de terre dans une casserole. Couvrir de 1 po (2,5 cm) d'eau et ajouter 1 c. à soupe de sel. Porter à ébullition à feu vif. Cuire 15 à 20 min à feu moyen, jusqu'à ce qu'on puise écraser les pommes de terre avec une cuillère.

2. Juste avant la fin de la cuisson des pommes de terre, porter le lait à ébullition dans une petite casserole et retirer du feu. Égoutter les pommes de terre et les passer dans un presse-purée au-dessus d'un grand bol. Ajouter le beurre et la moitié du lait. À l'aide d'une cuillère en bois, mélanger doucement pour incorporer les ingrédients jusqu'à l'obtention d'une purée lisse. Ajouter le reste du lait et un peu plus de beurre au besoin. Rectifier l'assaisonnement.

3. Servir immédiatement la purée telle quelle ou repasser le mélange dans le presse-purée (pour un effet parfaitement réussi) directement au-dessus des assiettes de service.

POLENTA

Donne 4 portions

Une note sur les presse-purée : pour un jeune garçon, cet objet est un outil magique. Il est plus impressionnant que les avions ou les satellites et n'a rien à envier aux camions de pompier, aux fusils et aux gros seins. Au Joe Beef, nous utilisons beaucoup le presse-purée : pour les pommes de terre, la gelée de madère servie avec le foie gras, les fruits en conserve et la polenta.

Un jour, un cuisinier préposé aux légumes en plein lendemain de veille a concocté une assiette de polenta grumeleuse de piètre qualité. C'était un plat au menu, alors il nous était impossible de la remplacer par des carottes et un mot d'excuse. Nous l'avons donc simplement passée dans le presse-purée. Quand elle en est ressortie, elle frisait la perfection, sans grumeaux et semblable à du riz, fondant doucement dans le beurre. Nous étions quatre adultes à observer ce phénomène, toujours aussi fascinés par le presse-purée et les gros seins. La règle générale pour préparer de la polenta est d'utiliser une part de semoule pour quatre parts d'eau.

2 tasses (500 ml) d'eau
sel et poivre
½ tasse (110 g) de semoule de maïs
¼ tasse (55 g) de beurre non salé
½ tasse (55 g) de parmesan, râpé
2 feuilles de laurier
1 gousse d'ail, écrasée

1. Porter l'eau à ébullition à feu vif et ajouter une pincée de sel. Retirer du feu et ajouter la semoule en un filet continu tout en fouettant. Remettre la casserole sur le feu et cuire à feu moyen-doux environ 30 min, en remuant à l'occasion avec une cuillère en bois, jusqu'à ce que le mélange décolle des parois et n'ait plus un goût granuleux. Il vaut mieux trop cuire que cuire insuffisamment.

2. Incorporer 2 c. à soupe de beurre et la moitié du parmesan, rectifier l'assaisonnement en sel et passer la polenta dans un presse-purée. Couvrir d'une pellicule plastique pour la garder au chaud et réserver.

3. Dans une petite casserole, faire fondre le beurre restant à feu vif et ajouter un tour de moulin à poivre, les feuilles de laurier et l'ail. Cuire 2 ou 3 min jusqu'à ce que le beurre mousse et dégage un arôme délicieux.

4. Retirer le beurre du feu et le verser, avec les feuilles de laurier et l'ail, par-dessus la polenta. Parsemer du parmesan restant et servir immédiatement.

*L*a seule fois où j'ai manqué l'école, c'était pour m'occuper de mon jardin. Et je ne devais pas être si fier de mon passe-temps, puisque l'excuse que je donnais était que j'avais mangé du seigle et avais eu des gaz (utilisant judicieusement mon intolérance au gluten). Pour bien des gens chez Joe Beef, le jardinage évoque beaucoup de souvenirs et revêt un sens particulier. Si vous avez déjà vu notre cour, vous savez que nous n'entretenons pas un jardin pour la simple production. Bien que nous essayions d'extraire le plus de produits possible de nos 93 m², c'est avant tout le plaisir et l'inspiration qui nous guident.

CHAPITRE 6

AMÉNAGER UN POTAGER AU MILIEU D'UNE PIQUERIE

Notre jardin n'est pas non plus un manifeste écologique. On n'a rien à offrir de nouveau de ce côté ; pour ça, il y a Chez Panisse ou le River Café. Notre première motivation était de remplacer les saletés qui jonchaient la cour par des tomates, du chou frisé et des navets.

Quand on a pris possession de l'espace, il n'y avait bien sûr pas de jardin. À peine une cour d'ailleurs. Et malgré notre désir de commencer les plantations tout de suite, nous avions d'autres problèmes urgents à régler, comme se procurer un permis d'alcool et tâcher d'empêcher le plongeur de claquer la porte après quelques jours. Notre potager ne prit donc forme que lorsqu'une bande de vieux entrepreneurs italiens, qui faisaient les trottoirs dans notre rue, ont déversé une pile de terre dans notre cour. C'est là-dedans qu'on a planté nos deux premiers rangs de tomates.

L'hiver est venu, puis l'été suivant, on a décidé de construire des plates-bandes surélevées. À partir de ce moment-là, nous sommes devenus des mordus de jardinage et le potager a grossi rapidement.

Loin de prôner le jardinage sans faille, ce chapitre vise seulement à raconter comment on a réussi à transformer une cour hideuse en un espace vert, qui vit et change sans cesse. Selon la carte des zones de rusticité des plantes au Canada de Ressources naturelles Canada (www.nrcan.gc.ca), le potager de Joe Beef se situe dans une zone classée 5a – donc pas la toundra arctique, mais certainement pas la Virginie non plus. Ce protocole permet d'évaluer la capacité de survie de la végétation dans votre région. Ce site web est une mine de renseignements (et de temps perdu) pour les ballots comme nous. Vous voulez savoir si les radis peuvent pousser à Kuujjaq, ou si le chou frisé s'épanouira à Sept-Îles ? C'est là que vous trouverez la réponse.

Au Québec, faire pousser des plants de tomates à longueur d'année tient de l'exploit, en comparaison de, disons, la Californie. Ici, la saison chaude est courte, vous avez donc intérêt à savoir quelles plantes survivront à des températures au-dessous de zéro. *Northern Gardener*, de Harrowsmith, est un excellent livre pour la culture sous des latitudes comme la nôtre et nous nous y référons régulièrement. Notre jardin est à la fois nordique et urbain. Entouré de trois murs de briques (un côté du Joe Beef, l'arrière du McKiernan et le magasin d'à côté), il donne sur une ruelle faisant face à un terrain de baseball l'été, et à une patinoire l'hiver. On l'aurait bien aimé à l'arrière du Liverpool House, mais la cour, très ouverte, est bruyante, mal située et puis pas mal plus petite que celle du Joe Beef. On se limiterait à y jardiner pour notre plaisir et y aménager un espace dont pourrait profiter le personnel, avant ou après le service (mais ils ont le Burgundy Lion Bar de l'autre côté de la rue pour ça). Voici un descriptif mensuel de la production de notre potager.

CALENDRIER ANNUEL DU JARDIN DU JOE BEEF

Janvier : On reçoit généralement nos catalogues de semences. J'ai deux principaux fournisseurs, Johnny's Seeds aux États-Unis et Stokes Seeds en Ontario. J'en achète aussi beaucoup spontanément chez Birri et Frères au Marché Jean-Talon et à la Pépinière Jasmin. Janvier est le temps de lancer les boutures. Quand mes semences arrivent, je les étale sur la table de la salle à manger pour les contempler. Dès que j'envisage les possibilités du jardin, je suis un peu paralysé par les choix qui s'offrent à moi. Je fais d'habitude plusieurs croquis, étape pénible pleine de questions.

J'aime l'idée des légumes oubliés, ils sont inaltérés et plus savoureux ; ils ont repris récemment leur place sur le marché. Ces primeurs plaisent à la plupart de nos clients épicuriens, qui aiment la bouffe maison, son côté artisanal.

Une fois que j'ai décidé où ira chaque plant, j'attends que la neige fonde… et fonde. Et je planifie un voyage en train (p. 86).

Février : Une plantation légale est déjà commencée au sous-sol. Pousses de laitue et d'herbes sont ensemencées, et je peux maintenir la culture hebdomadaire de cresson alénois (variété Cressida) et de feuilles de radis (variété Cherry Belle), grâce à deux lampes halogènes de 400 W et à une table à marée hydroponique. Les jeunes pousses sont introduites dans des boules de tourbe compressée (Jiffy-7). C'est plus propre et très simple ; trempées dans l'eau, elles gonflent et peuvent ensuite facilement être plantées.

Février est reconnu comme étant le pire mois de l'année à Montréal. La neige est déblayée des deux côtés de la rue à la fois, créant deux vagues géantes. Du Joe Beef, bien souvent, on ne voit que les toits des voitures qui passent. La ruelle demeurant enneigée, cuisiniers et serveurs se dévouent vaillamment pour tirer les ordures sur ces amas de glace.

C'est la pensée des douces récoltes de juin qui nous aident à passer à travers ce mois où le mercure reste bloqué à -20 ⁰C. Le Québec est le pays des extrêmes, et il faut être prêt à tout. Donc un climatiseur pour les jours étouffants d'août, et de janvier à mars, une mégafournaise.

Mars : Le toujours volontaire Frank (François Côté) a généralement pelleté le patio et pensé à une nouvelle manière de nettoyer les platebandes. Côté bouffe, mars est le pire mois de l'année : rien ne pousse dans les champs du New Jersey et les huîtres de la côte est sont minces et nauséabondes. À croire qu'il n'y a à cuisiner que champignons et lièvre : délicieux, mais très brun. On préfère manger ce qui se fait localement, autant que possible. Mais si vous vous accrochez à cette idée en hiver, tous ceux qui vivent au nord de Seattle devront se contenter de pommes de terre et apprendre à faire face au scorbut.

À ce moment de l'année, j'ai transformé les sous-sols du resto et de ma maison en cultures de semis à haut rendement. Des plateaux de plastique couverts sont remplis de germes de toutes sortes de laitues. Quand elles proviennent de sources fiables, deux ou trois semences suffisent ; vous n'avez ensuite qu'à retirer les avortons et garder les plants les plus vigoureux.

En une dizaine de jours, vous obtenez une germination uniforme pour à peu près tous les feuillus. Le cerfeuil et le persil, eux, prennent jusqu'à un mois pour pousser. Je plante aussi des capucines dont nous utilisons les feuilles, les graines et les fleurs. Elles poussent vite, même sous éclairage artificiel. C'est bon pour l'ego écolo.

Au Québec, notre gouvernement a instauré un « intéressant » (soyons diplomates) moyen de contrôler la vente de l'alcool, réminiscence de la Grande Noirceur, époque où les politiques conservatrices régnaient. Un timbre, apposé sur chaque bouteille, certifie sa conformité au contrôle gouvernemental. Une fois l'an, des fonctionnaires viennent s'assurer que tout est en règle. Par chance, ils sont généralement très gentils et loquaces (des loups déguisés en agneaux). Ils sont arrivés un beau jour quand je venais de terminer l'installation de mes

grosses lampes. Intrigués par la lumière qui émanait du sous-sol, ils ont demandé à descendre voir. Ils ont eu l'air horrifiés, jusqu'à ce qu'ils réalisent qu'il s'agissait de laitue. (Ça ne bat toujours pas la fois où ils avaient bien pensé avoir repéré une brique de haschich enveloppée dans du plastique, qui était en fait une tablette de chocolat fruité Manjari, de Valrhona.)

Avril: Avec de la chance, après Pâques, on peut commencer à utiliser les platebandes étagées de l'extérieur. Celles-ci offrent un meilleur drainage que la culture en sol; la terre se tasse moins, la croissance en est facilitée. Chaque année, je vérifie religieusement le pH, afin de contrebalancer les éléments essentiels: nitrogène, phosphate et potassium. À cause de notre compost et de la chute des feuilles en automne, notre sol est souvent trop acide. J'y ajoute du gypse pour le rendre

plus alcalin. Je couvre le parterre de fumier de cheval (jamais plus de 10%) et utilise un engrais à base d'algues, de sang et d'os moulus. Je me sers aussi d'un fertilisant soluble en petite quantité, mais pas d'herbicides ou de pesticides. Notre jardin est biologique. L'année dernière, on a ensemencé de la laitue qui s'est propagée dans cinq conteneurs. Ça nous a donné une réconfortante impression d'ensemble: le jardin compact dont on avait rêvé.

C'est le mois où l'on plante pois, épinards et radis, à moins qu'il ne reste encore de la neige. S'il y a risque de gel, durant la nuit, on vaporise soigneusement les plants. C'est simple et généralement suffisant pour éviter une catastrophe. C'est sûr que c'est plus chouette de cuisiner, mais on n'en est pas là. On utilise encore des légumes achetés chez Andy Boy ou des topinambours; la véritable croissance de notre jardin n'est pas encore commencée. C'est l'époque

où les Montréalais ressentent un besoin maladif de chaleur. S'il fait plus de 15°C, les gens s'entassent sur les terrasses pour boire de la sangria bon marché. Et la semaine suivante, les trottoirs sont redevenus glissants.

Mai: Quel mois redoutable! On a déjà de jeunes laitues, des herbes et des radis. La terre est saine et propre, comme un bambin fraîchement coiffé. C'est le temps de repiquer nos choux; nous ne faisons pas nos propres semis, Birri et Frères le fait mieux que nous.

On plante aussi de la bette, si facile à cultiver, mais pas facile à vendre; elle doit être cuisinée dans la crème, avec du lard et du cheddar. Dans un livre français, j'ai déjà lu que le meilleur moyen de la préparer était de la blanchir pendant deux minutes, la refroidir, la hacher, l'assaisonner d'un bon vinaigre de xérès, et puis de la balancer à la poubelle. (Maintenant j'en mange chaque semaine, bien trop cuite, égouttée et rapidement assaisonnée d'huile d'olive, d'ail et de citron.)

Les plants les plus fragiles, comme poivrons, tomates et aubergines, sont laissés dehors la nuit jusque fin-mai; ils sont alors transplantés. Il est encore trop tôt pour le basilic et les concombres. C'est à ce moment que j'utilise mon téléphone intelligent pour les alertes de givre et prévisions aux fermiers et cultivateurs.

Juin : On coupe la laitue à un rythme qui ferait honte aux gens de Andy Boy. Certains jours, on doit en faire un potage Choisy pour ne pas en perdre, mais ça n'a jamais un franc succès. Pensez-y un peu : de la soupe de laitue !

On arrache les pousses de betteraves, navets et radis, pour faire de la place aux tomates et à d'autres laitues. On a récolté récemment des oignons verts en bottes, c'était bien.

Pour me débarrasser des pucerons, je vaporise de l'eau savonneuse partout. Si l'année est plus fraîche et plus humide, j'espace davantage mes plants pour éviter les infections fongiques. Je verse du thé de consoude officinale (une vieille recette, ci-contre) pour nourrir le sol, et j'arrose rigoureusement. Les racines allant là où se trouve l'eau, c'est mieux de bien arroser moins souvent, plutôt que l'inverse.

Mi-juillet : Nous avons choisi de fermer deux semaines deux fois par année. Quand Allison et moi sommes en voyage dans la magnifique Peachland (Colombie-Britannique), une ancienne du Joe Beef, Krissy Longtin, veille sur le jardin, le nettoyant et l'arrosant. En juillet, les radis et le grand cresson ont un goût d'acide muriatique ; ça brûle, mais c'est impeccable en saumure. Les plants de tomates se mettent à pondre quelques fruits bizarres, ici et là. Et même si j'ai planté mes haricots un peu tard en 2010, une fois démarrés, ils deviennent complètement dingues.

En juillet, avec des températures s'élevant jusqu'à 45 °C, les fraises et le maïs envahissent les marchés, les gens redeviennent minces (après six mois d'hibernation) et les cuisiniers deviennent fous. Assis dans le jardin, derrière le Joe Beef, imbibés de Campari, nous passons la soirée à fumer de petits cigares cubains et à regarder les joueurs de softball dans le champ en face (surnommé «champ de crème» en raison de la taille dodue des joueurs). C'est ça l'été ici.

LA GRANDE CONSOUDE

LA GRANDE CONSOUDE (*Symphytum officinale*) est un trésor pour la santé du jardin biologique. Ce «thé» est préparé pour relancer le jardin à mi-saison. Il vous faut pas mal de consoude. Remplissez un seau (de 20 litres) de feuilles. Lorsqu'elles pourrissent et perdent du volume, couvrez-les d'une planche ; ajoutez d'autres feuilles et laissez pourrir. Une fois le seau rempli à moitié de feuilles pourries, mélangez-les bien ensemble et ajoutez-y trois parties d'eau. Vous utiliserez ce mélange lors de l'arrosage, un peu sur les feuilles, un peu dans la terre.

Août: C'est le mois des récoltes. Tomates et poivrons sont à leur meilleur, et chaque semaine, un client amical nous apporte son plus gros zucchini jamais vu. (Chaque maisonnée possédant un jardin devrait avoir un cochon domestique, pour ces légumes géants.) C'est le temps de préparer de l'aïoli avec une *bagna càuda*: quel moyen délicieux d'utiliser tous nos petits légumes ! Avec des ingredients crus, cuits et quelquefois marinés, c'est un plat santé – tant qu'on n'y ajoute pas un litre de mayo.

Bien qu'août soit le mois le plus chaud de l'année, il demeure un avant-goût de l'automne. On peut observer certaines verdures tourner au rouge ; c'est la raison pour laquelle on laisse croître le radicchio pendant les fraîches nuits d'automne, avant de le récolter.

Les cuisiniers rentrent contents au travail, des valises (de la taille d'une courge Hubbard — mention patrimoniale tout à fait gratuite ici) sous les yeux malgré leurs deux semaines de vacances. Vacances pendant lesquelles ils ont pu recréer à leur façon le festival de Woodstock. Et on est tous heureux parce que la bouffe ne vient ni de la Hollande, ni de l'Afrique du Sud ou de la Californie, parce que les légumes se déclinent de toutes les façons, qu'on trouve autre chose que des rapinis et qu'il en sera ainsi pendant encore deux mois.

Septembre: Pour les cuisiniers que je connais, c'est le meilleur mois du jardin. Les teintes de jaune prennent le dessus et les feuilles de tomates se flétrissent. La pluie est froide, mais le soleil encore chaud. On ne plante plus, on récolte, et au marché Atwater, à côté, les tomates et poivrons se vendent 15 $ le boisseau. Si les conserves pouvaient m'attirer

davantage, au lieu de me faire peur... La congélation, n'est pas si mal : si vous congelez des tomates entières, vous pourrez utiliser la pulpe décongelée.

L'an dernier, nous avons récolté deux variétés de carottes: la Boule et la Touchon, petites et sucrées, bien appréciées en France. Nous avons toutefois oublié nos haricots grimpants ; ils étaient devenus tout secs quand on les a récoltés ; on en fait une soupe d'enfer, avec de l'épaule de porc fumée. La bette à carde, elle, devient plus sucrée avec les nuits plus fraîches. On avait également planté de la *Bionda di Lyon*, une bette à longue tige verte, qui a moins cet arrière-goût de moisi.

Des tonnes de pommes nous arrivent. À l'aide d'une centrifugeuse, j'en presse une demi-caisse tous les jours. Le jus, servi avec du whisky canadien et des feuilles de céleri hachées, est simple et frais, et ça change agréablement des jus amers. C'est impeccable et simple. Cet extracteur donne au bar une petite touche saisonnière.

Comme toutes les familles italiennes de Montréal, j'ai aussi fait du vin maison. Malgré mes bonnes intentions (et mes mains propres), dame Nature a plutôt décidé de tabasser mon égo en me donnant 134 litres de vinaigre.

Octobre : La pluie est plus froide et le soleil ne nous réchauffe plus. Le jardin nous donne des citrouilles, des courges et les meilleures pommes. Ziggy, le peintre allemand, livre bolets et chanterelles sur son vélo. Si vous aimez la chasse au gibier à plumes, c'est le mois des canards, faisans, perdrix et bécasses. Je ne chasse pas, mais notre ami Elvio Galasso est un adepte ; il ne parle que de ça.

Dans le jardin, quelques plants de choux frisés et choux de Bruxelles tiennent encore bon. Si vous avez des enfants, plantez des choux de Bruxelles ; les choux se forment dans les creux des plus grosses feuilles, donnant aux plants des airs de palmiers aux troncs remplis de *gremlins*.

Les choux n'ont pas peur de la neige, et les poireaux (vraiment sucrés si récoltés tôt, avant d'avoir une fleur) pousseront même l'hiver.

Krissy défait maintenant le jardin. Nous allons peut être mettre un peu de compost inachevé dans certaines plates-bandes, mais le gel et le dégel feront le reste.

Novembre : Une fois qu'on réalise que la tarte à la citrouille n'est, après tout, que de la tarte à la courge, on laisse sa citrouille d'Halloween se décomposer gentiment sur la véranda. Tout ce qui reste dans le jardin est récolté, et nous profitons de la paix relative et de la tranquilité entre ce brasier qu'est l'été et la neige de l'hiver, sombre et sale.

Décembre : On ferme pour les derniers dix jours du mois. Vous m'entendrez donc râler encore à l'idée de passer deux semaines avec la belle-famille (je les aime, mais, critiquer sa belle-famille, tout le monde fait ça depuis toujours). Le jardin est mort, la serre est abonnée aussi, et les seuls survivants perpétuels sont un vieil hibiscus, planqué dans un coin sombre, et un ou deux choux.

Les recettes suivantes peuvent être trouvées sur notre menu, quelque part entre les mois de mai et octobre. —**FM**

SALADE DU PARC VINET

Donne 1 grosse salade

Cette salade ne devient celle du parc Vinet que si le jardin est éclairé par les projecteurs du terrain de baseball de ce parc, situé directement derrière les trois restaurants — et si nous récoltons suffisamment de légumes-feuilles pour remplir un bol. Cette salade légère peut sembler peu typique de notre cuisine, mais elle accompagne parfaitement un repas bien rissolé à base de vin, d'os à moelle ou d'autres merveilles. Pour préparer ce plat, nous utilisons les salades et les fines herbes sur le marché et vous devriez faire de même. Utilisez environ 40% de feuilles amères, 40 % de feuilles sucrées et 20 % de fines herbes. N'ajoutez pas de romarin. Ne mettez pas de tiges boisées dans le bol. Surtout, n'utilisez pas un mélange de salades du commerce. Ce n'est pas l'idée de cette recette.

1. Laver les salades à l'eau froide, peu importe la quantité dont on dispose (disons que le fin gourmet que vous êtes a acheté de la frisée, de la laitue feuille de chêne, du radicchio vert, de la laitue Boston, du cresson, du cerfeuil et des fleurs de capucines, en plus de la ciboulette, de la menthe et du persil plat que vous avez dans votre jardin). Mettre quelques feuilles à la fois sur un linge propre et bien essorer. Placer les feuilles dans un sac de congélation et conserver au réfrigérateur. Déchirer les grandes feuilles juste avant de servir, puis ajouter les fines herbes et les fleurs. (De nos jours, les plats sont souvent présentés de manière plutôt rustique, ce qui est tout à fait correct, sauf si les morceaux sont plus gros que votre bouche et font en sorte que vous et votre mignonne invitée avez l'air de ruminants — attention, nous n'avons jamais traité personne de vache ! Voilà pourquoi il faut couper les grosses feuilles.)

2. Huiler légèrement et uniformément la salade avec une vinaigrette comme la *Vinaigrette au jus de pomme* (p. 196). (Si la vinaigrette gicle entre vos dents lorsque vous croquez dans la salade, c'est dégoûtant, et ça signifie que vous avez mis beaucoup trop de vinaigrette.)

3. Pour terminer la salade, on ajoute une poignée de graines de citrouille grillées. Pour en griller une grande quantité, préchauffer le four à 400 °F (200 °C). Mélanger 2 tasses (130 g) de graines de citrouille crues, 2 c. à soupe d'huile de canola et 1 c. à soupe de sel de mer et enduire les graines uniformément. Étendre sur une plaque à pâtisserie avec rebords et griller au four environ 10 min. Surveiller de près pour éviter de les faire brûler. Pour ne pas les oublier, utiliser une minuterie et se mettre un élastique autour du pouce. Lorsqu'elles dégagent un arôme agréable et qu'elles sont gonflées

et dorées, les transférer rapidement dans un large bol. Laisser refroidir avant l'utilisation.

RHUBARBE MARINÉE

Donne 1 litre

Si vous voulez de longs bâtons de rhubarbe, pelez celle-ci avant de commencer. Si vous préférez des morceaux de ½ po (12 mm), ne prenez pas la peine de les peler. Cette recette ne donne qu'une petite quantité de marinade, alors pas besoin de la mettre en conserve. Toutefois, gardez-la au réfrigérateur dans un contenant propre et étanche, où elle se conserve jusqu'à un mois. Nous servons la rhubarbe marinée avec des charcuteries et des fromages.

4 tasses (570 g) de rhubarbe, coupée
    en morceaux de ½ po (12 mm)
1 c. à thé de sel
2 tasses (500 ml) de vinaigre blanc distillé
1 tasse (250 ml) d'eau
1 tasse (200 g) de sucre
1 c. à soupe de graines de moutarde
2 brins d'estragon

1. Dans un bol, bien mélanger la rhubarbe et le sel. Laisser reposer 20 min, puis égoutter rapidement et remettre dans le bol.

2. Dans une petite casserole, mélanger le vinaigre, l'eau, le sucre, les graines de moutarde et l'estragon. Porter à ébullition, en remuant pour dissoudre le sucre. Retirer du feu et verser immédiatement sur la rhubarbe.

3. Laisser refroidir complètement, puis couvrir hermétiquement et réfrigérer. Servir la marinade après l'avoir laissée quelques jours au réfrigérateur.

SALADE D'ENDIVES

Donne 4 portions

À l'époque de Sally Wong, des poivrons jaunes et du thon, David préparait une salade d'endives avec du poulet rôti. Cette salade, quoique peu révolutionnaire, est toujours délicieuse. Elle est souvent au menu, surtout l'hiver, lorsque le jardin est enseveli sous la neige et que la salade du parc Vinet n'est qu'un souvenir lointain. Mettez du stilton dans cette salade ; il convient beaucoup mieux que les autres bleus.

environ 36 demi-noix de Grenoble
2 c. à soupe d'huile de canola
1 c. à soupe de sel
4 endives blanches et charnues
2 pommes vertes dures, évidées, puis coupées en juliennes
8 oz (225 g) de fromage stilton
¼ tasse (10 g) de ciboulette, hachée
Vinaigrette au jus de pomme (p. 196)
poivre

1. Préchauffer le four à 400 °F (200 °C). Dans un bol, mélanger les noix, l'huile et le sel. Étendre les noix en une seule couche sur une plaque à pâtisserie avec rebords, mettre au four et griller 15 min, jusqu'à ce qu'elles soient colorées. Laisser refroidir.

2. Séparer les feuilles d'endives et les répartir entre quatre assiettes. On peut les déposer pêle-mêle ou les empiler comme dans le jeu *Jenga*. Ajouter une poignée de pommes sur chaque salade, suivie d'une poignée de noix. Émietter le stilton par-dessus. Pour finir, ajouter la ciboulette, la vinaigrette et un tour de moulin à poivre.

BAGNA CÀUDA ET AÏOLI

Donne 4 à 6 portions

La meilleure représentation que nous avons de la *bagna càuda* nous vient du livre *The Cooking of Italy* de *Time-Life Books* : quelques hommes trapus et leurs élégantes femmes, serviettes autour du cou, solennellement assis autour d'une table dans une voûte en briques. On croirait qu'ils sont sur le point de déguster des ortolans ou des cervelles de singe. En réalité, ils savourent de longs bâtons de céleri trempés dans un bain de beurre, d'huile et d'anchois. La *bagna càuda* est un plat paysan et pourtant élégant — l'essence même de la cuisine italienne. Nous aimons la saveur et la méthode de préparation des légumes. Malheureusement, il semble que la plupart des gens aiment la *bagna càuda* pour son goût similaire à celui d'une salade César. Nous servons notre *bagna càuda* avec une trempette ou un aïoli.

LÉGUMES SUGGÉRÉS

petits concombres, coupés en quartiers

petites carottes, pelées, coupées en quartiers sur le sens de la longueur

cœurs de céleri, fendus sur le sens de la longueur

petites tomates en quartiers

radis, avec les feuilles, coupés en deux

petits navets *Tokyo White*, tranchés finement

petites courgettes, coupées en deux sur le sens de la longueur

jeune chou-rave, pelé et tranché finement

petites betteraves, pelées et tranchées

petites pommes de terre nouvelles, cuites et refroidies

jeunes piments doux, épépinés et émincés

chou-fleur, coupé en bouquets, blanchis 10 secondes, puis refroidis dans de l'eau glacée

AÏOLI

1 tasse (250 ml) d'huile de pépin de raisin

1 tasse (250 ml) d'huile d'olive

1 pomme de terre, bouillie jusqu'à tendreté, pelée et coupée en dés

4 jaunes d'œufs

1 œuf

3 à 5 gousses d'ail, hachées grossièrement

sel et poivre

le jus d'un demi-citron

TREMPETTE

1 tasse (250 ml) de crème à fouetter (35 % **M.G.**)

2 boîtes de 2 oz (55 g) de filets d'anchois dans de l'huile d'olive

3 ou 4 gousses d'ail, hachées finement

1 tasse (250 ml) d'huile d'olive

1 tasse (225 g) de beurre non salé, coupé en cubes

1 ou 2 glaçons, au besoin

sel et poivre

GARNITURES

2 œufs à la coque (bouillis 5 min)

3 ou 4 bâtonnets de pain

morue salée, pochée, puis refroidie

chair de homard et de crevette, pochée, puis refroidie

SUITE…

UNE ANECDOTE DE FRED À PROPOS DE L'AIL

CHAQUE ÉTÉ, J'AI LA CHANCE DE PASSER quelques semaines à Keremeos, une petite ville de la vallée de Similkameen, en Colombie-Britannique. C'est un endroit chaud et magnifique, où il y a du bon vin et de belles fermes. Ni trop hippie, ni trop conservateur. Un type qui s'appelle Yuri et sa femme ont une ferme là-bas, et ils font pousser, entre autres choses, de l'ail rocambole : gros, rouge et bien galbé. C'est ainsi que j'imagine l'opium au toucher : collant et riche. On peut le tailler en copeaux comme on le ferait pour une truffe. Chaque année, j'en achète pour quelques centaines de dollars et je le garde à la maison, pas au restaurant. En effet, je ne crois pas avoir suffisamment de retenue pour expliquer poliment à un cuisinier qu'on n'utilise pas cet ail sans réfléchir. Il ne m'arrive pas souvent de m'exciter à ce point sur un produit ; même que ça m'agace lorsque les autres le font. Je suppose dans ce cas que je me suis accordé une exemption spéciale...

1. Commencer par déterminer la quantité de légumes qu'il faut pour les invités. Ensuite, pour préparer les légumes, s'asseoir dehors sur une chaise de jardin avec une bouteille de rosé ou de pastis, une planche à découper sur les genoux et un bon couteau d'office. Jeter les pelures directement dans le potager.

2. Pour préparer l'aïoli, mélanger les huiles dans un pichet à mesurer. Dans un robot culinaire, mélanger la pomme de terre, les jaunes d'œufs, l'œuf et autant d'ail que désiré jusqu'à l'obtention d'un mélange lisse. (On ajoute une pomme de terre à la recette traditionnelle pour la texture ; on peut également utiliser du pain trempé dans du lait.) Pendant que le moteur est en marche, verser doucement les huiles mélangées et émulsionner la mixture. Cette étape ne devrait pas causer de problème. Toutefois, garder un verre d'eau tiède à proximité : si le mélange se sépare, ajouter immédiatement une cuillérée ou deux d'eau tout en remuant. Quand toute l'huile a été ajoutée, assaisonner de sel et de poivre. Pour finir, ajouter le jus de citron. Réfrigérer jusqu'à l'utilisation.

3. Pour préparer la trempette, mélanger dans une petite casserole la crème et les anchois et laisser mijoter à feu moyen-doux jusqu'à ce que le liquide ait réduit du tiers. Réduire à feu doux et, à l'aide d'un mélangeur à main, incorporer l'ail et l'huile. À l'aide d'un fouet, incorporer délicatement le beurre, quelques cubes à la fois, en fouettant. Si le mélange se sépare, ajouter un glaçon et fouetter de nouveau. Assaisonner généreusement de sel et de poivre et servir la trempette chaude. Si la température est fraîche, garder la trempette au chaud sur le réchaud d'un plat à fondue au réglage le plus doux.

4. Servir les légumes avec les garnitures au choix dans un joli bol ou disposés sur un plateau avec la trempette et l'aïoli.

TOPINAMBOURS AU KETCHUP

Donne 4 portions

La mère de Frédéric est belge et, comme la plupart des Européens qui ont connu la guerre, elle déteste les topinambours qui étaient, avec les rutabagas, pratiquement les seuls légumes qu'on pouvait se procurer pendant cette période. C'est un aliment soi disant miraculeux : certains affirment même qu'il guérit le diabète. Les fabricants de nourriture pour animaux songent à l'ajouter à leur nourriture pour chats afin d'éliminer les odeurs de litière. Fred était incapable d'en manger, jusqu'à ce qu'il goûte ceux du Toqué! au cours d'un repas destiné au personnel. Ils étaient parsemés de gros sel à bretzel et trempés dans le ketchup. Il s'agit d'un autre bon exemple où des ingrédients qui sont bons séparément forment un tout parfait une fois combinés.

---

2 c. à soupe de gras de poulet fondu, de beurre non salé ou d'huile d'olive

8 gros topinambours

3 c. à soupe d'eau

une grosse poignée de gros sel

sel à bretzel

poivre

les feuilles de 3 brins de thym

ketchup, pour servir

1. Préchauffer le four à 400 °F (200 °C). Graisser une plaque à pâtisserie antiadhésive avec le gras de poulet fondu.

2. Mettre les topinambours dans un grand sac en plastique refermable résistant et y verser l'eau. Ajouter le gros sel, sceller et agiter vigoureusement. Ouvrir le sac et bien rincer les topinambours. Ce nettoyage est très efficace et permet de déloger la saleté plus facilement qu'avec les doigts.

3. Couper les topinambours en deux sur le sens de la longueur. Les disposer en une seule couche sur la plaque graissée, côté coupé vers le bas. Assaisonner généreusement de sel à bretzel et de poivre. Parsemer uniformément de feuilles de thym.

4. Mettre au four et cuire 45 min. Tourner les topinambours et cuire 30 min de plus, jusqu'à ce qu'ils soient dorés et légèrement ratatinés.

5. Retirer les topinambours du four, laisser refroidir et servir avec le ketchup.

VINAIGRETTE
AU JUS DE POMME

Donne d'environ 1 ¹/₃ tasse (330 ml)

Voici une vinaigrette géniale. Elle peut être servie avec la *Salade du parc Vinet* (p. 190) ou la *Salade d'endives* (p. 191). On peut aussi l'utiliser pour rehausser le goût d'une sauce, l'ajouter à du crabe ou du homard froid ou s'en servir pour acidifier un jus. Si vous avez accès à de bonnes pommes (c'est-à-dire que vous vivez près d'une zone pomicole, comme nous), cette vinaigrette deviendra un classique. Préparez-la et versez-la dans une bouteille de plastique comprimable.

2 tasses (500 ml) de jus de pomme non filtré
¼ tasse (60 ml) d'huile d'olive
2 c. à soupe de vinaigre de cidre
sel et poivre

1. Dans une casserole, verser le jus de pomme et faire bouillir à feu vif jusqu'à ce que le liquide ait réduit de moitié. Un petit truc : marquer le niveau de départ sur la casserole avec un marqueur *Sharpie*, puis laisser réduire jusqu'à la mi-hauteur, en surveillant les parois. Racler avec une spatule en caoutchouc pour empêcher le jus de brûler.

2. Retirer du feu et ajouter l'huile, le vinaigre et une pincée de sel et de poivre. Bien mélanger et refroidir avant l'utilisation. La vinaigrette se conserve jusqu'à une semaine au réfrigérateur.

NAVETS AU CIDRE

Donne 4 portions

Si vous faites bouillir des navets trop longtemps, vous obtiendrez une soupe au jus de chaussette. Faites-les cuire parfaitement et, pendant un moment, vous aurez l'impression d'être Richard Olney. Ne confondez pas les navets et les rutabagas comme on le fait souvent au Québec. Si vous avez du gras de canard fondu, utilisez-le pour remplacer l'huile et le beurre.

2 c. à soupe d'huile de canola
12 à 16 navets *Tokyo White* (chacun de la taille d'une balle de golf), coupés en deux sur le sens de la longueur, en conservant quelques feuilles et en réservant les feuilles restantes
sel de mer et poivre
1 c. à soupe de beurre non salé
2 c. à soupe de sirop d'érable
1 c. à soupe de vinaigre de cidre
1 feuille de sauge fraîche, déchiquetée

1. Dans une sauteuse, faire chauffer l'huile à feu moyen-vif. Saler et poivrer les navets et les cuire 4 à 5 min, en remuant pour les empêcher de brûler, jusqu'à ce qu'ils soient légèrement dorés.

2. Ajouter le beurre, le sirop d'érable, le vinaigre et la feuille de sauge et réduire 2 à 3 min, jusqu'à ce que le mélange soit luisant. Ajouter quelques feuilles de navet réservées.

3. Transférer dans une assiette de service. Terminer avec une pincée de sel de mer sur le sirop.

CAROTTES AU MIEL

Donne 4 portions

Toutes les variétés de carottes conviennent à ce plat : de sublimes carottes à botteler au milieu de l'été, des carottes Touchon à l'automne, de grosses carottes utilisées pour nourrir le bétail en hiver. Toutefois, n'utilisez pas les ennuyantes carottes miniatures en sachets qui sont taillées dans des spécimens plus gros et moins appétissants (elles ressemblent davantage à des crevettes qu'à de la nourriture). C'est simple : si les carottes semblent dégueulasses cette journée-là, achetez des épinards. Autrement, préparez-les comme suit.

¼ tasse (60 ml) d'huile d'olive

1 botte de thym

1 feuille de laurier

1 gousse d'ail, entière, légèrement écrasée

12 carottes, pas trop grosses, pelées

1 c. à soupe de miel

2 c. à soupe de sel de mer croquant

poivre

fromage pecorino, râpé, pour saupoudrer

1. Chauffer une grande poêle à feu moyen. Ajouter l'huile, le thym, la feuille de laurier et l'ail. Lorsque l'huile est chaude, ajouter les carottes et cuire 7 à 9 min, en les remuant souvent, jusqu'à tendreté.

2. Lorsque les carottes sont prêtes, ajouter le miel pour enduire les carottes et transférer dans une assiette de service. Parsemer uniformément de sel de mer, en s'assurant qu'il colle au miel. Enfin, ajouter quelques tours de moulin à poivre et le pecorino.

CHAMPIGNONS À L'AIL CUITS AU FOUR

Donne 4 portions

Voici une façon simple de savourer de gros champignons. J'aime bien les chanterelles, les morilles et même les matsutakes, mais les champignons blancs ordinaires – comme on en trouve dans les supermarchés – me rappellent l'institut culinaire et dégagent un arôme de bonne cuisine française. Nous utilisons des champignons gros comme des montres à gousset – les plus gros qu'on peut trouver. Si vous préférez servir des champignons haut de gamme, achetez des bolets. Ce plat se prépare plus facilement dans une poêle en fonte : quand les champignons grésillent et qu'ils sont bien chauds, apporter la poêle à la table et laissez vos invités se servir.

16 gros champignons blancs, sans les queues
¼ tasse (55 g) de beurre salé ou non salé
1 c. à soupe d'huile d'olive
sel et poivre
¼ c. à thé de paprika fumé (pimentón de la Vera)
2 fleurs d'ail nouveau ou 2 gousses d'ail
6 brins de thym

1. Préchauffer le four à 450 °F (230 °C). Faire des entailles d'environ ⅛ po (3 mm) de profondeur dans les chapeaux des champignons. Étendre le beurre et l'huile au fond d'un plat épais allant au four. Assaisonner le fond du plat de sel, de poivre et de paprika. Mettre les champignons côte à côte dans le plat, les chapeaux vers le bas. Insérer l'ail et le thym entre les champignons.

2. Cuire au four 18 à 20 min, jusqu'à ce que le jus de cuisson bouillonne et que les champignons soient ratatinés et rôtis. Servir immédiatement.

HERBES SALÉES

Donne 1 gros bocal

Chaque année, nous achetons un gros bocal d'herbes salées à Kamouraska. C'est un produit typique du Bas-Saint-Laurent qui vous permet de savourer le goût des fines herbes fraîches lorsqu'il fait -4 °F (-20 °C) à l'extérieur et que votre cour arrière est recouverte de neige. Essentiellement, il s'agit d'une grosse cuillérée de fines herbes avec des carottes et des oignons qui conservent leur fraîcheur grâce à la saumure. Vous pouvez servir ce condiment du nord traditionnel sur à peu près tout : des pommes de terre, de la soupe, des fruits de mer, de l'agneau, des sauces, des terrines et des pâtés à la viande.

1 tasse (40 g) de ciboulette, hachée
1 tasse (40 g) de sarriette fraîche, hachée
1 tasse (40 g) de persil plat, haché
1 tasse (40 g) de cerfeuil frais, haché
1 tasse (55 g) de carotte, râpée
1 tasse (40 g) de feuilles de céleri, hachées
1 tasse (85 g) d'oignon vert, haché
½ tasse (115 g) de gros sel

1. Dans un grand bol, mélanger un quart de la ciboulette, de la sarriette, du persil, du cerfeuil, des carottes, des feuilles de céleri et des oignons verts. Ajouter un quart du sel par-dessus. Répéter trois fois pour utiliser tous les ingrédients. Couvrir et réfrigérer une semaine.

2. Au bout d'une semaine, une saumure se sera formée. Verser les herbes dans un grand bocal avec un couvercle hermétique. Conserver au réfrigérateur jusqu'à un an.

CHOU VERT FRISÉ POUR GUEULE DE BOIS

Donne 4 portions

Nous ne pouvons pas expliquer pourquoi cette recette aide à se remettre d'une gueule de bois, mais on sait toutefois que ça fonctionne. C'est comme une vitamine enrobée de sucre (l'enrobage étant le bacon et le beurre).

sel

1 botte de chou vert frisé, avec les tiges, hachée grossièrement

4 tranches de bacon, coupées en lardons épais d'automne (voir la *Théorie nº 3*, p. 166)

1 petit oignon, haché

1 gousse d'ail, hachée

¼ tasse (60 ml) de vin blanc sec

poivre

1 c. à soupe de beurre non salé

un peu de jus de citron frais

1 œuf (facultatif)

1. Dans une grande marmite, porter de l'eau salée à ébullition. Ajouter le chou vert frisé et cuire 10 min jusqu'à tendreté. Bien égoutter et essorer légèrement. Transférer sur une planche à découper et hacher finement. Réserver.

2. Dans une poêle, frire le bacon à feu moyen-vif environ 6 min jusqu'à ce qu'il soit croustillant. Ajouter l'oignon et cuire 3 à 4 min, en remuant, jusqu'à ce qu'il soit translucide. Réduire à feu moyen-doux, ajouter l'ail et faire suer 1 min.

Ajouter le chou vert frisé, le vin et une pincée de sel et de poivre et cuire 3 à 4 min pour marier les saveurs. Si le mélange semble trop luisant, dégraisser un peu et ajouter une petite quantité d'eau (voir la *Théorie nº 4*, p. 167), puis ajouter le beurre. Incorporer le jus de citron.

3. Transférer le mélange de bacon et de chou vert dans une assiette et faire frire un œuf dans la même poêle. Servir l'œuf par-dessus le bacon et le chou vert frisé. Aller se coucher.

GRATIN DE CHOU-FLEUR

Donne 4 à 6 portions

Le fromage mimolette donne à ce plat une allure de macaroni au fromage Kraft : les enfants auront enfin envie de manger du chou-fleur

LA SAUCE

1 ½ tasse (375 ml) de lait

1 feuille de laurier

1 gousse d'ail, hachée

¼ tasse (40 g) de jarret de porc haché ou de morceaux de prosciutto

3 c. à soupe de beurre non salé

3 c. à soupe de farine tout usage

¼ tasse (30 g) de mimolette jeune, râpée

¼ tasse (30 g) de gruyère, râpé

sel et poivre

sel

1 tête de chou-fleur, un peu moins de 1 lb (455 g), coupée en gros bouquets

¼ tasse (15 g) de chapelure *panko* (chapelure japonaise)

¼ tasse (50 g) de mimolette vieille, râpée

1. Préchauffer le four à 400 °F (200 °C). Pour préparer la sauce, mélanger dans une casserole le lait, la feuille de laurier, l'ail et le porc et porter lentement à ébullition à feu moyen-vif. Éteindre le feu et laisser refroidir environ 10 min. Jeter la feuille de laurier.

2. Dans une autre casserole, faire fondre le beurre à feu moyen-vif. Incorporer doucement la farine en fouettant, puis cuire 1 min, en remuant, pour atténuer le goût de farine. Incorporer doucement le mélange au lait chaud, petit à petit, en fouettant sans cesse. Continuer de fouetter jusqu'à ce que le tout épaississe. Ajouter la mimolette jeune et le gruyère et les faire fondre, puis saler et poivrer. Garder au chaud à feu très doux.

3. Dans une grande marmite, porter de l'eau salée à ébullition. Ajouter le chou-fleur et cuire 3 à 4 min pour une cuisson *al dente*. Bien égoutter.

4. Mélanger le chou-fleur avec la sauce et verser dans un grand plat de cuisson en fonte émaillée. Parsemer de chapelure *panko* et de mimolette vieille.

5. Cuire au four environ 15 min jusqu'à ce que le tout soit bouillonnant et doré.
Servir chaud.

BETTERAVES PRINTANIÈRES

Donne 4 portions

Fred a déjà menacé de révéler au monde entier l'aversion du premier ministre Jean Charest pour les betteraves, qui rappelle celle du président George Bush envers le brocoli. Le politicien a fixé Fred pendant que ses gardes du corps envisageaient de le sortir – il ne l'a pas trouvé drôle.

Cette recette est délicieuse. Fred préfère les betteraves rouges ; il trouve que les jaunes ont un goût de soda diète de marque maison.

8 petites betteraves, avec les feuilles

1 c. à soupe de beurre non salé

sel et poivre

1 c. à thé de vinaigre de cidre

aneth, ciboulette ou persil frais, hachés, pour garnir

Cheddar fumé **(p. 164), pour la finition**

1. Rincer les betteraves à l'eau courante froide, puis couper les feuilles, en laissant une tige de 1 po (2,5 cm). Hacher grossièrement les feuilles en morceaux de 1 po et réserver. Mettre les betteraves dans une casserole, couvrir avec de l'eau et cuire à feu vif. Porter à ébullition, puis réduire à feu moyen et laisser mijoter 30 min jusqu'à ce que les pelures s'enlèvent facilement. Égoutter et trancher les betteraves.

2. Dans une petite casserole, faire fondre le beurre à feu moyen. Ajouter les betteraves et cuire 5 min, en les tournant au besoin, jusqu'à ce qu'elles soient légèrement dorées et rôties. Ajouter les feuilles réservées, saler et poivrer, puis ajouter le vinaigre. Cuire 2 min de plus, jusqu'à ce que les feuilles soient flétries.

3. Transférer les betteraves dans une assiette de service. Garnir de fines herbes, râper un peu de fromage par-dessus et servir.

PETITS FARCIS

Donne 4 portions

Nous avons déjà contemplé d'un regard attendri une photo de petits farcis dans un vieux numéro de *Cuisine et Vins de France*. Nous sommes persuadés que la plupart des chefs de notre âge qui, enfants, rêvaient de devenir cuisiniers professionnels ont déjà fait de même en feuilletant une copie originale de *Cuisine et Vins de France* ou *De la vigne à l'assiette,* de Georges Blanc. Il n'y a pas de plus glorieuse époque culinaire que celle où régnaient Michel Guérard, Bernard Loiseau, Paul Bocuse, Alain Chapel, Georges Blanc et Roger Vergé.

Les petits farcis sont des légumes farcis de viandes hachées, cuits au four et mangés tièdes. Nous les préparons l'été, au moment où les cultivateurs récoltent les pâtissons. Que peut-on faire d'autre avec ces petites courges, sinon les admirer? Les légumes farcis sont formidables avec une salade de mâche et accompagnent bien un rosé ou un pastis. Utilisez les plus petits légumes que vous trouverez, environ de la taille d'une balle de golf.

4 petits oignons nouveaux, avec les feuilles

4 petits pâtissons

4 petites tomates

4 petites aubergines

4 poivrons

4 petites courgettes

LA FARCE

1 petit oignon, haché finement

1 c. à soupe d'huile neutre

8 oz (225 g) de veau haché

8 oz (225 g) de porc haché

1 œuf, légèrement battu

1 tranche de pain blanc, sans la croûte, émiettée et trempée dans 2 c. à soupe de lait

¼ tasse (30 g) de fromage parmesan, râpé

1 c. à thé de feuilles de thym frais, hachées finement

½ c. à thé de graines de fenouil

¼ c. à thé d'ail, haché finement

¼ c. à thé de flocons de piment séché

sel et poivre

huile d'olive, pour arroser

1. Trancher le tiers supérieur des oignons, des pâtissons, des tomates, des aubergines et des poivrons. Réserver pour les utiliser comme capuchons. Couper la courgette en deux sur le sens de la longueur. À l'aide d'une cuillère à melon ou à expresso, évider le plus possible chaque légume. Les parois doivent avoir une épaisseur d'environ ¼ po (6 mm). Réserver.

2. Préchauffer le four à 400°F (200°C). Pour préparer la farce, faire suer l'oignon dans l'huile dans une petite poêle à feu moyen 4 à 5 min, jusqu'à ce qu'il soit translucide. Retirer du feu.

3. Dans un bol, mélanger l'oignon cuit, le veau, le porc, l'œuf, le pain, le parmesan, le thym, les graines de fenouil, l'ail et les flocons de piment, puis assaisonner d'une pincée de sel et de poivre. Mélanger avec les doigts pour obtenir la texture d'une boulette de viande crue.

4. Remplir délicatement les légumes avec le mélange. Dans un plat à gratin ou un moule à gâteau huilé, disposer les légumes debout, sans les capuchons. Cuire au four 20 min jusqu'à ce que la viande soit cuite sans être colorée. Retirer du four, placer les capuchons sur les légumes et remettre au four 10 min de plus, jusqu'à ce que les capuchons commencent à devenir croustillants et que la viande grésille.

5. Retirer du four et arroser d'huile d'olive. Servir les farcis tièdes.

Au bar du Joe Beef ou du Liverpool House, je passe mes soirées à suggérer vins et alcools aux clients. Voilà vingt ans que j'achète du vin, je sais ce que j'aime et pourquoi je l'aime. J'ai mis vingt ans à aimer le Ricard. Et c'est le Campari qui m'a fait aimer le Ricard. Le pinot californien m'a fait aimer le bourgogne bon marché. Et je me suis mis à aimer le grand bourgogne grâce au bourgogne bon marché. Voici mes opinions et observations sur le vin et l'alcool.

CHAPITRE 7

UN MOT SUR L'ALCOOL

Si vous emmenez votre partenaire au restaurant et passez votre temps à parler de vin avec le serveur (ce que je vois tout le temps) plutôt que d'entretenir la conversation, vous êtes un salaud. Un repas au restaurant est un prélude aux comportements d'affaires, d'amitié ou amoureux. Laissez votre obsession du vin à la maison. Une fois que vous avez choisi et goûté le vin (ça prend trois minutes, pas vingt), *il n'y a plus de raison d'en parler*. C'est plutôt le temps de complimenter votre copine sur sa jolie robe ou de lui dire combien son parfum est agréable, de lui raconter que vos affaires vont bien ce trimestre, ou encore, de lui énumérer les gadgets que vous avez vendus.

« *J'aime tant le bourgogne que je m'en verserais dans les yeux.* »

—David McMillan

LE VIN

La carte des vins chez Joe Beef se veut dogmatique. Avec seulement trente places assises, on ne peut pas tout offrir pour satisfaire les goûts de chacun. Cette liste est plutôt le résultat de vingt années à essayer des vins et à lire avidement sur le sujet. Même si vous désapprouvez nos choix (et certains le font), notre carte des vins est vraiment à notre image.

Au Joe Beef, je choisis les vins avec l'énigmatique Vanya Filipovic, une véritable passionnée de bourgogne et la meilleure serveuse avec qui j'ai eu le plaisir de bosser. Sa capacité à déterminer exactement ce que veulent boire ses clients me stupéfie.

C'est la seule à pouvoir vendre un morgon à des golfeurs mâles alpha et buveurs de cabernet, et à leur faire aimer ça. Pour dire vrai, elle plaît à tout le monde.

Au Liverpool House, je prépare la carte des vins avec Ryan Gray, un pince-sans-rire qui s'est donné le pompeux titre de Directeur des vins (*sommelier* est un mot proscrit par ici). Ryan m'oblige à essayer des vins qu'autrement, je déclarerais haïr (bruyamment et plutôt odieusement), ce qui arrive très souvent, tous les jours en fait. Sans prétention, il aide les gens à se sentir à l'aise avec le vin.

NOTRE CARTE
DES VINS

On offre surtout des vins de Bourgogne, du Beaujolais, de Loire ou d'Alsace, et quelques vins américains et canadiens. Nous essayons autant que possible d'acheter les produits de petites entreprises familiales et de gens que l'on a rencontrés, avec qui l'on a bu, à qui l'on a rendu visite ; des personnes qui travaillent aussi fort que nous. On n'a qu'une vie pour découvrir les quelques régions qui sont représentées sur notre carte, et nous les avons à peine survolées. Sur une carte des vins, j'aime voir des produits dont je n'ai jamais entendu parler, que je ne peux me procurer et

que je suis impatient de connaître. Est-il biologique ? Biodynamique ? A-t-il été produit par un vigneron qui possède un vignoble avec sa femme et son fils ? Si je le pouvais, je ferais affaire uniquement avec les petites entreprises familiales. Le vin de commerce a un arrière-goût que je repère tout de suite, et que je n'aime pas.

Il y a quinze ans, j'aurais fait n'importe quoi pour mettre la main sur des vins australiens. Et trois ans auparavant, les seuls vins californiens que l'on pouvait se procurer étaient le geyserville-zinfandel du domaine Ridge et un vin nommé Cherryblock (que lui est-il donc arrivé ?). Tous les vins imaginables du vieux continent étaient à ma portée, mais les vins du Nouveau Monde demeuraient un fruit défendu. J'ai découvert avec surprise que le pinot noir était cultivé dans d'autres régions du globe. J'ai appris qu'on trouvait du pinot en Afrique du Sud, du malbec en Argentine et du riesling en Australie. Et j'aurais tout donné pour me procurer le sauvignon blanc Cloudy Bay de Nouvelle-Zélande !

Mais à la longue, à force de goûter tous ces vins (qui m'ont parfois rendu ivre), j'ai remarqué qu'il y avait toujours quelque chose qui m'agaçait. Les rieslings me semblaient trop sucrés et

trop jaunes, et je trouvais que les sauvignons blancs dégageaient des relents d'herbe coupée et de pisse de chat. Globalement, les vins goûtaient toujours un peu trop le chêne, le sucre et l'alcool ; ils étaient trop chers et trop artificiels. Les nouveaux vignerons agissaient comme des spéculateurs : ils n'avaient pas grandi avec le vin, et s'il y avait eu de l'argent à faire avec les pêches, ils se seraient empressés de remplacer leurs vignes par des pêchers. Comprenez-moi bien, je ne suis pas en train de discréditer tous les vins du Nouveau Monde. Au contraire, j'en goûte constamment de délicieux (voir l'encadré, p. 210).

Au Québec, nous buvons du vin français depuis plus de trois siècles. Le cornas accompagne le

bœuf braisé, le meursault les œufs truffés sur canapé – tant de saveurs et de combinaisons possibles qui pourraient me combler à jamais. Le vin français demeure un grand classique pour les Montréalais. L'histoire du Québec fait en sorte que les gens d'ici ont une préférence pour les vins de France. Bon nombre de nos clients ne reconnaissent que ceux-là. À leurs yeux, le vin italien est exotique, et le vin espagnol les laisse perplexes.

La salle à manger du Joe Beef est bien différente de celles que l'on trouve ailleurs (comme dans les grands restos américains où des centaines d'anglophones viennent souper à 19 h, ou pire, à 18 h). Ici, la moitié des clients sont francophones.

Ils lisent les journaux en français, parlent français au boulot, écoutent la radio en français et vont à l'école française. Beaucoup ont vécu toute leur vie ici et ont des goûts très précis. «Apportez-moi un sancerre», «Je voudrais un chablis», «Un gevrey s'il vous plaît» : voilà des demandes que j'entends souvent. On apprend très jeune à manger au restaurant ; ça ne s'enseigne pas par le biais d'une chaîne de télé consacrée à la gastronomie. À Noël, les Montréalais ont toujours dégusté des huîtres avec du muscadet, ou du foie gras avec un jurançon ou un sauternes, un bourgogne ou un bordeaux. Nos salles à manger reflètent bien cet esprit montréalais d'une sortie au restaurant. Ça m'enthousiasme de voir deux hommes se partager un magnum. Et quand je regarde deux femmes, en jeans neufs et juchées sur leurs talons hauts, se gâter avec une bouteille de champagne, eh bien, j'ai envie de leur dire: «Oui, allez-y!» Voilà le truc! Avec seulement trente places assises, le Joe Beef est un endroit festif, même les mardis soirs. La bonne bouffe et le vin sont des sources de plaisir. Les vins que nous servons au verre sont habituellement ceux que l'on veut faire essayer aux gens. Il s'agit principalement de vins français, mais on offre aussi quelques curiosités de Slovénie ou de Hongrie. Voici un aperçu de notre carte des vins. Cette liste a été dressée selon les goûts des Montréalais. Elle présente des produits que l'on peut se procurer facilement et que nous-mêmes buvons habituellement.

Le vin est une boisson santé, buvez-en!

LES BLANCS

Notre répertoire des vins blancs est deux fois plus court que celui des vins rouges. Il n'y a rien de logique là-dedans, puisque c'est essentiellement ce que Ryan, Vanya et moi buvons: on a mis dans cette liste tout ce que l'on aime ou que l'on croit exceptionnel.

Le champagne
Le champagne n'est pas une boisson essentiellement festive. En fait, on devrait en boire tous les jours, ne serait-ce que parce que la vie est courte, difficile et qu'on en a juste une à vivre!

J'ai détesté ma visite de la Champagne. J'ai trouvé que Reims était une ville froide et que ses habitants étaient agaçants. J'ai réalisé à quel point je n'aimais pas cet endroit lorsque je suis monté

dans un tramway et que j'ai entendu des gens vanter les dix-huit kilomètres de celliers souterrains de G.H. Mumm. Ces caves contiennent des dizaines de millions de bouteilles. J'imagine que ça m'impressionnerait si j'étais un magnat de la boisson gazeuse.

Je me revois, debout, au sommet d'une colline, contemplant les vignobles près de Cramant et demandant à la personne près de moi: «Pourquoi le sol luit-il au soleil?» J'étais renversé de voir (et de humer) un paillis inorganique composé de verre brisé, de bouteilles de plastique déchiquetées et de sacs à ordures orange et verts, mélangés au sol pour empêcher l'érosion. Le raisin de ce «noble» champagne poussait dans les ordures!

J'ai visité d'autres entreprises fabriquant du champagne et puis j'en ai eu assez de ces grosses boîtes.

Buvez les champagnes des petits producteurs, ceux qui cultivent le raisin, travaillent la terre et font le vin. Pour ce faire, rien de plus simple : vérifiez les initiales qui précèdent un numéro, au bas de l'étiquette. Les lettres RM (pour récoltant-manipulant) désignent ces petits producteurs qui vendangent et embouteillent leurs récoltes.

Les vins que nous préférons servir chez Joe Beef proviennent de plusieurs petits producteurs : Vouette et Sorbée, Jacques Lassaigne, Cédric Bouchard, Egly-Ouriet et Gimonnet. Ce sont de bons champagnes, et ils doivent être de cinq à dix dollars moins chers que les produits grand public. Ça vaut vraiment la peine. On aimerait aussi vendre du Jacques Selosse, mais il est si cher qu'on ne sait même pas quel goût

il a. Chez Joe Beef, on peut vous servir un champagne plus sucré, auquel on semble avoir ajouté un vin plus doux ou une liqueur de dosage. Vouette et Sorbée en est un bon exemple. Vous pouvez aussi commander un champagne très sec, comme le Larmandier-Bernier ou le Jacques Lassaigne, qui contrastera agréablement avec le beurre ou le gras d'une huître. Ou bien offrez-vous le meilleur des deux mondes, comme le Cédric Bouchard.
Et ça, c'est juste pour le champagne. Il existe aussi des vins mousseux surprenants. J'aime le crémant de Bourgogne, le crémant d'Alsace, le Montlouis-sur-Loire, tous d'un excellent rapport qualité/prix. Nous avons également goûté d'excellents vins californiens, tels le Schramsberg, le Roederer, le J et

le Laetitia (le Deutz de Californie). Les gros producteurs californiens de mousseux font parfois un meilleur boulot que les Français, et ce, pour la moitié du prix... c'est une affaire en or.

Le chardonnay
Le chardonnay californien ne peut se comparer au chardonnay français. En Californie, des voisins peuvent fabriquer des chardonnays complètement différents. S'il y a quinze producteurs en ville, il y aura quinze vins différents, qui ne contiendront pas la même quantité d'alcool, de sucre, de chêne et de lie. La réputation du chardonnay a malheureusement été souillée ces dernières années en raison de l'ajout de chêne, d'un taux d'alcool élevé et des appellations enfantines, faisant

entre autres référence à des petits pingouins et des taureaux dansants, ou encore, à des queues jaunes et des têtes rôties. Mais ne vous méprenez pas, le chardonnay est toujours le roi. Chez Joe Beef, nous en proposons toujours plusieurs.

Le chablis : c'est le nec plus ultra des chardonnays. Les chablis ont une odeur de pierre à fusil, une belle acidité et des accents de gravier et d'acier. Ils accompagnent magnifiquement les palourdes vapeur, les huîtres chaudes ou encore (ce que je préfère) les *Œufs en gelée* (p. 57). Billaud-Simon (toutes les cuvées), Droin, Pacalet, Raveneau, Tribut et Picq comptent parmi nos producteurs favoris.

La Côte de Beaune : les vins de cette région se distinguent par leur caractère onctueux et gras en bouche, leur arôme de beurre qui accompagne parfaitement les mets d'hiver. Les vins Alain Gras, les cuvées toutes simples de Pierre-Yves Colin-Morey (Auxey-Duresses), les meursaults et les vins de Saint-Aubin (il y en a une douzaine) sont tous épatants. Mon producteur préféré est Vincent Dancer. Photographe amateur, c'est aussi un passionné de la fabrication du vin. Comme Dancer ne fait pas l'éloge de ses vins, nous ne le ferons pas non plus, par respect. On aime aussi les Sauzet, Roulot, Jobard et Bouzereau. Dégustez les vins blancs de la Côte de Beaune avec du poulet rôti, du sel de mer et de la purée de pommes de terre, ou encore, avec des champignons sautés aux oignons et de l'époisses sur pain grillé.

Nous essayons d'ajouter des chardonnays canadiens à notre carte, mais la SAQ (notre société d'État qui a pour mandat de faire le commerce des boissons alcooliques) n'aide pas vraiment les vins canadiens. Ils sont hors-de-prix. Norman Hardie et Tawse (Ontario), Cedar Creek et Kettle Valley (Colombie-Britannique), produisent des vins qui se démarquent vraiment et que nous voudrions pouvoir stocker en grande quantité. (J'aimerais profiter de l'occasion pour suggérer à la SAQ de favoriser le marché canadien en accordant des allégements fiscaux pour l'achat de vins produits au Canada.)

Le sancerre
Au tableau du Joe Beef, vous découvrirez trois types de sancerre : le classique, habituellement sans nom particulier ni rien d'extraordinaire, mais quand même bon ; le parfait

sancerre, comme les Reverdy, Bourgeois, Jolivet, Lafond et Blondelet ; et, le sancerre de Chavignol (Loire), mon préféré. Un bon chavignol dégage des arômes de fromage de chèvre et de paille. On peut presque sentir l'herbe que la chèvre a mangée ! Les producteurs de chavignol sont de formidables et authentiques vignerons. Pascal Cotat, mécanicien et vigneron, en est un bon exemple, tout comme Edmond Vatan et Gérard Boulay, qui sont des citadins ordinaires le jour et des dieux du vin la nuit.

Les autres blancs de Loire
J'aime tout de Loire, c'est une région viticole fascinante. Mais bien des villages sont ignorés, éclipsés par les villes de Sancerre et de Pouilly-sur-Loire. Recherchez les excellents et abordables sauvignons blancs de Menetou-Salon, Quincy et Reuilly. On remarque un regain

d'intérêt pour le muscadet grâce aux domaines de la Pépière et Pierre Luneau-Papin, entre autres. N'oublions pas les délicieux vins de Saumur, Vouvray et Montlouis, où le chenin règne dans ses trois versions : sec, demi-sec et doux. Un vouvray demi-sec est excellent avec les pétoncles du Joe Beef, et rien de mieux que l'abordable muscadet du domaine de la Pépière pour accompagner un repas de truite.

Il faut aussi mentionner le Cour-Cheverny, fait à partir de Romorantin, un cépage avec lequel nous avons une aventure torride. Un jour, Ryan a commandé une caisse de Philippe Tessier sans m'avertir, et je l'ai engueulé, lui demandant pourquoi il avait acheté ça. On a reçu la caisse le mardi. J'en ai bu un verre ce soir-là, et le samedi, il n'en restait plus une goutte. Pour moi, ce vin est comme un mélange de tous mes vins préférés. Ça me donne envie de me battre.

Les autres blancs

J'aime toujours avoir au menu un riesling alsacien sec, comme un Marcel Deiss ou un Schueller, au cas où un client commanderait du jambon en gelée ou des crustacés froids. Rien de mieux qu'un bon riesling pour accompagner un petit homard froid ou encore le *smörgåsbord* (voir l'encart). En fait, je rêve de déguster notre *smörgåsbord* avec un vin du domaine Zind-Humbrecht.

La suite de notre carte se compose de vins du vieux continent. Dernièrement, on était obsédés par les vins slovènes, serbes, hongrois, croates et grecs. Sans oublier les blancs italiens. À Montréal, il fait parfois tellement chaud qu'il est malheureusement impossible de boire quoi que ce soit qui contienne la moindre trace de chêne. On préfère alors servir des blancs italiens, comme le Colterenzio, de Trentin-Haut-Adige, et le Mastroberardino, de Campanie.

LES ROUGES

Notre carte des rouges se compose d'environ 200 vins (on ne peut pas en écrire davantage sur notre tableau noir). Comme nous ne servons qu'une trentaine de clients à la fois, le choix est bien trop vaste.

Le bourgogne

Chaque fois que je bois du bourgogne, j'ai l'impression de faire partie d'un club secret pour gens cultivés. Particulièrement cultivés. En passant, saviez-vous que du bourgogne a été bu dans l'espace ? Ouaip, pour vrai. Celui de Nuits-Saint-Georges pour être exact.

Si je m'écorche le genou, j'envisage immédiatement de verser du bourgogne dessus. Je crois vraiment en ses vertus thérapeutiques. Enrhumé et alité, je songe à en boire. Quand j'aperçois quelqu'un avec de l'acné, j'ai immédiatement envie d'en frotter sur son visage. Je pourrais même laver ma fille dans un bain de bourgogne. Le bourgogne rouge – le pinot noir dans son interprétation la plus pure – peut être bu n'importe quand : au déjeuner, au dîner et au souper. On peut même le servir avec la malbouffe, les repas d'anniversaire, les plats préparés et les frites. Chez Joe Beef, on n'est jamais tombés sur une bouteille de bourgogne que l'on n'aimait pas ; même ceux qui sont apparemment pas terribles. Mon jugement est tellement faussé que j'irais jusqu'à dire du bien de la pire piquette portant cette appellation.

L'amateur de bourgogne est un amant passionné, parfaitement instruit et au style impeccable. Amoureux des animaux de la forêt, il serait tout à fait du genre à avoir pour animal de compagnie un ours miniature (tout comme Charles McKiernan). Il possède probablement plusieurs manteaux en tweed et divise son jardin grâce à des murets de pierre. Son joujou le plus précieux pourrait bien être une vieille Peugeot, cauchemar mécanique. Quand il boit d'autres vins, le buveur de bourgogne débitera forcément des insanités du genre : « Ce sancerre est plutôt bourguignon. » ou encore « Ce bandol me rappelle pourquoi j'aime tant le bourgogne ! » Les passionnés de bourgogne s'en voudront de négliger (d'abandonner !)

certains villages : « Nous ne buvons pas assez de pernand-vergelesses. » ou « Je me dois de redécouvrir le Saint-aubin ! » Bien sûr, tout ceci n'est que pure invention, mais je ne peux m'empêcher de trouver, à chacune de ces bouteilles, un petit quelque chose de champêtre. Pour moi, c'est comme m'abreuver d'archéologie.

On dit que les Celtes cultivaient déjà la vigne en Bourgogne en 51 av. J.-C. Plus tard, les moines bénédictins et cisterciens ont entrepris de diviser les vignobles, croyant que certaines zones produisaient des vins différents. Ils ont donc instauré le système des « crus » et la notion de « terroir ». Quand je flâne dans les vignobles bourguignons, hors des sentiers battus, j'arrive presque à sentir la présence mystique de ces mangeurs d'escargots. À l'occasion, des

représentants veulent nous faire goûter un pinot noir de l'Oregon à 58 $: on leur répond invariablement : « Non, merci ! » Le prix d'un pinot du Nouveau Monde ne devrait jamais, par respect, être plus élevé que celui d'un véritable grand bourgogne. Il y a des siècles, tout le monde était d'accord pour dire que le territoire en forme de tranche de bacon qui se situe au sud de Dijon était le meilleur endroit au monde pour faire pousser ce cépage. En voie d'être déclaré site du patrimoine mondial, les lois sont si strictes que l'irrigation y est défendue – en d'autres mots, vous ne pouvez arroser un vignoble au boyau.

Dans un monde idéal, je ne servirais que des bourgognes rouges et blancs. De la ville de Dijon à la région du Beaujolais, chaque endroit de Bourgogne est un petit bijou. Chaque jour, là-bas, les gens

demandent : « Qu'as-tu mangé au déjeuner ? », et puis : « Qu'as-tu mangé ce midi ? » Tout comme les Montréalais, les Bourguignons sont obsédés par la bouffe et le vin. (N'aimeriez-vous pas avoir un sweatshirt sur lequel on pourrait lire « Romanée Conti » ou « Meursault Perrière » ou encore « Ce merdique Clos Vougeot est tout ce que mes parents ont trouvé à me rapporter de Bourgogne » ?)

Beaucoup de producteurs de vins français visitent Montréal régulièrement – Étienne de Montille, Pierre-Yves Colin-Morey, les frères Muzard – et la plupart semblent penser que les Québécois ne sont qu'une bande de cowboys en motoneige, pêchant le saumon géant et chassant le grizzly. C'est faux, bien sûr (d'ailleurs, je dois dire que je n'ai pas vu un seul oiseau durant les deux ans que j'ai passés en Bourgogne ; tous les putains de trucs qui bougent là-bas sont bouffés par les habitants). Encore considéré comme le cousin exotique des Français, le Québec pourrait bien être le dernier endroit où l'on peut chasser l'orignal, pêcher à la ligne, trouver du foin et des cabanes à sucre.

Au tableau du Joe Beef, nous avons trois types de bourgogne rouge. Tout d'abord, nous vendons surtout des vins de petits villages. Les vins de Marsannay, Ladoix-Serrigny, Pernand-Vergelesses et Beaune sont faciles, abordables et d'un très bon rapport qualité/prix.

C'est parfois amusant d'essayer de localiser sur une carte de France les villages d'où viennent ces vins (si vous êtes aussi passionnés que Vanya, Ryan et moi). Ces grands vins sont parfaits en début ou en fin de repas, et personne ne se plaindra, après un vin corsé, de boire une bouteille de marsannay.

Ensuite, nous avons les premiers crus. Il existe 562 vignobles de premier cru, dans 28 villages bourguignons. Ils font partie du patrimoine de la région. J'aime le auxey-duresses Clos du Val, le fixin Clos du Chapitre du domaine Méo-Camuzet et le chablis Forêt du domaine Raveneau. Je pourrais poursuivre longtemps comme ça, mais il s'agit de mes goûts personnels. J'ai bu ces trois vins à des moments et en des endroits particuliers, en compagnie d'un ami «spécial», quand tout semblait parfait. Chez Joe Beef, notre carte comporte toujours 25 à 30 premiers crus.

Les grands crus de Bourgogne, notre troisième catégorie, sont destinés aux occasions spéciales : ils devraient être adéquatement entreposés, servis à la bonne température, amenés à la table avec précaution et traités avec respect : ils sont en quelque sorte le sang de la terre. En tant que restaurateur, je préfère ne pas les vendre à n'importe qui. Il s'avère malheureusement que la plupart des types qui peuvent débourser 300 $ pour une bouteille de bourgogne ne sont pas ceux qui sauront vraiment l'apprécier. Ainsi

va la vie. Si vous avez la chance de pouvoir mettre la main sur un grand cru de Bourgogne, dégustez-le à la maison, avec des amis ou en famille, au son de votre musique favorite. On préfère vous recevoir pour un grand repas avec une bouteille abordable. À votre santé !

Le beaujolais

Nous aimons le beaujolais. Vanya a inventé un nom pour désigner nos producteurs préférés : «les beatniks du Beaujolais». Les voici dans le désordre : Métras, Foillard, Pacalet, Chamonard, Brun, Descombes, Thévenet, Thivin et Breton. Et, bien entendu, il y a Marcel Lapierre (RIP), qui demeurera toujours le roi du beaujolais à nos yeux. Ces gens poursuivent leurs efforts afin de produire des vins purs, avec un faible taux d'alcool et presque sans sulfites.

Les vins du Rhône sont un peu comme le rosbif des vins. Un Côte-Rôtie accompagne à merveille le jus de cuisson, pur nectar, d'une épaule d'agneau braisée, préparée dans une marmite en fonte, avec des carottes, du céleri et des oignons ; quel festin. Je choisis le Côte-Rôtie parmi les vins de Gevrey-Chambertin lorsque je veux un cru plus prestigieux. Voici trois noms qui représentent le Rhône : Gaillard, Cuilleron et Villard. Ces hommes sont des légendes.

Ils se sont associés pour fonder Les Vins de Vienne. Toutefois, chacun crée ses propres vins, qui sont si bons que j'en boirais tout le reste de ma vie. Ces trois-là, je les

suivrais aveuglément. Je crois que François Villard a un sérieux béguin pour moi, et je sais que je fais peur à Yves Cuilleron. Pierre Gaillard me terrifie, et un jour, on en viendra aux mains. Ces types sont des champions de la picole et méritent un trophée. Ça fait dix ans que je m'entraîne pour les battre, mais ils arrivent toujours à m'écraser. Enfin, n'oublions pas le sud du Rhône où, pour moi, il n'y a que le domaine de la Vieille Julienne qui compte – une main de fer dans un gant de velours.

QUESTIONNAIRE POUR LES VIGNERONS

SI JE ME RETROUVAIS SUR UNE ÎLE DÉSERTE, J'APPORTERAIS CES SIX VINS...

NORMAN HARDIE
(COMTÉ DE PRINCE EDWARD, ONTARIO, CANADA)

- Clos du Mesnil de la maison Krug
- Saint-Aubin d'Hubert Lamy :
  Les Murgers des Dents de Chien 2005
- Pinot noir d'Evesham Wood : Cuvée J (Oregon) 2006
- Pommard Clos des Épenots 1998
- Vougeot Le Clos Blanc de 1999

J'aime le riesling et j'en apporterais un volontiers, mais je le boirais en huit secondes. S'il existait une bouteille de JJ Prüm Wehlener Sonnenuhr qui, une fois vide, se remplirait automatiquement, comme par magie, ce serait mon premier choix. Hélas...

EMMANUEL LASSAIGNE (MONTGUEUX, FRANCE)

- Chardonnay, Jura, J.F. Ganevat
- Sainte Épine, Côte du Rhône, H. Souhaut
- Terre d'ombre, Tavel, E. Pfifferling
- Chant des oiseaux, Alsace, B. Schueller
- Fleurie, Beaujolais, Y. Métras
- Morgon, Beaujolais, J. Foillard
- (Et du champagne... le tout dans des magnums)

ÉTIENNE DE MONTILLE (VOLNAY, FRANCE)

- 2 bouteilles de La Tâche 1971
- 1 bouteille de Vina Tondonia 1964 (Rioja)
- 1 bouteille de Volnay Taillepieds 1971
- 1 bouteille de Romanée-Conti,
  n'importe quel millésime
- 1 bouteille de Krug, n'importe quel millésime

THIBAULT LIGER-BELAIR
(NUITS-SAINT-GEORGES, FRANCE)

Je laisserais les meilleures bouteilles dans mon cellier, pour que mes amis et ma famille en profitent, et je n'apporterais que de simples blancs : chablis, picpoul de Pinet (génial avec des crustacés !) et peut-être de vieux champagnes millésimés. Je ne suis pas un adepte du champagne, mais avec l'âge, il peut devenir magique. Mes choix les plus fous : un Hermitage 1961 – ce vin me remplit d'émotions ; c'est l'une des meilleures choses que j'aie jamais goûtées. Ou encore, un La Tâche 1919, le meilleur millésime du domaine de la Romanée-Conti à mon avis. Mais honnêtement, c'est un peu triste de boire ces bouteilles seul sur une île déserte... Les grands crus sont faits pour être partagés !

DAVID CROIX (BEAUNE, FRANCE)

C'est si difficile de n'en choisir que six ! J'essaierais d'apporter des bouteilles qui me rappellent des souvenirs pour tâcher de me distraire de ma solitude. J'ai acheté récemment un vin nommé Triple Zero, produit par Jacky Blot. C'est un pétillant naturel phénoménal. J'en sers toujours une ou deux bouteilles en apéro avec des amis... C'est sûr que j'en apporterais une. C'est tellement rafraîchissant ! J'aime aussi le riesling. À mon avis, c'est l'un des plus grands cépages de la planète. J'apporterais une vieille bouteille de Clos Saint-Hune de Trimbach. Et aussi un bon blanc de Bourgogne – possiblement un Saint-Aubin de Olivier Lamy. J'admire sincèrement sa façon de faire le vin blanc. Un de mes très grands amis, Maxime Graillot, fait un sensationnel crozes-hermitage. J'en prendrais sûrement un en son honneur. Finalement, j'apporterais un musigny de Mugnier. Peu importe le millésime, ce vin est à couper le souffle. Et pour finir, un vosne-romanée de Mugneret-Gibourg.

JULIEN LABET (ROTALIER, FRANCE)

J'apporterais des magnums de morgon Lapierre, pour me rappeler ma première visite chez Joe Beef ! J'ai fabriqué du cerdon l'an dernier, à partir de savagnin. Le résultat est incroyable – si rafraîchissant ! J'en apporterais quelques bouteilles, en plus de vieux blancs millésimés de Ramonet.

ARIANNA OCCHIPINTI (VITTORIA, SICILE)

- Pinot Grigio, Dario Princic
- Ageno, Az. Vitivinicola La Stoppa
- Mâcon-Villages Quintaine, Domaine Guillemot-Michel
- Brunello di Montalcino, Il Paradiso di Manfredi
- Arbois-Pupillin Ploussard, Overnoy
- Barbaresco, Roagna

QUESTIONNAIRE POUR LES VIGNERONS

NORMAN HARDIE
(COMTÉ DE PRINCE EDWARD, ONTARIO, CANADA)

*Si vous deviez faire du vin ailleurs que dans le comté
de Prince Edward, quel endroit choisiriez-vous?*
Saint-Aubin. Les rouges seraient sûrement dégueulasses,
mais les blancs rattraperaient le coup.

Si vous ne produisiez pas de vin, que feriez-vous?
Je cuisinerais et jouerais au tennis.

Qu'aimez-vous de votre travail?
Voler quelque chose à la terre, savoir lui donner de l'éclat,
puis le mettre en bouteille.

EMMANUEL LASSAIGNE (MONTGEUX, FRANCE)

Quels sont vos cocktails favoris?
Je ne bois pas d'alcool, juste du vin.

Que détestez-vous de votre travail?
Rien.

Qu'aimez-vous de votre travail?
La complexité, la diversité.

ÉTIENNE DE MONTILLE (VOLNAY, FRANCE)

Quelles sont vos impressions sur le Québec?
C'est un endroit sans queue ni tête, mais dans un sens
positif. Il a tout du bon esprit des Français, sans leur
arrogance. Une attitude cool, une énergie surprenante
et un sens des affaires typique du Nouveau Monde :
le Québec est absolument unique.

Qui est votre chanteur ou compositeur préféré?
Bach.

Que détestez-vous de votre travail?
Boire du vin tout le temps.

Qu'aimez-vous de votre travail?
Boire du vin tout le temps.

THIBAULT LIGER-BELAIR
(NUITS-SAINT-GEORGES, FRANCE)

Quelle est votre voiture favorite?
Les vieilles voitures! Je collectionne celles des années
1960 et 1970. C'était l'époque des derniers modèles de
collection. Ces voitures ont une âme. Et une odeur classique. Je déteste l'odeur des nouvelles voitures. Faites de
plastique, elles sont pour ainsi dire jetables. Ça me remplit de joie de savoir que mes voitures ont une histoire
à raconter. Je viens d'acheter une Peugeot 403 Panhard
des années 1970. Toute en aluminium! Je l'adore.

Quel est le meilleur tracteur?
Le cheval! J'ai été le premier à ramener le cheval en
Bourgogne. C'est une machine de 800 kilos – quoi de
mieux? J'ai aussi un tracteur splendide, un Caval rouge,
que j'ai rapporté de Mâcon. Il est étonnant. C'est un
véhicule à quatre roues motrices qui peut couvrir trois
rangs à la fois. Ultra léger, il n'écrase pas la terre. C'est
primordial pour moi. Il permet à l'oxygène de circuler.

DAVID CROIX (BEAUNE, FRANCE)

Où aimez-vous manger ?
Chez mes parents, dans une atmosphère familiale. Ma
mère est une excellente cuisinière, et j'aime vraiment me
retrouver à la maison, dans le val de Loire, autour d'une
grande table pleine de bouffe et de vin, entouré de ma
famille et d'amis. J'ai aussi plusieurs amis très proches
qui vivent dans le Morvan. Le week-end, j'aime m'évader
vers leurs villages pour chasser. On cuisine ce qu'on
attrape : c'est extraordinaire.

*Si vous deviez faire du vin ailleurs qu'en Bourgogne, quel
endroit choisiriez-vous ?*
Probablement le val de Loire, là d'où je viens. J'aime
la Bourgogne, mais mes racines sont de Loire, comme
mon cœur d'ailleurs. J'aimerais bien, aussi, faire du vin
en Californie. À part ceux de Bourgogne, les meilleurs
pinots sont produits là-bas, alors ce serait un grand défi
pour moi d'essayer de fabriquer un vin de cette qualité.
Le mode de vie californien est aussi très attirant.

Quel est votre cocktail, apéritif ou digestif préféré ?
Le cognac. Quelle merveilleuse façon de terminer
une soirée !

JULIEN LABET (ROTALIER, FRANCE)

Quelles sont vos impressions sur le Québec ?
Les gens d'ici sont si ouverts. C'est formidable. Il y une
grande sensibilité au Québec, et c'est sûrement la raison
pour laquelle le vin fait tant partie de la culture québécoise. Les gens d'ici aiment essayer de nouvelles choses.
C'est charmant.

Quelle est votre voiture favorite ?
J'ai la réputation de conduire très vite. J'adore ça. Je ne
suis pas matérialiste, alors je me fous de la marque et
du look des voitures : l'important, c'est qu'elles me per-
mettent de rouler vite.

Que détestez-vous de votre travail ?
Je fais beaucoup d'anxiété. Je travaille fort pour fabriquer mon vin, mais c'est dame Nature qui décide du
résultat. Tout dépend d'elle et ça engendre un stress
incroyable. Chaque année, je perds au moins deux kilos
pendant les vendanges parce que je m'inquiète de la
qualité du raisin récolté. C'est dément.

ARIANNA OCCHIPINTI (VITTORIA, SICILE)

Qui est votre chanteur ou compositeur préféré ?
Vinicio Capossela, un chanteur italien.

Si vous ne produisiez pas de vin, que feriez-vous ?
J'aimerais avoir une grande ferme en Sicile, avec du
bétail, des chevaux et des terres à cultiver. Comme la
viticulture est ce que j'ai toujours voulu faire, je finirais
probablement par planter des vignes !

Préférez-vous les chats ou les chiens ?
Les chiens, en particulier mon chien Paco.

L'ALCOOL POUR LES COCKTAILS

Les cocktails servis chez Joe Beef et au Liverpool House dépendent souvent de la période de l'année et du temps qu'il fait – et par ici, la température change radicalement, pouvant passer de -1 °C à -34 °C. Quand il fait chaud et humide, on prépare des cocktails à base de limonade, avec du thé, du Campari ou de la Suze.

Durant la période de Noël, on veut que nos boissons goûtent la clémentine ou la mandarine *satsuma*. En janvier, après toute la bouffe du temps des fêtes et les partys, on privilégie le jus de pamplemousse, excellent pour nettoyer les artères. Pour le reste de l'hiver, on arrête de préparer des cocktails. L'alcool brun – comme le bourbon, le whisky d'Islay et le whisky irlandais – semblent être les seules boissons capables de calmer cette démence qui

s'empare de nous durant cette saison (voir l'encadré, p. 223).

Mars est un mois éprouvant pour les restaurateurs : c'est la raison pour laquelle Dieu a créé le gin – le petit coup de main de papa. Puis le printemps arrive et tout reprend sa place. L'été revient en même temps que le Campari et le Ricard : c'est le début d'un nouveau cycle.

Voici quelques-unes de nos idées sur l'alcool.

La vodka

Si vous nous bandez les yeux, nous serons incapables de faire la différence entre plusieurs sortes de vodka ; et franchement, vous ne ferez pas mieux. Si vous pensez réussir, venez au bar du Joe Beef : vous pourrez faire le test à l'aveugle en goûtant six verres de vodka. Si vous savez les reconnaître, nous vous offrirons le repas avec plaisir. Et si ça ressemble à un défi, c'est que c'en est un.

Il y a quelques années, j'habitais à Dijon. Un sommelier avec qui je travaillais alors m'a parlé du «jour de la leçon d'humilité», à l'Institut œnologique et agronomique de Bourgogne, à Dijon. Un enseignant l'a fait asseoir dans une pièce, les yeux bandés. Il a aligné dix verres de vin devant mon ami, cinq blancs et cinq rouges. Facile : les rouges étaient à gauche, les blancs à droite. Inutile d'ajouter que mon ami n'a pas été capable de les identifier. Apparemment, personne n'a encore réussi ce test. Que faut-il déduire de cette expérience ? Quand les vins sont servis à la température de la pièce, souvent, même les plus grands sommeliers ne peuvent faire la différence. Selon moi, boire de

la vodka est judicieux seulement quand l'on est au régime. La Reyka, d'Islande, est celle que nous servons chez Joe Beef, et elle est très appréciée.

Le Campari et le Ricard

Ah ! Voici quelque chose que l'on aime ! Je ne comprends pas trop pourquoi on n'en vend pas plus. Un ou deux verres de Campari en après-midi, c'est génial. On peut ajouter une goutte de Campari dans du vin blanc pour concocter une Bicyclette ; ou encore en mettre un peu dans une Molson Export, pour plus d'amertume. Même chose avec le Ricard : quand j'en bois, c'est comme si j'étais invité à la plus belle des fêtes. Rien de ce que je peux avaler ne m'ouvre autant l'appétit. J'ai un faible pour les femmes qui portent des chapeaux et boivent du Ricard et du Campari. Ces filles-là ont toujours de bonnes histoires à conter.

L'ALCOOL BRUN

En voici qu'il convient de citer.

Le cognac

Des amis à nous représentent le cognac Tesseron, dont nous avons l'exclusivité. Boire du cognac est populaire au Québec. De décembre à avril, il faut endurer le froid extrême et les tempêtes de neige. Peu importe, ça n'empêche pas les Montréalais d'aller au restaurant. En fait, ce serait plutôt l'inverse. C'est en hiver que le cognac est à son meilleur. C'est une boisson qui aide la digestion et réchauffe l'âme. J'aime bien en boire après avoir marché sur un lac gelé, ou à bord d'un télésiège.

L'ALCOOL BRUN : L'EFFET « JEKYLL ET HYDE »

SOMMES-NOUS LES SEULS, à avoir remarqués que l'alcool brun rend les gens complètement soûls ? Pas dans le genre « J'ai bu quelques verres de vin », mais plutôt « Où est-ce que je suis, et comment je suis arrivé là ? » Au Joe Beef, bien des situations se sont envenimées à cause de cet alcool. Nous avons demandé à notre ami et distributeur d'alcool Paul J. Coffin, de LCC vins et spiritueux, de répondre à cette question : « L'alcool brun rend-il fou ? »

Quand un spiritueux est distillé, il devient clair. Les alcools bruns que nous connaissons doivent leur couleur au procédé de vieillissement en fûts de bois. Cette pratique est assez récente, n'étant pas considérée comme nécessaire dans le passé. Les gens qui en consommaient l'appréciaient ainsi. Puis, avec le temps, on s'est rendu compte des vertus que possèdent les spiritueux vieillis en fûts.

Les spiritueux vieillis acquièrent donc leur couleur ambrée selon le temps qu'ils passent en barils, de chêne généralement. Celle-ci est le résultat des échanges chimiques entre le bois et l'oxydation. Ce processus confère également à la boisson une saveur riche et complexe, en plus de réduire graduellement le volume d'alcool, par évaporation, et de créer un certain effet filtrant lorsque la boisson entre en contact avec les lattes du tonneau. Les contrecoups sournois liés à la consommation d'alcool sont causés à la fois par le métabolisme des produits toxiques dérivés de l'alcool (acétaldéhyde), la déshydratation, ainsi que la perte des vitamines A, B et C qu'entraînent les réactions chimiques de l'alcool dans votre organisme. C'est l'alcool éthylique (éthanol) qui vous rend soûl. Toutefois, votre état d'ivresse sera déterminé par la présence de congénères, tels que les alcools amylique, butylique, méthylique, propylique et isopropylique, présents dans la plupart des alcools à divers degrés. Quoique ces derniers soient surtout présents dans les alcools bruns*, ils existent aussi à moindres doses dans les alcools clairs. Malgré leurs inconvénients, ils donnent à l'alcool sa saveur, son odeur et son apparence. Grâce à un filtrage méticuleux, il est possible de débarrasser l'alcool de la plupart des congénères pour obtenir une liqueur claire. Le filtrage supprimera également la couleur et la saveur à la longue.

Il est maintenant scientifiquement prouvé que les spiritueux tels que le whisky, le rhum et le brandy peuvent contenir jusqu'à 37 fois plus d'éléments toxiques que la vodka, incluant les molécules organiques comme l'acétone, l'acétaldéhyde, les tanins et le furfural. C'est ce qui expliquerait les effets liés à la consommation d'alcool brun.

L'alcool brun d'autrefois était surtout de l'alcool mal distillé, négligemment transporté dans des barils de bois et destiné à une consommation rapide et excessive. D'ailleurs, il se pourrait que les alcools bruns des années 1700 et 1800 aient effectivement rendu des gens fous.

Tout ce que nous savons sur les bactéries, les germes et la prévention des maladies, nous le devons aux travaux réalisés par Louis Pasteur au milieu des années 1800. Étrangement, plusieurs de ses plus importantes découvertes sont issues des recherches accréditées par les distilleries et les brasseries. Auparavant, l'observation mettait au jour les propriétés médicinales de l'alcool, mais on en savait peu concernant sa production et sa consommation. Les conditions sanitaires des barils illustrent bien ce point. Quoique la carbonisation de l'intérieur des tonneaux soit une pratique assez ancienne, il est peu probable qu'elle ait été appliquée avec rigueur dans le cas de barils réutilisés, ayant auparavant contenu des cornichons ou du poisson. Grâce aux progrès que nous avons faits dans les domaines de la distillation et du vieillissement des spiritueux, il est maintenant possible d'apprécier l'alcool brun pour son caractère et sa saveur, avec modération, bien entendu.

*C'est ce qu'on pensait.

Le brandy

Le Marc de Bourgogne est un brandy de marc dont ni le goût, ni les opinions qu'il provoque ne sont subtils. C'est comme du combustible à fusée, de la gnole fabriquée à partir des restes de la production du vin. Ajoutez-en dans votre expresso, c'est super. Mais évitez de trop en boire, c'est le genre de truc qui vous fait gueuler contre les stops, aboyer après les chiens ou embrasser les arbres. Certains marcs sont excellents, comme celui des domaines de la Romanée-Conti et Guy Roulot (mon préféré). Le marc est aussi utilisé pour nettoyer la croûte du fameux fromage Époisses de Bourgogne. Il est fabriqué dans tous les vignobles de France. Attention, c'est comme de l'alcool de contrebande, sauf que c'est légal. Il devrait y avoir un serpent ou un reptile dans la bouteille, mais les Bourguignons les ont probablement tous mangés. Parfait pour les soirées entre gars, c'est ce que je sers aux clients pour leur donner le coup de grâce.

Le whisky écossais

Michel Couveur est un excentrique distributeur de whisky écossais. Il est belge et vit à Bouze-lès-Beaune, en Bourgogne. Il importe des bouteilles de whisky et de xérès pour les faire vieillir dans son cellier, dans des fûts à xérès. C'est une fierté pour nous que de vendre son pur malt, quelques-uns de ses whiskys et son xérès vieilli en fût – car je crains qu'un jour, ces produits n'existent plus.

Le whisky d'Islay est fabriqué à Islay, l'île la plus au sud des Hébrides, au large des côtes de l'Écosse. Il a un arôme médicamenteux – sorte de mélange de médicaments, de tourbe et d'algues – et accompagne parfaitement les produits que nous servons : cheddar, truite, pétoncles et huîtres. L'île d'Islay ressemble apparemment à l'est du Québec, là où le Saint-Laurent rejoint l'océan. Le grenier à blé d'Islay est similaire au nôtre, ainsi que l'air, la terre – c'est comme si l'île avait été séparée du Québec.

LES DIGESTIFS

Les digestifs sont indispensables pour vous permettre de compléter ce marathon qu'est le repas. Chez Joe Beef, les quatre digestifs les plus populaires sont la chartreuse, l'amaro, le *slivovitz* et le calvados.

La chartreuse

Fabriquée à partir d'extraits de quelque 130 plantes, la chartreuse est comme une bouteille géante de multivitamines. Cette boisson très particulière vous fait sentir fort (et vous rend soûl). D'abord concoctée par les moines du monastère de la Grande Chartreuse, (Saint-Pierre-de-Chartreuse, France), cette liqueur était originellement surnommée «Élixir de longue vie». Servie seule ou sur glace, cette boisson médicinale parle d'elle-même. (Les chartreux, étant essentiellement des ermites contemplatifs, n'avaient certes pas de division marketing.)

L'amaro

Les avocats, les banquiers et les golfeurs – autrement dit, les mecs riches – aiment l'amaro. J'ai la chance d'en compter beaucoup parmi ma clientèle. L'alcool fait gonfler leur ego, ce que j'appelle le «complexe du Parrain». Les autres passionnés d'amaro sont les hippies, autrement dit, les gens pauvres. Et bien sûr, il existe un troisième type de buveur d'amaro : celui qui comprend vraiment les qualités digestives de cet élixir. À mes yeux, tout ce beau monde aime cette liqueur pour les bonnes raisons. Notre amaro préféré est le Nardini.

Le slivovitz

Rien de mieux qu'une lampée de *slivovitz* (communément appelée cognac de prunes ou eau-de-vie des prunes) dès le lever du jour, pour repousser la grisaille du communisme pour plusieurs de mes amis du bloc de l'Est.

> ## «*La chartreuse, seule liqueur qui soit si bonne qu'une couleur porte son nom.*»
>
> – Quentin Tarantino, dans le rôle de Warren, propriétaire de bar, dans *Death Proof*

Le calvados

Depuis trois ans, nous vendons le calvados de Michel Beucher, qui est fait de – et a un goût de – pommes biologiques. Un calvados suivi d'un expresso, c'est la meilleure façon de finir d'un repas. On entend parfois dire : « Le goût ne me plaît pas. » Mais ce n'est pas qu'une question de saveur. L'important, c'est que ça marche : ça nettoie et fait digérer. Si vous ne me croyez pas, essayez de vous enfiler deux bouteilles de rouge à 15 °C et d'avoir des rapports sexuels. Allez-y. Vous allez tous être déçus.

Le Punch Abruzzo

Il y a quelques années, Fred est arrivé au resto avec du Punch Abruzzo. On a tous fixé la bouteille comme si c'était Noël. L'étiquette montre une scène hivernale : un cerf tirant un traîneau plein de gens heureux qui portent des tuques. Ça rappelle Noël, ça sent Noël et ça goûte Noël. On le vend comme si c'était un truc passé de mode (ce qui fut le cas il y a quarante ans). Génial chaud ou froid.

LES MEILLEURS COCKTAILS DU JOE BEEF

Ces cocktails sont ceux que l'on sert depuis l'ouverture. Ils sont marrants et délicieux. Nous espérons qu'ils vous plairont.—**DM**

VIJAY SINGH

Rendement de 1 verre

Voici notre solution de rechange pour remplacer le Arnold Palmer. Servez-le dans un gobelet à julep.

1 oz (30 ml) de sirop de thé vert
1 oz (30 ml) de gin
¼ oz (7 ml) de Chartreuse
un filet de jus de citron frais
glace
soda tonique pour remplir

Verser le sirop, le gin, la Chartreuse et le jus de citron sur la glace. Mélanger et compléter avec le soda tonique.

ROMAN COKE

Rendement de 1 verre

Nous avons l'habitude de caler ce breuvage capiteux avec une quantité de salami génois bon marché. Le Chinotto, pour ceux qui n'ont jamais dégusté cette boisson gazeuse douce-amère sans alcool, le Chinotto ressemble à un coca-cola mais est fait d'un agrume qui pousse principalement dans le centre et le sud de l'Italie, auquel on ajoute des herbes secrètes. Servez-le dans un verre à gin.

¾ oz (20 ml) de grappa bon marché
un filet de Fernet Branca
glace
Chinotto pour remplir

Verser la grappa et le Fernet Branca sur la glace. Mélanger et compléter avec le Chinotto.

MARTINI SAUCISSE

Rendement de 1 verre

Pourquoi l'olive s'est-elle acoquinée avec le martini et l'oignon avec le martini Gibson? Si vous voulez quelque chose à croquer dans votre alcool, la saucisse nous semble un choix logique. Redonnez vie à ces embêtantes petites saucisses viennoises ou achetez des saucisses *knackwurst* de bonne qualité et faites-les mariner dans une saumure de vinaigre et d'eau à parts égales. Servez dans un petit verre à martini.

2 oz (60 ml) de vodka
½ oz (15 ml) de vermouth blanc
un filet de jus de saucisse viennoise en conserve
une goutte de sauce Tabasco
1 saucisse viennoise en conserve

Mettre un verre à martini au congélateur. Dans un shaker, mixer la vodka, le vermouth, le jus de saucisse et la Tabasco. Servir dans un verre refroidi avec une saucisse viennoise embrochée. Ajouter plus de jus pour faire un martini saucisse trouble.

MASTER CLEANSE

Rendement de 1 verre

Il y a quelques années, nous avions à notre service un serveur et un barman qui étaient en pleine «curc». Nous avons goûté à leur «cocktail» d'allure sordide et avons décidé d'élaborer notre propre version, avec alcool bien sûr. Servez dans un verre à whisky.

½ tasse (150 g) de sirop d'érable
½ tasse (125 ml) de jus de citron frais
une pincée de poivre de Cayenne
1 oz (30 ml) de bourbon
soda pour remplir

Dans une petite casserole épaisse, mettre le sirop d'érable et le jus de citron et porter à ébullition. Ajouter le poivre de Cayenne, retirer du feu et laisser refroidir. Mesurer 1 ½ oz (45 ml) et mixer avec le bourbon; réserver le restant au réfrigérateur pour d'autres cocktails. Verser sur de la glace et compléter avec du soda.

GIN' N' JEWS

Rendement de 1 verre

Les gens se plaignent sans cesse du vin Manischewitz. Nous le trouvons plutôt goûteux et il a son utilité dans un bar. Voici un cocktail en guise d'hommage à nos financiers Jeff, Ronnie et David. Servez dans une flûte à champagne.

1 oz (30 ml) de vin Manischewitz
1 oz (30 ml) de gin
1 blanc d'œuf
¾ oz (20 ml) de jus de citron frais
glace

Mettre le vin Manischewitz, le gin, le blanc d'œuf et le jus de citron dans un shaker et agiter à fond pour bien mousser. Servir sur de la glace.

BOCK TOMATE

Rendement de 1 verre

Le mélange de bière et de jus de tomate est un classique; certains l'appellent de la «soupe». Voici un cocktail un peu négligé qui est parfait pour le brunch, le dîner ou une chaude après-midi d'été. La Molson est brassée dans le Vieux Port depuis 1786. C'est la bière de notre adolescence, que l'on déguste à la taverne, chez soi le dimanche, en camping ou pendant le match de hockey. Nous aimons bien les micro-brasseries mais une Molson Export bien froide pendant un match du Canadien agrémenté d'un *smoked meat* incarne pour nous la Sainte Trinité. Servez dans un verre taverne.

½ verre de bière Molson Export
½ verre de jus de tomate
sel

Verser la bière sur le jus ou le jus sur la bière. (Voici un classique de l'époque où les vitrines des tavernes étaient à l'abri des regards des femmes et des prêtres.) Ajouter une pincée de sel lorsque la carbonisation s'estompe. Servir avec un paquet de biscuits soda ou des croustilles barbecue, en s'entourant des volutes apaisantes d'une cigarette du Maurier *King size*.

ROBERT ROY

Rendement de 4 à 6 verres

Ce cocktail était au départ une vinaigrette pour les palourdes et a toujours cet usage. Avec du scotch bien froid, cependant, il est extraordinaire. Si vous avez un extracteur de jus, c'est le meilleur choix. Sinon, un mélangeur et un tamis feront l'affaire. Le cerfeuil est une fine herbe qu'il ne faut pas cuire. Si vous le mélangez au sirop, par exemple, vous obtiendrez un mélange plus près d'une soupe florentine que d'un cocktail. Servez dans un verre à whisky.

3 pommes vertes, le plus sure possible
1 botte de cerfeuil de première fraîcheur
le jus de 2 petites limes
¼ tasse (85 g) de miel
scotch (nous utilisons du Balvenie 12 ans de single malt)
glace

Extraire le jus des pommes, en ajoutant en alternance le cerfeuil et le jus de lime. Incorporer le miel dans le mélange aux pommes. Pour chaque verre, mélanger ½ tasse (125 ml) de jus avec 1 oz (30 ml) de scotch sur de la glace.

RAW BEEF

Rendement de 1 verre

Voici une concoction rapide, délicieuse et puissante. Utile si vous recherchez un sentiment de torpeur instantané. Servez dans un verre à whisky.

2 oz (60 ml) de saké bon marché
2 oz (30 ml) de vodka
glace
1 ou 2 filets de sauce Worcestershire
1 morceau de 1 oz (30 g) de bœuf cru impeccable (provenant du filet), embroché et bien refroidi

Mettre un verre à whisky au congélateur. Dans un shaker, agiter le saké et la vodka avec la glace et filtrer dans le verre. Servir avec de la glace et le filet de sauce Worcestershire qui tombe doucement, puis remuer avec la brochette de bœuf.

JOE BEEF CÉSAR

Rendement de 1 verre

Ce verre est davantage un apéritif qu'un cocktail. Pourquoi ce grand format ? Entre autres raisons qui l'expliquent, il y a la faim, la gloutonnerie et l'insécurité. Servez dans un grand verre ou un bocal Mason.

1 quartier de citron
assaisonnement Old Bay
glace
1 ½ oz (45 ml) de vodka
1 filet de sauce Worcestershire
1 filet de sauce Tabasco sauce
raifort frais finement râpé
sel et poivre
jus Mott's Clamato pour remplir

Garnitures suggérées : huître fraîchement décoquillée, palourde fraîchement décoquillée, pince de homard, cornichons, crevette pochée, côtes levées barbecue

Frotter le quartier de citron sur le bord d'un grand verre, puis réserver le quartier. Tremper le bord humecté dans l'assaisonnement Old Bay pour l'enduire d'assaisonnement. Mettre une bonne quantité de glace dans le verre, puis ajouter la vodka, la sauce Worcestershire, la sauce Tabasco, le raifort, un peu de sel et de poivre et un filet de jus de citron du quartier réservé. Compléter avec le jus Clamato et ajouter une abondance de garnitures.

VIN DE RACINE DE BARDANE

Rendement de 4 tasses (1 litre)

Lorsque nous avons ouvert le Joe Beef, nous n'avions pas de terrasse, mais un terrain vague où ne poussait que de la bardane. Peu de gens connaissent cette plante même s'ils l'ont peut-être vue dans des restaurants végétaliens ou japonais. Son nom latin est *Arctium lappa* et c'est une plante bisannuelle, ce qui signifie que la première année, elle se contente de produire une longue racine pivotante et des feuilles velues semblables à celles de la rhubarbe. Elle survit pendant l'hiver grâce à sa réserve de nourriture, puis, la deuxième année, produit des fleurs et des fruits. Ces derniers ont la fâcheuse tendance à s'agripper à nos pantalons.

Cette plante regorge de propriétés médicinales au profit des poumons, des cheveux et des intestins. Nous ne savions pas quoi en faire mais les quatre Italiens à la peau parcheminée qui sont venus poser la dalle de béton avaient une petite idée. Ils ont mis quatre heures à poser la dalle, dont la moitié a été employée à soigneusement cueillir les racines de bardane. Ils ont expliqué qu'ils les laveraient une fois à la maison et les feraient tremper dans du vin rouge pour être consommé comme un tonifiant.

Depuis ce temps, chaque année, nous envoyons les nouvelles recrues creuser la terre fertile derrière le Liverpool House pour cueillir de la bardane et préparer quelques bouteilles de ce même tonifiant.

1 ou 2 racines de bardane, pelées

la pelure d'une orange, en un morceau

2 clous de girofle entiers

environ 1 ½ bouteille (1,1 litre) de vin de table rouge

1 tasse (200 g) de sucre

Mettre la bardane, la pelure d'orange, les clous de girofle, le vin et le sucre dans un bocal Mason de 2 litres. Couvrir de façon étanche et agiter à fond. Filtrer le mélange dans une bouteille propre et capsuler. Conserver le tonifiant au réfrigérateur 2 mois, puis déguster.

KÄLTE GLÜHWEIN TRINKEN FÜR FREUNDE IM SOMMER (VIN CUIT FROID)

Rendement de 3 tasses (750 ml)

Cette recette (qui en allemand est décrite comme suit : *Kälte Glühwein trinken für Freunde im Sommer*) est inspirée d'une boîte de vin cuit allemand sur laquelle on aperçoit une famille blonde follement joyeuse, à table devant des tasses de ce vin cuit. Servez-le dans des verres à gin.

1 bouteille (750 ml) de vin rouge pas trop bon mais pas encore imbuvable

4 tranches d'orange

4 clous de girofle

2 bâtons de cannelle

1 anis étoilé

1 feuille de laurier

½ tasse (100 g) de sucre

glace

du brandy, selon la quantité désirée (nous utilisons du Magno ; c'est un produit espagnol pas cher et doux)

soda pour remplir

Dans une casserole, mélanger le vin avec les tranches d'orange, le clous de girofle, les bâtons de cannelle, l'anis étoilé, la feuille de laurier et le sucre et porter à ébullition lente à feu moyen, en remuant pour dissoudre le sucre. Laisser mijoter 1 ou 2 min, puis retirer du feu, laisser tiédir un peu, puis réfrigérer. Lorsque le mélange est froid, filtrer une quantité de 3 oz (90 ml) dans chaque verre, en le versant sur une grande quantité de glace. Ajouter environ 1 oz (30 ml) de brandy dans chaque verre et compléter avec le soda. On peut passer le vin dans un appareil de gazéification pour un résultat encore meilleur.

LA PRÉPARATION D'UNE ABSINTHE MAISON

Rendement d'environ 6 tasses (1,5 litre)

La première année du potager, nous avons planté six plants de tomates, un petit rang de laitue qui a poussé du jour au lendemain et, pour s'amuser, une douzaine de plantes d'absinthe (*Artemisia absinthium*). Évidemment, l'engouement pour l'absinthe s'était déjà estompé à l'époque et les cuillères ajourées en argent étaient depuis longtemps disparues. Nous n'avons pas tardé à faire tremper une quantité exagérée de ces plantes (chez nous, bien entendu) dans une cruche d'eau-de-vie (de grain), puis à rectifier le mauvais goût de la plante avec une pleine bouteille de pastis. C'était costaud, je vous l'assure, et ça marchait.

Il y a quelques années, nous avons offert un cruchon à marinades rempli d'absinthe à Martin Picard du Pied de Cochon.L'histoire raconte que Martin la faisait goûter à ses amis, et que pour chaque lampée, il leur faisait payer un petit forfait. Picard ajoutait de l'alcool quand le niveau baissait. Malheureusement pour lui, le cruchon est un jour disparu.

À chaque saison, nous essayons d'améliorer la recette, le tout dans le confort de notre domicile, bien entendu... Il vous faut une pesée en grammes pour cette recette.

MÉLANGE A

30 g d'absinthe séchée
45 g de graines de fenouil
45 g de graines d'anis
10 g de racine d'angélique
12 g de graines de coriandre
10 g de pelure de citron séchée

MÉLANGE B

10 g de hysope séchée
10 g de mélisse séchée
10 g de menthe poivrée séchée

En réalité, il faut faire macérer le mélange A quelques jours dans une bouteille de 1 litre d'alcool blanc (95 % vol.), puis diluer et distiller celui-ci. Cependant, c'est dangereux et plutôt illégal et donc, déconseillé. Selon cette méthode, après l'obtention d'un distillat clair, le mélange B est macéré quelques jours pour conférer à l'alcool sa teinte verdâtre (à ne pas confondre avec un faux rince-bouche) et son goût herbacé. Ensuite, il faut ajouter de l'eau propre et filtrer le tout dans un filtre à café pour réduire la teneur en alcool à 45 % vol. Si de vieilles bouteilles de vin sont utilisées, cela donne des parts égales de mélange et d'eau. Boucher, agiter et servir.

Une autre option (qui fera frémir les puristes) est de mettre le mélange A dans un sac en mousseline et l'attacher fermement. Faire tremper le sac dans un alcool blanc de 95 % vol. pendant trois jours dans une pièce sombre et fraîche. Retirer le sac du mélange A, mettre le mélange B dans un sac en mousseline et laisser tremper de nouveau 3 jours de la même façon. Ensuite, retirer le deuxième sac et filtrer le liquide dans une série de filtres à café. Ajouter une quantité équivalente d'eau propre. Autrement, remplacer une partie de l'eau par un sirop simple (des parts égales de sucre et d'eau ; dissoudre le sucre dans l'eau).

Note: *Voici où nous nous procurons nos ingrédients pour la préparation de l'absinthe : Herbarôme-la Bottine aux Herbes, 3778 A, rue Saint-Denis, Montréal, Québec H2W 2M1 (514) 845-1225 labottineauxherbes@bellnet.ca.*

On avait entamé notre deuxième année, quand le propriétaire d'un *steak house* en Floride est venu dîner au resto. À la toute fin du repas, il ne tarissait pas d'éloges sur le goût du faux-filet : «Quel bœuf délicieux ! D'où vient-il donc ?» «C'est du filet d'Alberta», avons-nous répondu, répétant ce que l'on nous avait assuré depuis le début. «Puis-je voir un filet encore emballé ?», nous a-t-il demandé.

CHAPITRE 8

LE « BŒUF » DU JOE BEEF

On est revenus avec ce qu'il avait demandé, et l'homme a jeté un coup d'œil au code inscrit sur le côté du paquet. «Je connais ce code : cette viande vient d'Australie !», a-t-il dit en rigolant. Nous étions furieux. Non seulement avions-nous menti (sans le savoir) à nos clients à propos de l'origine du bœuf, mais en plus, la viande qu'on avait achetée n'était pas conforme à nos valeurs. L'Alberta était un peu loin, soit, mais ça pouvait toujours aller en attendant que l'on trouve quelque chose de mieux, plus près. Mais l'Australie ? On était loin de notre devise «du moment qu'on peut y aller en bagnole en un après-midi». Et *beef* fait tout de même partie de notre nom. Qu'en penserait Charles McKiernan ? Inutile de dire que l'on avait l'air de vrais connards, debout, là, près de la table, avec notre bœuf australien.

Le lendemain, des têtes sont tombées, et on est partis pour la énième fois à la recherche de l'insaisissable faux-filet. Notre plus grand problème au restaurant – et notre point faible – a toujours été le bœuf que nous vendons. C'est notre talon d'Achille. Sans blague, on n'y arrivait tout simplement pas. Je ne peux vous dire combien de fois on s'est fait raconter des histoires au fil des ans, par des emballeurs, des marchands de services alimentaires, et même par des bouchers de renom de Montréal.

Si le faux-filet était canadien, son goût n'avait rien d'extraordinaire, de même que sa distribution. Et s'il n'était pas commercial, c'était du bœuf de mauvaise qualité, vendu par des fournisseurs qui ne se montraient jamais à temps; il fallait alors servir de la pintade ou de la truite à toute une tablée d'hommes d'affaires. On peut vous dire qui pêche nos anguilles, de quelle ferme proviennent nos magrets de canard, dans quelle baie ont été récoltées nos huîtres de Malpèque. Mais pour ce qui était du faux-filet, notre réponse boiteuse (et incorrecte) était «Canada». On a toujours bien maîtrisé la situation en ce qui concerne notre bifteck, d'abord en nous approvisionnant de bovins Highland de Knowlton (Québec), et ensuite en achetant chez Cumbrae's (Ontario), que l'on utilise maintenant. Mais de manière générale, le bœuf pose problème. Pourquoi alors ne pas abandonner

toutes les coupes, sauf le bifteck? Eh bien, parce que rien n'égale le bœuf.

Aussi problématique (et parfois même dégoûtante) que soit l'industrie, nous voulons encore trouver, et manger, la coupe parfaite. Fred est le premier à mordre dans un bifteck. Il fréquente régulièrement les *steak houses* de la ville. Le mot *steak* revient souvent au menu, et malgré le fait que je trouve ça parfaitement assommant, quand j'en commande, j'opte toujours pour un faux-filet. Comme dirait Mark Schatzker dans son livre *Steak: One man's search for the world's tastiest piece of beef*: «Personne n'a jamais fêté une promotion en commandant du poulet.»

Les coûts de la bouffe, pour nos trois tout petits restaurants, sont très élevés. Ce qui veut dire que nous devons vendre du vin. Et c'est grâce au bœuf que nous vendons beaucoup de vin. Les distributeurs en alimentation viennent souvent nous voir pour nous demander: «Ça ne

vous embête pas d'aller à un endroit pour la ricotta, un autre pour les carottes, un pour le Coke, un pour l'eau et encore un autre pour le faux-filet? Pourquoi ne pas tout acheter à la même place?» À cela nous répondons: «Oui, c'est embêtant, mais nous voulons faire affaire avec de vraies personnes.»

De nos jours, certains produits sont même emballés pour faire croire qu'ils proviennent de petits producteurs. Les grands brasseurs présentent des produits de micro-brasseries, des conglomérats de fromagers offrent des emballages de fromage artisanal et Pepsico est propriétaire de San Pellegrino. Sachant que les «produits biologiques industriels» existent, nous voulons être foutument certains d'avoir rencontrés tous les gens qui élèvent, abattent et coupent notre bœuf. Des gens comme Stephen est un boucher de troisième génération, qui a commencé à traîner dans les boucheries de Melbourne (Australie) quand il avait neuf ans. On lui a même interdit de toucher à un steak avant sa deuxième année de travail en magasin, soit à l'âge de 17 ans. Au même moment, Alistair Robertson, un Écossais de l'île de Cumbrae, travaillait pour une importante entreprise agricole de Toronto. Puis, en 1987, Alistair, alors âgé de 51 ans, a retrouvé ses racines rurales. Stephen l'a rencontré par hasard, un jour où il rendait visite à sa copine (maintenant sa femme), Bella, à Toronto. C'était à l'époque de la boucherie traditionnelle. Si l'on n'achetait pas sa viande dans une boucherie, on la prenait à l'épicerie:

du prêt-à-manger (Maple Leaf), emballé dans du papier cellophane et du polystyrène.

Alistair était le fermier, Stephen le boucher : «En 1994, on a ouvert notre commerce au centre-ville, sur Church Street, crasseuse à l'époque. On avait un vieux fermier et une vieille boutique. On a travaillé dur. Tout le bétail était fourni par Alistair et ses voisins, dans le comté d'Haldimand (dans le sud de l'Ontario, près d'Hamilton). C'était un genre d'association de voisins, dont l'un élève des moutons et un autre des porcs, et qui a fini par se transformer en une sorte de coopérative. Notre entreprise a grossi et grossi, jusqu'à devenir une boucherie à part entière. Il fallait penser à tout. Je m'occupais des abattoirs et des fermiers. Obtenir la viande crue à laquelle je tenais était devenu pour moi une obsession. J'ai même touché à la génétique.»

Dans sa jeunesse, Stephen n'a connu que le bœuf nourri exclusivement au fourrage, et c'est aussi ce que mangent les vaches de chez Cumbrae's : foin, luzerne, trèfle. Ils bouffent de 2,3 à 4,5 kilos de ce mélange matin et soir. Pas besoin d'antibiotiques, puisque le foin facilite la digestion. La viande passe directement des champs à l'abattoir, où elle reste suspendue une à deux semaines. Elle arrive ensuite chez Cumbrae's, où elle est coupée (dans notre cas, selon nos besoins particuliers).

Une fois étiqueté, le bœuf est placé dans des séchoirs où le processus de vieillissement commence. C'est le chef qui détermine combien de temps il y restera. Les gens préfèrent d'habitude quatre semaines, mais nous, nous optons pour six. Ce procédé de séchage est extrêmement coûteux, pour les vendeurs comme pour les acheteurs, car il engendre beaucoup de pertes : au cours du vieillissement, la viande présente des signes de pourriture, ce qui donne à la chair et au gras un agréable goût de foie gras au fromage bleu. Il faut alors jeter toutes les parties atteintes. Cumbrae's prépare nos biftecks en laissant un os de 20 cm. On l'admet, on fait de l'esbroufe : cet os est purement esthétique. Stephen pense que ces biftecks sont en fait le meilleur 5 à 10 % du bœuf que la ferme produit, raison pour laquelle il en planque pour lui-même.

Chaque vache de chez Cumbrae's coûte de 200 à 250 $ de plus que les autres bêtes d'élevage. Elles demandent plus de soin et mangent uniquement ce qui provient directement de la ferme. Pour toutes ces raisons (et parce qu'il vient avec de la moelle et généralement deux côtés), un bifteck de 1,2 kilo coûte 98 $. À propos de faire affaire avec les restaurateurs, Stephen dit : «C'est sûr que ça change de la vente au détail, mais c'est surtout parce que j'aime traiter avec des gens qui ont la même passion que moi. Je ne prétends pas perdre de l'argent, mais on n'en fait pas beaucoup. Finalement, Cumbrae's est sans cesse à la recherche du bœuf par excellence.» C'est la même chose pour nous. Acheter les biftecks de Stephen nous coûte cher. Mais c'est *la* chose à faire. On est à l'aise là-dedans. Le matin, au réveil, on préfère se sentir fiers que riches. Les fermiers ont le choix maintenant ; ils ne sont plus astreints à la culture de denrées comme dans les années 1980 ou 1990. La demande pour les produits fermiers est énorme. Le bœuf provenant de l'agriculture familiale est un bon compromis pour nous, entre Cargill et la viande biologique.

Voici les recettes qui mettent le bœuf à l'honneur chez Joe Beef. **—DM**

CONTRE-FILET DE BŒUF

Donne 1 portion

À nos débuts en restauration, le bœuf était un peu l'équivalent du thon aujourd'hui : c'était mal vu d'en acheter et d'en servir mais, depuis quelques années, le bœuf retrouve ses lettres de noblesse, surtout avec la mode des hamburgers qui sévit sur le continent. Nous avons déjà servi des surlonges de grandes entreprises, mais c'était comme tromper sa femme avec un travesti : en partie coupables, en partie dégoûtés, mais nous le faisions tout de même. Depuis que nous nous procurons des surlonges soigneusement choisies et vieillies, elles sont devenues l'une de nos coupes préférées. Le goût est savoureux, la taille est parfaite : c'est un véritable chef-d'œuvre.

Pour la surlonge, on privilégie la cuisson mi-saignante. Consultez le tableau des températures pour obtenir une cuisson parfaite (p. 242). Rappelez-vous que la viande séchée à sec a tendance à cuire beaucoup plus rapidement en raison de sa faible teneur en humidité. Lorsque l'on cuit un steak, il faut tenir compte davantage de son épaisseur plutôt que de son poids (nos steaks pèsent environ 21 à 22 oz ou 610 à 640 g chacun). Pour vérifier la cuisson, assurez-vous d'insérer le thermomètre à lecture instantanée au centre du steak. S'il le faut, vous pouvez même couper le steak en deux. Rappelez-vous cependant que si vous faites trop cuire la viande, il est impossible de revenir en arrière.

1 contre-filet d'une épaisseur
  de 1 ½ po (4 cm)
1 c. à thé de sel cachère
poivre (facultatif)
3 c. à soupe d'huile de canola
1 noix de beurre non salé
Épices à steak de Montréal (p. 250),
  facultatif

1. Sortir le steak du réfrigérateur et le laisser reposer 3 h à la température de la pièce. Il est essentiel que la viande soit presque à la température ambiante.

2. Pour la cuisson, faire chauffer une poêle épaisse en fonte à feu moyen-vif. La poêle doit être très chaude. Assaisonner généreusement le steak de sel et saupoudrer d'un peu de poivre.

3. Dans la poêle chaude, mettre l'huile et déposer soigneusement le steak. Cuire à feu moyen 5 min d'un côté et 3 min de l'autre pour une cuisson mi-saignante.

4. Transférer dans une assiette, ajouter le beurre et les épices et laisser reposer sur le comptoir 3 à 7 min avant de servir.

SUITE...

LES DIX VARIANTES DU CONTRE-FILET CHEZ JOE BEEF

MIRABEAU

Sur chaque steak, disposer huit filets d'anchois et huit demi-olives pour former un treillis. Ajouter de la *Sauce au vin rouge du Joe Beef* (p. 250), un brin de thym et une pincée de poivre de Cayenne.

RAIFORT

Déposer une cuillère à soupe comble de raifort frais râpé sur chaque steak.

CORNICHON ET ÉPICES À STEAK DE MONTRÉAL

Ajouter un cornichon à l'aneth tranché sur les épices à steak.

TOMATE ET LÉGUMES-FEUILLES

Saler et poivrer une épaisse tranche de tomate. Servir avec une poignée de légumes-feuilles flétris, un peu de beurre et la *Sauce au vin rouge du Joe Beef* (p. 250). (La plupart du temps, si vous commandez un steak chez nous, on vous servira ce classique.)

TRANCHE DE STILTON

Mettre un morceau de stilton de 2 ½ oz (75 g) sur le steak et napper de *Sauce au vin rouge du Joe Beef* (p. 250).

VERT-PRÉ

Servir avec une salade de cresson, des pommes de terre allumettes et une noix de beurre maître d'hôtel.

TABLEAU DES TEMPÉRATURES POUR LA CUISSON DU BŒUF

Il s'agit de la température prise avant de laisser reposer la viande pendant 3 à 8 min. (La température grimpera un peu pendant la période de repos.) Les plus grosses pièces de viande peuvent reposer plus longtemps que les petites.

Degré de cuisson	°F	°C
Saignant	105°	40°
Mi-saignant	115°	45°
À point	125°	50°
À point-bien cuit	130°	55°
Bien cuit	140°	60°

Pour préparer le beurre, mettre dans une petite casserole ⅓ tasse (80 ml) de vin blanc sec et ⅓ tasse (40 g) d'échalotes hachées. Cuire à feu moyen 6 à 8 min, jusqu'à ce que le liquide se soit évaporé : les échalotes de doivent pas être colorées. Retirer du feu et laisser refroidir. À l'aide d'une spatule en caoutchouc, mélanger 8 oz (225 g) de beurre non salé (à la température de la pièce), 3 c. à soupe de moutarde de Dijon, les échalotes, une poignée de persil frais haché et un peu de sel et de poivre. Déposer le mélange sur une pellicule plastique et façonner un cylindre dont le diamètre équivaut à celui d'une pièce d'un dollar. Réfrigérer jusqu'à ce que le beurre soit ferme.

STEAK AU POIVRE

Utiliser la sauce du *Steak de canard au poivre* (p. 61) et, avant de saisir la viande, parsemer un côté (celui vers le haut) de poivre concassé.

LA *MAIN*

Au restaurant de la *Main*, sur le boulevard Saint-Laurent, en face du Schwartz, on vous sert un steak avec du foie et des saucisses en accompagnement. Si vous êtes gentil, vous aurez droit à une tranche de *smoked meat* par-dessus.

CHINATOWN

Préparer la sauce des *Huîtres n° 37* (p. 123) et la verser sur le steak. Ou encore, servir le steak avec une huître nappée de cette sauce et du brocoli chinois.

VINAIGRETTE *ZESTY* ITALIENNE

Arroser le steak de la vinaigrette du *Tartare de bœuf* zesty *italienne* (p. 245).

CÔTE DE BŒUF POUR DEUX

Donne 3 ou 2 portions (ou parfois, seulement 1!)

1 côte de bœuf de 2 ½ lb (1,2 kg), d'une épaisseur de 2 ½ po (6 cm)

1 c. à soupe de sel

poivre (facultatif)

3 c. à soupe d'huile de canola

3 c. à soupe de beurre non salé

Épices à steak de Montréal (p. 250), facultatif

Sauce au vin rouge du Joe Beef (p. 250)

os à moelle rôtis, cuits selon la recette d'*Os à moelle cultivateur* (p. 23), sans la soupe

Bonnes frites (p. 154)

Salade du parc Vinet (p. 190)

1. Sortir la viande du réfrigérateur et la laisser reposer sur une planche à découper ou une assiette propre pendant 3 ½ h avant la cuisson.

2. Pour la cuisson, allumer le four à 375 °F (190 °C). Assaisonner la viande de sel et saupoudrer d'un peu de poivre. Ne pas oublier qu'il faut saler une viande d'une épaisseur de plus de 2 po (5 cm).

3. Dans un grand plat épais allant au four, faire chauffer l'huile à feu moyen. Saisir la viande, 12 min d'un côté et 8 min de l'autre.

4. Retirer le gras du plat, ajouter le beurre et les épices à steak, puis mettre le plat au four 8 min.

5. Retirer le plat du four, mettre la viande dans une assiette et laisser reposer 8 min pour une cuisson mi-saignante. Servir dans une assiette chaude avec la sauce, les os à moelle et les frites ou avec une salade.

C'est grâce à Riad Nasr et à Lee Hanson, du Balthazar, que le plat pour deux est revenu à la mode dans les restaurants. Le cuisinier passionné de même que le gastronome y trouvent leur compte, car l'idée exige une approche à la fois plus volontaire et plus décontractée. Nicolas Jongleux préparait à l'époque une pintade au jus truffé pour deux, la poitrine avec l'os, servie dans des assiettes en porcelaine et accompagnée de légumes dans une cocotte en argent. Il servait ensuite les cuisses avec des gnocchis à la courge et à la mimolette. C'était un plat magnifique qui, servi dans de la vaisselle ancienne, atteignait la perfection. Alain Ducasse a déjà fait remarquer que, quand on sort au cinéma avec quelqu'un, on ne va pas voir des films différents; il faudrait donc appliquer ce principe au restaurant et choisir le même plat que *la* personne qui nous accompagne : le repas sera alors divin.

Pourquoi encore et toujours la côte de bœuf? Parce qu'il s'agit de la côte de bœuf du Joe Beef! La côte de bœuf est une coupe noble, mais lorsqu'elle provient de la boucherie Cumbrae's, elle devient royale. Ce plat consiste en 2 ½ lb (1,2 kg) de viande de bouvillon naturelle, vieillie et soigneusement préparée. Selon nous, la côte de bœuf doit être coupée à la main, en laissant l'os intact. (L'une des principales différences entre la boucherie européenne et américaine est l'utilisation de la scie de boucher. En Amérique du Nord, les bouchers utilisent la scie alors qu'en Europe, ils se servent d'un couteau, en séparant tous les muscles.)

Au Joe Beef, la côte de bœuf est servie avec une multitude d'accompagnements : salade verte, frites, raifort, sauce au vin rouge et os à moelle. Ceci, et considérant l'excellente qualité de la viande, vous comprendrez pourquoi une baisse de prix est impensable.

TARTARE DE BŒUF *ZESTY* ITALIENNE

Donne 4 portions

Le menu du Joe Beef propose divers tartares, offrant parfois la recette classique française, d'autres fois celle avec une vinaigrette italienne piquante. Voici le tartare que nous préparons le plus souvent. Il remplace agréablement le *carpaccio* et c'est un délicieux plat estival.

VINAIGRETTE

1 olive verte farcie au poivron, hachée

1 ½ c. à thé de persil plat, haché

1 ½ c. à thé de basilic frais, haché

½ c. à thé d'ail, haché finement

½ c. à thé d'oignon rouge,
    haché finement

2 filets d'anchois

1 c. à soupe de parmesan, râpé

2 c. à soupe de vinaigre de vin rouge

3 c. à soupe d'huile de canola

3 c. à soupe d'huile d'olive

1 c. à thé de cassonade

1 c. à thé de moutarde de Dijon

1 c. à thé d'eau

1 lb (455 g) de haut de surlonge

sel et poivre

4 tranches de pain campagnard,
    badigeonnées d'huile d'olive

1 ou 2 gousses d'ail (facultatif)

4 filets d'anchois (facultatif)

Crudités sures (p. 177)

1 c. à soupe de feuilles de persil plat,
    pour garnir

minces copeaux de parmesan,
    pour garnir

1. Pour préparer la vinaigrette, mettre dans un grand pichet à mesurer l'olive, le persil, le basilic, l'ail, l'oignon, les filets d'anchois, le parmesan, le vinaigre, les huiles, la cassonade, la moutarde et l'eau. Émulsionner avec un mélangeur à main et réserver.

2. Pour préparer la viande, couper la surlonge en cubes de ½ po (12 mm), en retirant les membranes et le cartilage. À l'aide d'un petit mélangeur ou d'un robot, hacher la viande pour obtenir la consistance d'un tartare. Mettre la viande hachée dans un bol et assaisonner de sel et de poivre. Ajouter la vinaigrette et bien mélanger. Il est préférable de verser seulement la moitié de la vinaigrette et d'en ajouter au goût.

3. Griller les tranches de pain badigeonnées d'huile. Si désiré, on peut les frotter avec la gousse d'ail et déposer un filet d'anchois sur chacune.

4. Mettre le tartare dans une assiette, accompagné d'une tranche de pain grillé et de crudités marinées. Garnir le tartare de persil et de copeaux de parmesan. Servir immédiatement.

DAUBE DE JOUES DE BŒUF CHAUDE

Donne 4 portions

Chaud, ce plat est un ragoût de bœuf; froid, c'est un ragoût de bœuf
en gelée.

4 joues de bœuf assez grosses,
environ 10 oz (280 g) chacune,
parées

sel et poivre

2 c. à soupe d'huile de canola

½ tasse (100 g) de lardons d'hiver (voir
la *Théorie n° 3*, p. 166)

½ tasse (70 g) d'oignon,
haché finement

2 filets d'anchois

1 tomate, coupée en deux, épépinée,
puis coupée en gros morceaux

les feuilles de 4 brins de thym

2 gousses d'ail

le zeste d'une demi-orange,
en un morceau

1 feuille de laurier

1 pincée de poivre de Cayenne

2 tasses (500 ml) de vin blanc sec

½ tasse (125 ml) d'eau (plus ou moins)

¼ tasse (40 g) d'olives noires
(dénoyautées ou non)

¼ tasse (60 g) d'olives vertes
(dénoyautées ou non)

Purée de pommes de terre (p. 180)

1. Préchauffer le four à 375 °F
(190 °C). Éponger les joues et
assaisonner de sel et de poivre.

2. Dans une cocotte ou un plat de
3 litres allant au four, chauffer
l'huile à feu vif. Lorsque celle-ci est
chaude, ajouter les joues et saisir
des deux côtés jusqu'à ce qu'elles
soient colorées comme un bon steak
(environ 4 à 5 min par côté).

3. Retirer les joues et réserver.
Mettre les lardons dans la cocotte
et cuire 4 à 5 min, jusqu'à ce qu'ils
soient croustillants. Ajouter l'oignon,
les anchois, les morceaux de tomate,
le thym, l'ail, le zeste d'orange, la

feuille de laurier et le poivre
de Cayenne. Faire suer 3 min.

4. Remettre le bœuf dans la cocotte et
ajouter le vin, sans couvrir la viande;
ajouter ensuite de l'eau jusqu'à ce que
le bœuf soit à peine couvert. Porter
lentement à ébullition, couvrir et
mettre au four. Cuire 2 ½ h, jusqu'à
ce que les joues soient fermes au
toucher.

5. Ajouter les olives, couvrir
de nouveau et cuire 30 min de
plus. Retirer du four et rectifier
l'assaisonnement. Servir la daube
chaude avec les pommes de terre.

DAUBE DE JOUES
DE BŒUF EN GELÉE

Cette recette est identique à la
précédente, sauf que pour celle-ci, il
faut ajouter de la gélatine et omettre
les olives. En passant, c'est un plat
froid.

Cuire la daube comme indiqué
précédemment, en omettant les
olives. Lorsqu'elle est prête, retirer
et jeter la feuille de laurier, écraser
l'ail cuit et rectifier l'assaisonnement.
Ajouter plus de sel qu'à l'habitude :
quand le bœuf est froid, le goût du
sel est atténué. Retirer les joues et
réserver.

Pendant ce temps, faire tremper
12 feuilles de gélatine dans un bol
d'eau fraîche 5 à 10 min, jusqu'à ce
qu'elles gonflent. Essorer doucement

les feuilles de gélatine et les ajouter
au jus de la daube. Le liquide
devrait être suffisamment chaud
pour les dissoudre. Déchiqueter
grossièrement les joues avec une
fourchette et les incorporer au jus.
Tapisser une terrine moyenne de
pellicule plastique en laissant celle-ci
dépasser. Y déposer les joues, puis
le jus. Remplir les trous en ajoutant
du jus chaud, couvrir les joues avec
l'excédent de pellicule plastique et
réfrigérer au moins 8 h ou jusqu'au
lendemain.

Pour servir, retirer le bœuf en gelée
du moule en tirant doucement sur
la pellicule. Couper en tranches de
¾ po (2 cm). Servir avec des olives,
de l'huile d'olive, du poivre noir et du
pain paysan. Le bœuf se conserve
jusqu'à 1 semaine. Pour varier le
menu, on peut faire fondre le bœuf
doucement dans une poêle et y
ajouter des rigatonis. C'est délicieux.

DEVILED KIDNEYS ON TOAST (ROGNONS ET ONGLET À LA DIABLE SUR PAIN GRILLÉ)

Donne jusqu'à 4 portions

Voici ce que nous imaginons être le petit-déjeuner typique que mangeaient les vieux Écossais du célèbre quartier Golden Square Mile de Montréal au tournant du siècle dernier : du steak, des rognons, du hareng fumé et salé et quelques œufs. Après une soirée bien arrosée, voilà ce qu'il vous faut pour vous remettre d'aplomb. C'est délicieux avec une petite salade de cresson.

SAUCE DIABLE

1 c. à soupe de vinaigre de vin rouge

¼ tasse (60 ml) de *Bouillon de jarret de bœuf* (p. 249)

¼ tasse (30 g) d'échalotes, coupées en dés

¼ tasse (60 ml) de sauce Worcestershire

2 pincées de poivre de Cayenne

2 c. à soupe de ketchup

4 gros champignons blancs, hachés finement

4 c. à thé de persil plat, haché

2 c. à thé de moutarde sèche de marque Colman

¼ tasse (60 ml) d'eau

sel et poivre

ROGNONS ET ONGLET (PAR PERSONNE)

2 oz (55 g) de rognons de veau, coupés en dés de la taille d'une demi-guimauve

2 oz (55 g) d'onglet de bœuf, coupé en dés comme décrit ci-dessus

2 gros champignons blancs, coupés en dés comme décrit ci-dessus

sel et poivre

1 c. à thé d'huile d'olive

1 noix de beurre non salé

1 tranche de pain campagnard grillé, par personne

1 œuf poêlé, tourné, par personne

1. Pour préparer la sauce diable, mélanger tous les ingrédients dans une casserole. Porter lentement à ébullition et laisser mijoter 5 min, en rectifiant l'assaisonnement au goût.

2. Assaisonner les rognons, l'onglet et les champignons de sel et de poivre. Dans une poêle, chauffer à feu vif l'huile et le beurre. Mettre les rognons, l'onglet et les champignons dans la poêle et faire sauter 4 min. Ajouter la sauce diable au goût.

3. Déposer une tranche de pain grillé chaude dans chaque assiette, verser le sauté par-dessus, puis garnir avec l'œuf poêlé. Servir immédiatement.

FILET DE BŒUF : LES ABATS DE LA POSTMODERNITÉ !

Donne 2 portions

Si vous êtes du genre à consommer des abats, vous allez sans doute vous gausser du filet de bœuf et opter pour la queue de bœuf ou le pis. Dans une hypothétique nation foodiste dystopique, les animaux seront élevés sans cruauté pour produire davantage de rates, de foies et d'intestins que de longes et de jarrets. Sans blague. Il y a quelques années, le bacon était plus en demande que l'épaule de porc – une idée assez troublante. C'est un paradoxe répandu et plutôt drôle : les riches se délectent de nourriture jadis destinée aux pauvres. Pensez-y : le risotto, la polenta, les abats et les œufs sont omniprésents. Encore une fois, nous ne sommes nullement à l'abri des critiques. En réalité, c'est ce qui nous empêche de dormir la nuit. La queue de filet est le petit bout du filet prélevé à l'intérieur des côtes, dans le muscle appelé le grand psoas ; celui-ci permet apparemment aux quadrupèdes de s'accoupler efficacement. Nous ajoutons du filet mignon à l'ardoise, nous nous en lassons rapidement, mais nous le proposons de nouveau une semaine plus tard. Un filet coupé en gros morceaux, ficelé puis rôti est délicieux. Le bœuf Stroganoff, un de mes plats préférés, est meilleur s'il est préparé avec le filet (j'ai décidé d'omettre cette recette pour ne pas être ostracisé par la bande des chefs branchés). J'adore aussi le bœuf cru du River Café, également à base de filet.

1 filet de bœuf de 1 lb (455 g), d'une épaisseur d'environ 2 ½ po (6 cm), non paré, ficelé

3 c. à soupe d'huile de canola

1 c. à thé de sel cachère

poivre (facultatif)

1 c. à soupe de beurre non salé

2 os à moelle, coupés transversalement, d'environ 2 po (5 cm), préparés selon la recette d'*Os à moelle cultivateur* (p. 23), sans la soupe (facultatif)

Sauce à steak Grand Monsieur (p. 251)

Bonnes frites (p. 154)

1. Sortir le filet du réfrigérateur et le laisser reposer à la température de la pièce au moins 3 h.

2. Dans une poêle en fonte, faire chauffer l'huile à feu moyen. Saler et poivrer le filet généreusement de sel et de poivre. Lorsque l'huile est chaude, déposer le filet dans la poêle. (Attention aux éclaboussures : déposer toujours la viande le plus loin possible de vos parties intimes). Réduire à feu moyen-doux pour faire grésiller la viande légèrement. Pour une cuisson mi-saignante, cuire tous les côtés 4 min chacun.

3. Transférer le filet dans une assiette, garnir de beurre et laisser reposer 4 min avant de servir. Servir avec les os à moelle, la sauce et quelques frites.

BOUILLON DE JARRET DE BŒUF

Donne 4 tasses (1 litre)

Pour entretenir le bonheur conjugal, il faut s'abstenir de préparer un bouillon traditionnel à la maison. Cuisiner plutôt celui-ci. C'est une merveille : on met tous les ingrédients dans un plat Le Creuset, puis on envoie celui-ci au four. Vous en aurez assez pour préparer plusieurs recettes, et vous pourrez aussi manger la viande avec des cornichons et de la moutarde pour une collation typiquement française. Si vous avez plus de viande, ajoutez-en. Cette recette est davantage une façon de faire qu'une méthode précise. Un conseil : quand vous préparez un bouillon, la viande doit être appétissante à toutes les étapes : utilisez seulement de la viande fraîche ou des coupes maigres. Le but est d'obtenir un goût de moelle et une texture gélatineuse.

2 ½ à 3 lb (1,2 à 1,4 kg) de jarret de bœuf, scié sur le sens de la largeur par le boucher, en morceaux de 1 po (2,5 cm)

sel et poivre

¼ tasse (60 ml) d'huile de canola

3 branches de céleri, hachées grossièrement

3 grosses carottes, hachées grossièrement

2 oignons, hachés grossièrement

1 tomate, coupée en deux et épépinée

2 gousses d'ail

2 brins de persil plat

2 brins de thym

8 tasses (2 litres) d'eau

2 tasses (500 ml) de vin de table rouge sec

1 c. à soupe de farine tout usage

1. Préchauffer le four à 325 °F (165 °C). Assaisonner la viande comme on le ferait pour un steak.

2. Chauffer à feu vif un grand plat allant au four. Ajouter de l'huile à une hauteur de ¼ po (6 mm). Lorsque l'huile fume, saisir la viande 3 à 4 min par côté. Pour éviter les éclaboussures, utiliser une longue pince et tourner la viande vers l'arrière. (Même s'il s'agit de viande à bouillon, elle mérite autant d'amour et d'attention que n'importe quelle autre viande : elle doit avoir un goût délicieux et un arôme appétissant.)

3. Transférer la viande dans une assiette et retirer presque toute l'huile du plat. Réduire à feu moyen et ajouter le céleri, les carottes, les oignons, la tomate, l'ail, le persil et le thym dans le plat. Cuire 4 à 5 min, jusqu'à ce que les légumes soient colorés.

4. Verser l'eau et le vin dans le plat. Saupoudrer uniformément de farine les morceaux de jarret et les ajouter au plat. Porter à ébullition, couvrir et mettre au four 3 ½ à 4 h. Au bout de 3 h, vérifier la cuisson. Le bouillon est prêt lorsque la viande est très tendre.

5. Sortir le plat du four. Retirer les gros morceaux, puis filtrer le bouillon dans un tamis fin au-dessus d'un récipient. Laisser refroidir, couvrir et réfrigérer. Le bouillon se conserve jusqu'à 1 semaine au réfrigérateur ou 1 mois au congélateur. Avant l'utilisation, retirer le gras qui a durci sur le dessus.

ÉPICES À STEAK DE MONTRÉAL

Donne 2 à 3 tasses (200 à 300 g), environ 60 portions

Certains restaurants montréalais comme Gibbys et Moishes vendent leur mélange à épices depuis des décennies. Voici notre variante de la recette d'épices à steak de Montréal. Cet assaisonnement aux multiples usages peut être saupoudré sur du bœuf, du porc et du poisson cuisinés de façon typiquement montréalaise.

1 oignon, coupé en dés fins
10 gousses d'ail, coupées en dés fins
3 petits piments rouges séchés (tels que les piments oiseaux), émincés
½ tasse (115 g) de sel cachère
¼ tasse (50 g) de cassonade, tassée
les feuilles d'une botte de romarin
½ tasse (45 g) de graines de coriandre, concassées
6 c. à soupe (40 g) de grains de poivre, concassés
1 c. à soupe de graines d'aneth
1 c. à soupe de paprika

1. Préchauffer le four à 225 °F (110 °C). Dans un bol, mélanger l'oignon, l'ail, les piments, le sel, la cassonade et le romarin. Étendre le mélange sur une plaque à pâtisserie avec rebords et cuire 2 à 3 h, jusqu'à ce que les oignons soient secs. Surveiller le four pour s'assurer que les morceaux d'oignon ne brûlent pas et baisser la température au besoin.

2. Lorsque le mélange est bien sec, retirer du four et laisser refroidir, puis utiliser un robot pour casser les grumeaux, en le faisant fonctionner deux ou trois fois.

3. Remettre le mélange dans un bol, ajouter les graines de coriandre, le poivre, les graines d'aneth et le paprika. Bien mélanger. Transférer dans un contenant hermétique et conserver au réfrigérateur jusqu'à 1 mois. Autrement, mettre le mélange dans un sac en plastique refermable et garder au congélateur jusqu'à 6 mois.

SAUCE AU VIN ROUGE DU JOE BEEF

Donne 2 tasses (500 ml)

Notre sauce au vin rouge est une sauce fondamentale, qui peut accompagner n'importe quel plat protéiné. Lorsque vous assaisonnez une sauce, rappelez-vous qu'il ne s'agit pas d'une soupe et que vous pouvez la saler généreusement.

½ tasse (55 g) d'échalotes, en tranches
1 petite betterave rouge, pelée, en tranches épaisses
2 tasses (500 ml) de vin de table rouge sec
2 c. à soupe de vinaigre balsamique bon marché
1 feuille de laurier
2 tasses (500 ml) de *Bouillon de jarret de bœuf* (p. 249)
3 c. à soupe de beurre non salé
sel
1 c. à thé de poivre

1. Dans une petite casserole, mélanger les échalotes, la betterave, le vin, le vinaigre et la feuille de laurier. Porter à ébullition à feu vif et faire réduire de moitié. Ajouter le bouillon et laisser bouillir jusqu'à ce que le liquide ait réduit de moitié.

2. Incorporer le beurre en fouettant et assaisonner généreusement de sel et de poivre. Servir immédiatement. Autrement, laisser refroidir, transférer dans un contenant hermétique et réfrigérer jusqu'à 1 semaine ou congeler jusqu'à 1 mois.

SAUCE À L'OIGNON

Donne environ 1 ½ tasse (375 ml)

Voici une de nos recettes de base dont le goût
rappelle la soupe à l'oignon. Délicieuse sur du foie,
du veau, du bœuf ou même des escalopes panées,
elle évoque un hiver à Paris.

2 tasses (200 g) d'oignons, tranchés finement
¼ tasse (55 g) de beurre non salé
1 ½ tasse (375 ml) de *Bouillon de jarret de bœuf* (p. 249)
2 c. à soupe de xérès sec (facultatif)
1 à 2 c. à soupe de vinaigre de xérès
les feuilles de 4 brins de thym
1 feuille de laurier
sel et poivre

1. Dans une casserole épaisse, faire suer les oignons dans
2 c. à soupe de beurre à feu moyen, jusqu'à ce que leur
volume ait réduit du tiers et qu'ils soient colorés. Il faut
compter environ 15 min. Ajouter le bouillon, le xérès, le
vinaigre, le thym et la feuille de laurier. Assaisonner de
sel et de poivre. Laisser mijoter 20 min pour marier les
saveurs.

2. Incorporer le beurre restant et rectifier l'assaisonnement
(y compris en vinaigre). Utiliser immédiatement ou
conserver au réfrigérateur jusqu'à 5 jours.

SAUCE À STEAK GRAND MONSIEUR

Donne environ 1 ½ tasse (375 ml)

Nous défendons ardemment la généralisation
suivante : un parfait gentleman mange son bœuf
avec une sauce à steak brune, épaisse et piquante.
Même si nous aimons le ketchup Heinz et pensons
qu'il mérite d'être respecté, nous n'utilisons pas de
sauce à steak du commerce. Voici une solution de
rechange facile et goûteuse, délicieuse avec le *Filet
de bœuf* (p. 248).

1 tasse (170 g) de pruneaux, dénoyautés, trempés
      1 h dans de l'eau chaude
1 tasse (250 ml) de ketchup
1 tasse (250 ml) de vinaigre de cidre
¼ tasse (60 ml) d'eau
¼ tasse (60 ml) de sauce Worcestershire
½ tasse (65 g) de cassonade, tassée
2 c. à soupe de mélasse
4 oignons verts, hachés grossièrement
2 filets d'anchois
3 clous de girofle entiers
1 gousse d'ail
1 c. à soupe de moutarde sèche de marque Colman
1 c. à soupe de piment de la Jamaïque moulu
1 c. à soupe de poivre noir
1 pincée de poivre de Cayenne

1. Dans une petite casserole épaisse, mélanger tous les
ingrédients. Porter lentement à ébullition et laisser
mijoter 30 à 45 min, en remuant à l'occasion avec une
cuillère en bois. Ajouter de l'eau si le liquide a trop réduit.
Le mélange devrait ressembler à du ketchup avec des
morceaux.

2. Retirer du feu et mélanger soigneusement avec
un mélangeur à main ou dans un robot.

3. Laisser refroidir, transférer dans un contenant
hermétique et réfrigérer. La sauce se conserve
jusqu'à 1 mois.

Avant l'ouverture du Joe Beef, David affirmait que le menu idéal devait, dans l'absolu, comporter dix plats de résistance, dix hors-d'œuvre et cinq desserts. Aujourd'hui, nous transgressons largement ces sacro-saints principes, sauf en ce qui concerne les desserts. Honnêtement, on offre une vingtaine de desserts par année (au grand max), et jamais plus de trois à la fois. Pourquoi ça? Eh bien, nos cuisines sont petites, alors quiconque travaille à la station froide doit, en prime, s'occuper des desserts. Cet espace limité nous impose même les types de desserts à préparer: il n'y a pas de place pour toute la machinerie nécessaire pour faire de bonnes pâtisseries. C'est bon pour vous: ça veut dire que tout ce qu'on a, vous l'avez aussi. Le gâteau marjolaine, la meringue et les éclairs demandent du temps, mais ne sont pas difficiles à réussir et ne requièrent pas d'outillage particulier.

CHAPITRE 9

LE CHARIOT À DESSERTS

Le jour de l'ouverture, on a pensé au dessert après-coup. À la dernière minute, on a fait une *panna cotta* aux raisins Concord. C'est un dessert traditionnel tout simple, et comme pour toutes les recettes de ce chapitre, on l'imagine facilement sur un imposant chariot à desserts comme ceux que l'on estimait jadis. Une des choses les plus étonnantes dans la gestion d'un restaurant de trente places assises, est qu'il n'est pas toujours nécessaire d'élaborer de savantes variantes de desserts: des fruits frais, parfaitement mûrs, un délicieux fromage des Îles de la Madeleine ou un grand bol en bois rempli de noix mélangées et de craquelins font toujours plaisir aux dîneurs les plus raffinés.

Voici donc quelques gourmandises que l'on peut aisément imaginer garnir un chariot royal. —**FM**

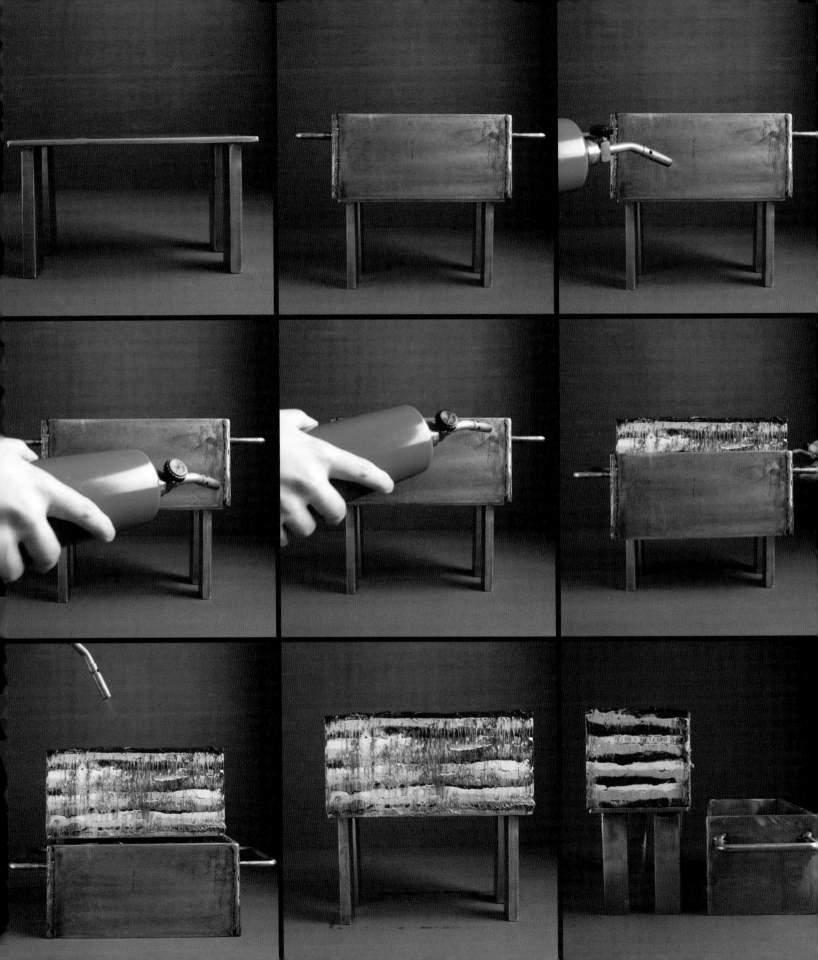

GÂTEAU MARJOLAINE

10 portions

C'est par notre très estimé ami, l'unique Brandon Vallejo, que Fred a d'abord entendu parler de ce gâteau. Ce gars avait une scène dans son salon… c'est tout dire. Un beau soir, après avoir rageusement arraché tout le câblage électrique de sa cuisinière, il a réalisé que le gaz n'était pas une option. Profondément excentrique, Brandon avait des idées hors du commun qui menaient (parfois) à de grandes réalisations.

Il a donc parlé à Fred du gâteau marjolaine qu'il avait confectionné à partir de marjolaine et de crème battue dans du beurre. C'est plutôt bizarre et un peu contraire aux techniques de Fernand Point, mais il y a quelque chose là-dedans qui tient du génie. Quelques années plus tard, Fred a mis la main sur un exemplaire de *Ma Gastronomie* – par Fernand Point justement. Selon lui, ce livre est de haut calibre, du genre Escoffier. Et non seulement y trouve-t-on la recette de son sublime gâteau marjolaine, mais y sont aussi relatées quelques anecdotes savoureuses, entre autres sur la consommation de champagne toute la journée et sur la façon de soûler le jeune apprenti de 14 ans du restaurant d'à côté (avec de la limonade au vermouth). Ce livre a donné à Fred l'envie de s'amuser au travail et de considérer ses collègues comme une bande de potes qui s'éclatent en cuisine. C'est sûr que, parfois, ça tient plutôt de la dictature et de la tyrannie, mais la plupart du temps, l'ambiance est passablement débonnaire et à la fête.

Jackie Turcotte, ancien garde-manger au Liverpool House, exprimait toujours clairement ses doutes au sujet des achats et des créations de Fred. Et le moule en inox aux parois de ¼ po (6 mm) d'épaisseur, que Wally a confectionné pour contenir le gâteau marjolaine, n'a pas fait exception (surtout après que l'on ait parlé à Jackie des nombreuses couches de gâteau aux amandes, de ganache et de crème au beurre qui y prendraient place). Mais le premier gâteau marjolaine réussi de Fred l'a convaincue. C'est un dessert sublime, qui contient non pas une, mais bien deux crèmes au beurre – fait inusité de nos jours.

Cette recette comporte trois parties : le gâteau, la ganache et les crèmes au beurre. Le moule en acier que nous utilisons ressemble à une miniature de Mies van der Rohe. Votre moule n'a pas besoin d'être aussi perfectionné que le nôtre, mais ses dimensions devront être semblables, au moins en ce qui concerne le volume : 23 x 10 x 7,5 cm. Un moule à ressort (dont les côtés sont amovibles et retenus par un fermoir) facilitera grandement la réalisation de ce dessert.

SUITE…

GÂTEAU MARJOLAINE (SUITE)

LE GÂTEAU

1 ½ tasse (200 g) de poudre de noisette, tassée

4 œufs

1 ⅔ tasse (180 g) plus 5 c. à soupe (40 g) de sucre en poudre

½ tasse (60 g) de farine tout usage, tamisée

5 blancs d'œufs

¼ c. à thé de sel

LA GANACHE

12 oz (350 g) de chocolat noir (65 % de cacao), haché finement

1 ¼ tasse plus 3 c. à soupe (350 ml) de crème à fouetter (35 % M.G.)

LES CRÈMES AU BEURRE À LA VANILLE ET AUX NOISETTES

4 blancs d'œufs

1 ¼ tasse (240 g) de sucre granulé

3 ½ c. à soupe d'eau

1 ½ tasse (340 g) de beurre non salé, coupé en cubes, à la température de la pièce

1 gousse de vanille

2 c. à soupe combles de Nutella

6 c. à soupe (90 ml) de rhum foncé

environ ¼ tasse (35 g) de noisettes, grillées et mondées

1. Préchauffer le four à 350 °F (180 °C). Tapisser de papier parchemin deux plaques à pâtisserie avec rebords.

2. Pour préparer le gâteau, étendre la poudre de noisette sur une autre plaque à pâtisserie avec rebords, mettre au four et cuire environ 5 min, jusqu'à ce qu'un arôme de noix grillées se dégage. Retirer du four et verser dans un bol pour laisser refroidir.

3. À l'aide d'un batteur sur socle muni d'un fouet (ou à la main, avec vigueur), fouetter les œufs et 1 tasse (180 g) du sucre en poudre jusqu'à ce que le mélange soit blanc et crémeux. À l'aide d'une spatule en caoutchouc, incorporer la farine à la poudre de noisette jusqu'à l'obtention d'un mélange homogène. Verser dans un grand bol et rincer le fouet et le bol du batteur.

4. Remettre le fouet en place, et mettre les blancs d'œufs, le sucre en poudre restant et le sel dans le bol. Battre jusqu'à la formation de « pics » durs. Incorporer délicatement les blancs battus au mélange d'œufs jusqu'à ce que celui-ci soit homogène.

5. Répartir le mélange également entre les plaques à pâtisserie préparées, en lissant avec une spatule (de préférence une spatule à angle) pour égaliser. Cuire au four 11 min, jusqu'à ce que le gâteau soit légèrement doré et qu'il ait pris. Laisser refroidir sur les grilles environ 10 min, puis retirer le papier parchemin en le soulevant et en le décollant délicatement du gâteau. Laisser refroidir complètement.

6. Pour préparer la ganache, mettre le chocolat dans un bol. Dans une petite casserole, porter la crème à ébullition et verser sur le chocolat. Laisser reposer 3 min, puis fouetter jusqu'à l'obtention d'une consistance lisse. Laisser la ganache reposer 30 min à la température de la pièce pour qu'elle se raffermisse un peu.

7. Pour préparer les crèmes au beurre, rincer le fouet et le bol du batteur, puis mettre les blancs d'œufs dans le bol. Dans une casserole, mettre le sucre et l'eau, et chauffer à feu moyen pour dissoudre le sucre. Fixer un thermomètre à bonbon sur les parois de la casserole. Lorsque la température atteint 226 °F (108 °C), battre les blancs d'œufs. Lorsque la température atteint 239 °F (115 °C), retirer du feu et incorporer les blancs d'œufs en fouettant sans cesse. Continuer de fouetter jusqu'à ce que le mélange soit à la température de la pièce.

8. Ajouter le beurre, quelques morceaux à la fois, au mélange d'œufs refroidi, et fouetter pour l'incorporer. Verser la moitié du mélange dans un autre bol. Couper la gousse de vanille sur le sens de la longueur, retirer les graines avec le bout d'un couteau aiguisé, les mettre dans un des bols et bien mélanger. Ajouter le Nutella dans le second bol et bien mélanger. Si une pellicule luisante se forme pendant la préparation des crèmes au beurre, ajouter rapidement quelques gouttes d'eau froide et continuer de remuer. Les crèmes au beurre sont plus faciles à manipuler quand elles sont utilisées immédiatement.

9. Si un moule en métal aux dimensions décrites précédemment n'est pas disponible, utiliser 2 cartons de lait de 1 demi-gallon (2 litres), dont le dessus et un côté long auront été préalablement découpés. Faire glisser les cartons l'un dans l'autre pour obtenir le format désiré. Fixer le fond du moule avec du ruban gommé pour le faire tenir et tapisser l'intérieur de papier parchemin.

10. Couper le gâteau en tranches : celles-ci doivent être aussi longues que le moule, mais ¼ po (6 mm) moins larges. Mettre une tranche

de gâteau dans le fond du moule, le côté brun luisant vers le haut, et badigeonner d'un peu de rhum. Étendre une couche de crème au beurre au Nutella légèrement plus épaisse que le morceau de gâteau. Déposer une deuxième tranche de gâteau sur la crème au beurre, le côté brun luisant vers le haut, et badigeonner de rhum. Ajouter une couche de ganache légèrement plus épaisse que le morceau de gâteau. Déposer une troisième tranche de gâteau sur la ganache, le côté brun luisant vers le haut, et badigeonner de rhum. Ajouter une couche de crème au beurre à la vanille légèrement plus épaisse que le morceau de gâteau. Répéter les couches et terminer avec une tranche de gâteau garnie de ganache. Ajouter ensuite les noisettes.

11. Laisser le gâteau reposer au réfrigérateur jusqu'au lendemain, puis le démouler. Il se peut que le gâteau s'affaisse un peu ou qu'il absorbe la ganache, mais il sera tout aussi délicieux. Pour servir, découper en tranches à l'aide d'un couteau mouillé chaud.

PAINS AUX BANANES ET À LA CARDAMOME DE CHEZ O + G

Donne 10 pains somptueux (format muffin)

Nos bons amis Dyan Solomon et Éric Girard sont les propriétaires de Olive + Gourmando, le casse-croûte parfait, sur Saint-Paul O., dans le Vieux-Port de Montréal. Leur petit resto est en plein le genre de café qu'on espère retrouver au paradis. Ce sont deux fanatiques du détail, et leur commerce est sans conteste le meilleur endroit en ville pour *luncher*. Au départ, c'était une boulangerie avec seulement quelques chaises. Aujourd'hui, ils font encore du pain, mais celui-ci sert surtout à la confection de leurs délicieux sandwiches. Au comptoir, on trouve une multitude de brioches, de croissants, de *brownies* et de pâtisseries aux fruits, tous aussi délicieux les uns que les autres. Il y a dix ans, quand ils ont décidé d'ouvrir un commerce dans le Vieux-Port, nous pensions qu'ils étaient cinglés. C'était, à l'époque, une ville fantôme peuplée d'immeubles éventrés, de bars louches et de cultivateurs de marijuana. Il n'y avait pas de résidents, encore moins d'hôtels et de boutiques touristiques vendant des produits de l'érable et des chapeaux du style Daniel Boone, fabriqués avec de la peau de moufette plutôt que de raton-laveur.

Comme nous, Éric et Dyan ne se prennent pas trop au sérieux (Dyan vous racontera les mauvais tours qu'elle et Fred se jouaient quand ils travaillaient ensemble : la fois où elle est rentrée à 6 h du matin pour faire la morte au pied de l'escalier ; la fois où Fred a glissé un jarret d'agneau écorché dans sa chemise en racontant qu'il pensait s'être blessé à la main…). Ce sont des Montréalais pure laine, et ils ont eu la gentillesse de nous fournir l'une de leurs recettes les plus appréciées.

NOTE : TROIS CONSEILS AVANT DE DÉBUTER POUR RÉUSSIR LA RECETTE

1. L'utilisation de bananes non mûres est formellement interdite. En mûrissant, les bananes transforment rapidement leur amidon en sucre. Une banane tachetée de noir contient plus du double de fructose qu'une banane jaune. De plus, il faut éviter de trop les écraser pour ne pas les liquéfier. Autrement, la cuisson va prendre une éternité et les muffins seront trop croustillants.

2. La cardamome et la cannelle doivent être fraîchement moulues dans un moulin à épices : la différence au goût est phénoménale.

3. Comme pour la plupart des recettes de gâteaux et de biscuits, les œufs, le beurre, la crème sure et tout autre liquide doivent être à la même température pour assurer une meilleure émulsion.

½ tasse (115 g) de beurre non salé, à la température de la pièce, et un peu plus pour graisser les moules à muffins

½ tasse (environ 125 ml) de crème sure, à la température de la pièce

1 ½ c. à thé de bicarbonate de soude

4 bananes très mûres (presque noires)

1 tasse (200 g) de cassonade pâle, tassée

2 œufs, à la température de la pièce

1 c. à thé d'extrait de vanille

1 ⅓ tasse (170 g) de farine tout usage non blanchie

1 c. à thé de sel

1 ½ c. à thé de cardamome, fraîchement moulue

½ c. à thé de muscade, fraîchement râpée

½ c. à thé de cannelle, fraîchement moulue

1 poignée noix de Grenoble, concassées (facultatif)

1. Préchauffer le four à 350 °F (180 °C). Beurrer 10 moules à muffins individuels standard.

2. Dans un petit bol, mélanger la crème sure et le bicarbonate de soude, et réserver. Le mélange va gonfler.

3. Peler les bananes, les mettre dans un bol en verre, puis les chauffer au four à micro-ondes 5 min pour faire sortir leur liquide. Passer les bananes dans un tamis fin au-dessus d'un bol et égoutter en remuant délicatement. Il devrait y avoir ¼ à ½ tasse (30 à 60 ml) de liquide.

4. Verser le liquide dans une petite casserole et chauffer à feu moyen jusqu'à ce qu'il ait réduit de moitié. Remettre le liquide dans les bananes et écraser celles-ci délicatement avec les doigts. Ne pas les liquéfier ni les réduire en purée.

5. À l'aide d'un batteur sur socle ou d'un mélangeur à main, battre le beurre et la cassonade en crème environ 2 min, jusqu'à l'obtention d'une consistance lisse et aérée. Ajouter les œufs, un à la fois, en battant après chaque addition. Ajouter la vanille, bien mélanger, puis racler les parois du bol pour obtenir une consistance lisse. Ajouter la crème sure gonflée et bien mélanger. Répéter avec les bananes.

6. Dans un autre bol, mélanger la farine, le sel et les épices en fouettant. Incorporer délicatement ces ingrédients secs au mélange liquide. Ne pas trop remuer.

7. Verser le mélange dans les moules à muffins préparés en les remplissant aux deux tiers. Garnir généreusement chaque muffin de noix (non grillées, sinon elles brûleront pendant la cuisson). Cuire au four 30 à 40 min, jusqu'à ce qu'un cure-dent inséré au centre du muffin ressorte propre. Laisser refroidir sur une grille 30 min, puis démouler.

GÂTEAU AUX BANANES CHAUD AVEC GLAÇAGE AU CHOCOLAT ET CRÈME GLACÉE AU CAFÉ

Donne 1 gâteau Bundt de 10 po (25 cm)

Pour obtenir la consistance d'un pouding, remplacer la farine tout usage par de la farine à gâteaux.

Ajouter aux ingrédients secs de la recette précédente 1 tasse (170 g) de chocolat noir Valrhona finement haché (le Manjari est un bon choix pour les desserts aux fruits). Omettre les noix. Mettre le mélange dans un moule à cheminée de 10 po (25 cm) ou un moule amovible beurré de 11 à 12 po (28 à 30 cm). Cuire environ 50 min au four préchauffé à 350 °F (180 °C), jusqu'à ce qu'un cure-dent inséré au centre ressorte propre. Laisser refroidir sur une grille. Ce gâteau est meilleur en sortant du four. Servir 1 à 2 h après la cuisson.

Juste avant de servir le gâteau, préparer le glaçage au chocolat. Dans un bol, mettre 4 oz (115 g) de chocolat noir Valrhona (70 % de cacao) haché. Dans une petite casserole, porter à ébullition 1 tasse (250 ml) de crème à fouetter (35 % M.G.). Verser la crème sur le chocolat et laisser reposer quelques secondes, puis remuer avec une cuillère en bois jusqu'à ce que le chocolat soit complètement fondu. Ajouter immédiatement 6 c. à soupe (85 g) de beurre non salé, à la température de la pièce et en cubes, jusqu'à ce qu'il soit complètement fondu.

Recouvrir le gâteau du glaçage au chocolat chaud juste avant de servir. Garnir de pacanes grillées concassées. Servir avec de la *Crème glacée au Sanka* (p. 260).

CRÈME GLACÉE DE BASE

Donne 1 litre

Pour cette recette, on utilise du lait concentré Carnation afin d'obtenir un goût neutre qui rappelle le lait. Vous trouverez aussi des suggestions de parfums. Pour de meilleurs résultats, la sorbetière est incontournable.

1 ½ tasse (375 ml) de crème à fouetter (35 % M.G.)

¾ tasse (180 ml) de lait homogénéisé

½ tasse (125 ml) de lait concentré 2 % Carnation

¼ tasse (60 ml) de sirop de maïs léger

⅓ tasse (65 g) de sucre

½ tasse (110 g) de lait en poudre

3 jaunes d'œufs

1. Remplir un grand bol de glaçons et déposer un bol métallique un peu plus petit par-dessus. Ce bol permet de faire un transfert rapide et de tenir le mélange au frais.

2. Dans un autre bol, mettre la crème, le lait homogénéisé, le lait concentré, le sirop de maïs, le sucre, le lait en poudre et les jaunes d'œufs, et bien mélanger. (Si l'on prépare la crème glacée à l'Ovaltine ou au Sanka, c'est maintenant qu'il faut ajouter ces parfums.) Filtrer dans un tamis fin au-dessus d'une casserole épaisse.

3. Chauffer la casserole à feu moyen jusqu'à une température de 175 °F (79 °C), en remuant sans cesse avec une cuillère en bois. Le thermomètre est essentiel ici ; les œufs commencent à tourner à environ 183 °F (85 °C).

4. Verser immédiatement le mélange dans un tamis au-dessus du bol métallique placé au-dessus du bol de glaçons. (Si l'on prépare la crème glacée au café brûlot ou aux biscuits Goglu, c'est maintenant qu'il faut ajouter ces parfums.) Laisser refroidir 10 à 15 min en remuant sans cesse. Recouvrir d'une pellicule plastique et réfrigérer jusqu'au lendemain.

5. Le lendemain, turbiner le mélange dans la sorbetière selon les indications du fabricant. Transférer dans un récipient hermétique et congeler 3 à 4 h avant de servir.

PARFUMS

GLACE À L'OVALTINE
Ajouter 6 c. à soupe (28 g) d'Ovaltine avec le sucre.

GLACE AU CAFÉ BRÛLOT
Dans une petite casserole, réchauffer doucement ¼ tasse (60 ml) de brandy, puis faire flamber l'alcool. Lorsque les flammes s'éteignent, ajouter ¼ tasse (35 g) de grains de café noir, le zeste d'une orange (en un morceau), ¼ c. à thé de muscade fraîchement râpée, 2 clous de girofle entiers, 1 bâton de cannelle et 1 c. à thé de liqueur amère Angostura. Mélanger. Ajouter à la crème chaude du bol métallique et laisser infuser. Recouvrir et réfrigérer jusqu'au lendemain, puis filtrer et turbiner comme indiqué précédemment.

GLACE AU SANKA
Ajouter 2 c. à soupe de poudre de café en poudre Sanka avec le sucre. Servir la glace en la saupoudrant de poudre Sanka.

GLACE AUX BISCUITS GOGLU
Déposer 16 biscuits Goglu (arrow-root) dans la crème chaude et mélanger avec un mélangeur à main. Laisser refroidir, recouvrir et turbiner comme indiqué précédemment. Servir la glace en la saupoudrant de miettes de biscuits.

FINANCIERS

Donne 4 à 6 gâteaux ronds de 4 po (10 cm)

Le financier est un petit gâteau moelleux impossible à rater, qui résistera à tout ce que lui fera subir l'apprenti pâtissier. Il est simple à faire, ce qui nous convient au Joe Beef (notre local est petit et on n'a pas de chef pâtissier). Ça plaira aussi au cuisiner amateur. Gardez à l'esprit que la pâtisserie est une science; même si les mesures impériales sont données ici, nous vous recommandons de peser les ingrédients.

Nous utilisons de jolis moules à tartelettes en papier ciré. Si vous n'en trouvez pas, vous pouvez utiliser des moules à muffins, que vous remplirez à moitié. Servez les gâteaux avec de la crème glacée et un vin doux.

1 tasse (250 g) d'amandes en poudre

1 ⅔ tasse (175 g) de sucre en poudre

⅓ tasse (40 g) de farine tout usage (ou d'amidon de maïs pour une recette sans gluten)

1 c. à soupe de levure chimique

1 pincée de sel

4 œufs, blancs et jaunes séparés

¾ tasse (170 g) de beurre non salé, à la température de la pièce

1 c. à thé d'extrait d'amande (facultatif)

1. Préchauffer le four à 400 °F (200 °C).

2. Dans un bol, tamiser les amandes en poudre, le sucre en poudre, la farine, la levure chimique et le sel. Réserver. Dans un autre bol, à l'aide d'un fouet ou d'un mélangeur à main, battre les blancs d'œufs jusqu'à la formation de « pics » durs (ou utiliser un batteur sur socle muni d'un fouet). Réserver.

3. À l'aide d'un batteur sur socle muni d'un fouet à pales ou d'un mélangeur à main (ou, si vous avez une bonne endurance, d'une cuillère en bois), battre le beurre en crème. Ajouter les jaunes d'œufs, un à la fois, en fouettant après chaque addition. Incorporer l'extrait d'amande en battant. Puis, ajouter les ingrédients secs en fouettant, jusqu'à l'obtention d'un mélange homogène. Incorporer lentement, à basse vitesse, la moitié des blancs d'œufs. Puis, à l'aide d'une spatule en caoutchouc, incorporer délicatement les blancs d'œufs restants.

4. Verser le mélange dans les moules, à une hauteur de 1 à 1 ½ po (2,5 à 4 cm). Cuire au four 20 min, jusqu'à ce que le centre soit spongieux. Si un couteau est inséré, il doit ressortir graisseux. La meilleure façon de tester la cuisson est de presser le centre du gâteau avec le doigt. S'il ne s'écrase pas, il est prêt. Si des moules en papier sont utilisés, les laisser en place pour servir. Si des moules en métal sont utilisés, retirer les gâteaux des moules et les laisser refroidir sur une grille. Servir à la température de la pièce.

VARIANTES

NOISETTES

Remplacer les amandes en poudre par des noisettes en poudre. Il faut griller celles-ci avant l'utilisation : étendre les noisettes en poudre sur une plaque à pâtisserie avec rebords, puis cuire 5 min au four préchauffé à 350 °F (180 °C). Remuer à l'occasion avec une fourchette pour griller uniformément. Lorsque ça sent le chocolat belge, c'est prêt. Verser dans un bol et laisser refroidir complètement avant l'utilisation. Tamiser avec les autres ingrédients comme indiqué dans la recette. Avant la cuisson, enfoncer quelques moitiés d'abricot dans la pâte : c'est délicieux.

MUSCAT

Lorsque ces gros raisins italiens arrivent au marché dans leurs caissons en bois, c'est toujours un grand moment. Enfoncer les raisins dans la pâte avant la cuisson.

ORANGE

Faire mijoter de grosses tranches d'orange pendant 1 h dans un sirop simple (mélanger des parts égales de sucre et d'eau, et dissoudre le sucre dans l'eau). Ajouter ¼ tasse (60 ml) de whisky irlandais avec l'extrait d'amande, et enfoncer les tranches d'orange dans la pâte avant la cuisson.

ARACHIDES PRALINÉES

Avant d'ajouter les jaunes d'œufs, incorporer 2 c. à soupe de beurre d'arachide crémeux à la pâte. Enfoncer 15 arachides pralinées dans chaque gâteau avant la cuisson.

PISTACHES

Avant d'ajouter les jaunes d'œufs, incorporer 2 c. à soupe de pâte de pistache à la pâte. Parsemer les gâteaux de pistaches hachées avant la cuisson.

POMMES GOLDEN RUSSET OU GOLDEN DELICIOUS

Peler, couper en deux et évider les pommes. Mettre sur une petite plaque à pâtisserie, le côté coupé vers le haut. Déposer une noix de beurre non salé et 1 c. à thé de sucre sur chacune et cuire 15 min au four préchauffé à 400 °F (200 °C), jusqu'à ce qu'elles soient dorées et gonflées. Avant la cuisson, enfoncer doucement une moitié de pomme dans chaque gâteau, le côté rond vers le bas.

CONFETTIS DE NOIX À LA LIQUEUR ITALIENNE

À l'aide d'un rouleau à pâte, écraser une poignée de dragées colorées. Ajouter ¼ tasse (60 ml) de Strega, d'anisette ou d'alkermès (une liqueur typiquement toscane) avec l'extrait d'amande. Avant la cuisson, parsemer les gâteaux de dragées écrasées.

PANNA COTTA

Donne 6 portions

Voici le dessert que nous avons servi à l'ouverture du Joe Beef. Vous pouvez le présenter dans de petits moules en aluminium ou des tasses de thé.

4 feuilles de gélatine

1 ⅔ tasse (400 ml) de crème à fouetter (35 % M.G.)

6 c. à soupe (75 g) de sucre

1 c. à soupe de lait en poudre

¾ tasse (180 ml) de crème sure (non allégée)

1. Préparer six moules en aluminium ou tasses de thé de 8 oz (250 ml). Faire tremper les feuilles de gélatine dans un bol d'eau fraîche 5 à 10 min, jusqu'à ce qu'elles gonflent.

2. Pendant ce temps, verser la moitié de la crème à fouetter dans une petite casserole, ajouter le sucre et le lait en poudre, et porter lentement à ébullition. Essorer délicatement les feuilles de gélatine et les ajouter à la crème. Retirer du feu et laisser reposer à la température de la pièce 20 min pour dissoudre la gélatine. Incorporer la crème sure.

3. Fouetter la crème restante jusqu'à la formation de « pics » mous. Mélanger délicatement les deux crèmes.

4. Verser soigneusement le mélange dans les moules, puis couvrir et réfrigérer au moins 2 h ou jusqu'à une journée.

5. Si l'on désire démouler pour servir, tremper le fond de chaque moule dans l'eau tiède quelques secondes, puis renverser soigneusement.

VARIANTES

PANNA COTTA DANS UNE YAOURTIÈRE

Faire cuire 3 c. à soupe de tapioca moyen 6 min dans l'eau bouillante, puis égoutter. Préparer la recette en remplaçant la crème sure par du lait concentré Carnation. Incorporer le tapioca à la fin, juste avant de verser la crème dans les moules.

RHUM ET RAISINS SECS

Faire tremper 3 c. à soupe de raisins secs dorés environ 2 min dans l'eau bouillante, égoutter et mélanger avec ¼ tasse (60 ml) de rhum ; laisser tremper 1 ou 2 h, ou plus pour un goût plus alcoolisé. Ajouter le rhum et les raisins secs après la crème sure. Remplacer le sucre par du sirop de mélasse, si désiré.

RAISINS CONCORD

Dans une casserole, mettre 2 tasses (500 g) de raisins Concord, 1 tasse (200 g) de sucre et le jus d'un demi-citron, et cuire doucement 30 min, jusqu'à ce que les raisins soient ratatinés. Filtrer dans un tamis fin, réserver le sirop et jeter la pulpe. Pour servir, arroser chaque moule refroidi de 1 ou 2 c. à soupe de sirop. Nous ajoutons du streusel pour garnir.

Pour préparer le streusel, mélanger dans un bol 2 c. à soupe de farine tout usage, 2 c. à soupe d'amandes ou de noisettes en poudre, 2 c. à soupe de beurre non salé à la température de la pièce, ¼ tasse (50 g) de cassonade tassée, le zeste râpé d'un demi-citron et une pincée de sel de Maldon ou de fleur de sel. Étendre sur une plaque à pâtisserie avec rebords et cuire 7 à 9 min dans un four préchauffé à 425 °F (220 °C), jusqu'à ce que le mélange durcisse et dégage un arôme. Laisser refroidir avant l'utilisation.

RISOTTO ET PUNCH ABRUZZO

Dans une casserole, mettre 4 tasses (1 litre) d'eau, 2 c. à soupe de Punch Abruzzo, 1 c. à soupe de jus d'orange frais, 3 c. à soupe de riz italien pour risotto, tel que du riz arborio, et 1 c. à soupe de sucre. Porter à ébullition et laisser mijoter 25 min. Égoutter, laisser refroidir et incorporer le riz à la crème juste avant de verser celle-ci dans les moules.

THÉ DARJEELING ET PRUNEAUX

Dans une casserole, mettre 1 tasse (170 g) de pruneaux dénoyautés, 3 tasses (750 ml) d'eau, 1 tasse (200 g) de cassonade tassée, 2 sachets de thé Darjeeling, le jus d'un citron, 1 c. à thé de gingembre moulu et 1 bâton de cannelle. Porter à ébullition, en remuant pour dissoudre le sucre. Retirer du feu, transférer dans un bocal ou un contenant en plastique résistant à la chaleur et laisser tremper jusqu'au lendemain.

Pour préparer la *panna cotta*, ajouter 3 sachets de thé Darjeeling au mélange de crème chaude, après avoir retiré celle-ci du feu, mais avant d'y ajouter la crème sure. Laisser infuser environ 15 min. Retirer les sachets en les pressant pour faire sortir le liquide. Préparer la recette comme indiqué précédemment. Au moment de servir, verser quelques c. à thé du mélange de pruneaux sur chaque portion.

ÉCLAIRS

Donne 8 pâtisseries

Nous adorons les éclairs, même ceux qui ont ramolli et dont le glaçage est sec. Préparez d'abord la crème pâtissière et la pâte à choux (les éléments de base), puis essayez l'une de nos variantes pour la garniture et le glaçage. Si vous venez à bout des variantes, vous pourrez vous vanter d'avoir enrichi votre répertoire de desserts. Il est préférable de préparer d'abord la crème pâtissière, car elle prend 2 h à refroidir.

LA CRÈME PÂTISSIÈRE

6 c. à soupe (80 g) de sucre

pas tout à fait ¼ tasse (25 g) de farine tout usage

pas tout à fait ¼ tasse (25 g) d'amidon de maïs

2 tasses (500 ml) de lait

3 jaunes d'œufs

1 œuf

1 gousse de vanille

¼ tasse (55 g) de beurre non salé froid, coupé en dés

LA PÂTE À CHOUX

2 tasses (500 ml) d'eau

¾ tasse plus 2 c. à soupe (200 g) de beurre non salé, coupé en cubes de ½ po (12 mm)

1 pincée de sel

2 ⅓ tasses (300 g) de farine tout usage

7 ou 8 œufs

1 jaune d'œuf, battu avec ¼ tasse (60 ml) de lait, pour préparer la dorure

garniture et glaçage au choix (voir les recettes ci-après)

1. Pour préparer la crème pâtissière, tamiser le sucre, la farine et l'amidon de maïs dans un bol assez grand. Dans un autre bol, fouetter 6 c. à soupe (100 ml) de lait, les jaunes d'œufs et l'œuf, puis incorporer ce mélange aux ingrédients secs en mélangeant bien.

2. Fendre la gousse de vanille et, à l'aide du bout de la pointe d'un couteau, racler les graines dans une casserole avec le lait restant. Porter à ébullition et ajouter doucement le lait chaud au mélange d'œufs, en remuant sans cesse. Lorsque tout le lait a été ajouté, verser le mélange dans un tamis fin au-dessus d'une casserole à fond épais.

3. Chauffer la casserole à feu moyen et remuer en surveillant le mélange de près. Dès qu'il épaissit et que trois bulles se forment, réduire le feu et cuire 1 min. Retirer la casserole du feu et verser le mélange dans un bol propre. Laisser tiédir, puis incorporer le beurre en fouettant. Recouvrir d'une pellicule plastique, en appuyant celle-ci sur la surface de la crème. Réfrigérer au moins 2 h avant l'utilisation. La recette donne environ 2 tasses (500 ml).

4. Pour la pâte à choux, mettre dans une casserole l'eau, le beurre et le sel, couvrir et porter à ébullition à feu moyen. Dès que le beurre est fondu et que l'eau bout, ajouter la farine d'un seul coup. Retirer du feu et remuer vigoureusement avec une cuillère en bois pour obtenir un mélange homogène. Remettre la casserole sur le feu et continuer de remuer 3 à 4 min, jusqu'à ce que le mélange soit sec.

5. Transférer le mélange dans un batteur sur socle muni d'un fouet à pales. À vitesse moyenne, remuer environ 3 min, jusqu'à ce que le mélange soit à la température de la pièce. Casser les œufs dans un petit bol, un à la fois, et les ajouter ensuite au mélange, toujours un à la fois (comme ça, il n'y aura pas d'écailles dans la pâte). Après avoir ajouté le septième œuf, vérifier la consistance de la pâte à l'aide d'une cuillère en bois : si la pâte est trop raide, ajouter l'œuf restant. La pâte peut être réfrigérée pour être utilisée plus tard, mais elle sera alors très difficile à travailler ; il vaut mieux s'en servir immédiatement.

SUITE...

6. Verser le mélange dans une poche à douille munie d'une douille ronde (idéalement, le modèle Ateco n° 806, d'un diamètre d'environ ½ po ou 12 mm). Couvrir une plaque à pâtisserie avec rebords d'un tapis en silicone ou de papier parchemin. À l'aide de la poche, former 8 pâtisseries sur la plaque préparée : elles doivent mesurer environ 6 po (15 cm) de long et ¾ po (2 cm) de large.

7. Laisser les pâtisseries reposer 20 min à la température de la pièce. Pendant ce temps, préchauffer le four à 425 °F (220 °C).

8. Badigeonner les pâtisseries de dorure, puis les mettre au four 20 min, jusqu'à ce que les fissures ne soient plus visibles. Réduire la température à 325 °F (165 °F) et continuer la cuisson 10 à 20 min de plus, jusqu'à ce qu'elles soient bien dorées. Retirer du four et percer immédiatement chaque pâtisserie avec une brochette de bambou, pour laisser s'échapper la vapeur et éviter que la pâte devienne spongieuse. Laisser refroidir sur une grille.

9. Ajouter la garniture et le glaçage (voir les variantes ci-après). À l'aide d'un couteau denté, couper le tiers supérieur de chaque éclair sur le sens de la longueur (de manière à ce que le dessus soit la moitié de l'épaisseur du dessous). On peut également farcir les éclairs sans couper les dessus : percer deux petits trous à chaque extrémité de la pâtisserie et farcir à l'aide d'une poche à douille.

Pour la plupart de nos glaçages, nous utilisons un fondant du commerce, qui n'est rien d'autre que du sirop de maïs et du sucre. C'est relativement facile à trouver. On peut s'en procurer chez le pâtissier ou dans certaines épiceries.

VARIANTES

PISTACHES ET THÉ VERT

Garniture : Nous avons essayé de préparer notre pâte de pistache, mais le résultat ressemblait à une espèce de ciment agrémenté d'une infime quantité de pistaches vert irlandais et de 1 ou 2 noyaux d'abricot. Il vaut mieux utiliser une pâte de pistache du commerce. Pendant la préparation de la crème pâtissière, ajouter 3 c. à soupe de pâte de pistache au lait bouillant, en fouettant vigoureusement. Le reste de la recette est identique.

Glaçage : Fouetter vigoureusement 1 c. à soupe de poudre de thé vert (matcha) et 1 tasse (350 g) de fondant, jusqu'à ce que le mélange soit homogène. Mettre environ 2 c. à soupe de glaçage sur chaque éclair. Parsemer des pistaches hachées.

NUTELLA ET NOISETTES

Garniture : Ajouter ¼ tasse (80 g) de Nutella dans le lait bouillant, en fouettant vigoureusement. Le reste de la recette est identique.

Glaçage : Fouetter vigoureusement 1 c. à soupe de Nutella dans 1 tasse (350 g) de fondant, jusqu'à ce que le mélange soit homogène. Mettre environ 2 c. à soupe de glaçage sur chaque éclair. Parsemer de moitiés de noisettes grillées.

DOUBLE CHOCOLAT

Garniture : Tamiser 2 c. à soupe de poudre de cacao non sucrée avec les ingrédients secs. Le reste de la recette est identique.

Glaçage : Fouetter vigoureusement 1 c. à soupe de poudre de cacao non sucrée dans 1 tasse (350 g) de fondant, jusqu'à ce que le mélange soit homogène. Mettre environ 2 c. à soupe de glaçage sur chaque éclair. Parsemer de bâtonnets de biscuits au chocolat Pocky écrasés : c'est délicieux (ce sont de grands chefs pâtissiers japonais qui nous ont appris ça).

MAÏS, CARAMEL ET LAIT EAGLE BRAND

Garniture : Préparer la crème pâtissière en omettant le sucre et en soustrayant 5 c. à soupe (75 ml) de lait. Mélanger 6 c. à soupe (100 ml) de lait, les jaunes d'œufs et l'œuf, comme indiqué, puis porter le lait restant à ébullition. Ajouter 5 c. à soupe (75 ml) de lait concentré sucré Eagle Brand dans le lait bouillant. Le reste de la recette est identique. (Avertissement : Le sucre permet à la farine et l'amidon de se distribuer uniformément, ce qui empêche la formation de grumeaux. En l'absence de sucre, il faut fouetter vigoureusement pour éviter le plus possible la formation de grumeaux.)

Glaçage : Pour faire le caramel, mettre dans une casserole à fond épais ½ tasse (125 ml) d'eau et 1 ¼ tasse (250 g) de sucre et porter à ébullition. Laisser mijoter 10 à 15 min, sans y toucher : remuer le mélange ou tourner la casserole peut entraîner une cristallisation du sucre. Le mélange peut changer rapidement de couleur et doit être surveillé

de près. De plus, les pâtisseries doivent être garnies et prêtes à être recouvertes de glaçage. Lorsque le mélange est d'un beau blond, retirer du feu.

Couper soigneusement une tranche d'épi de maïs pour obtenir un morceau d'une largeur de quelques grains et d'une longueur d'environ 6 po (15 cm). Mettre la tranche de maïs sur l'éclair.

Arroser le maïs de 1 à 2 c. à soupe de caramel chaud. Ne pas toucher le caramel avant qu'il ait pris pour ne pas laisser de marques. De plus, le caramel chaud peut causer de graves brûlures. Lorsqu'il refroidit, il prend l'aspect et la consistance du

verre. Ajouter une pincée de poivre de Cayenne si désiré. Cela ajoute un peu de piquant.

CHANTILLY ET SAUCE AU CHOCOLAT CHAUDE

Garniture : Refroidir un bol ainsi qu'un fouet à main, un fouet pour batteur sur socle ou les fouets d'un mélangeur à main. Battre 2 tasses (500 ml) de crème à fouetter (35 % M.G.) froide dans le bol froid. Lorsque la crème commence à mousser, ajouter ¼ tasse (50 g) de sucre et 1 c. à thé d'extrait de vanille, et continuer à battre. Lorsque les « pics » sont mous, ajouter de nouveau ¼ tasse (50 g) de sucre et continuer à battre

pour obtenir la consistance d'une crème fouettée.

Glaçage : La sauce est servie chaude et versée à la table. Dans un bol, hacher finement 12 oz (340 g) de chocolat noir (65 % de cacao ou plus). Dans une casserole, porter 2 tasses (500 ml) de crème (15 % M.G.) à ébullition et verser sur le chocolat. Laisser reposer 2 min, puis fouetter jusqu'à ce que le chocolat soit fondu et que la sauce soit lisse. Servir immédiatement ou tenir au chaud jusqu'au service.

MERVEILLEUX

Donne 4 portions

Ma mère nous amenait, mon frère et moi, dans une pâtisserie située dans un étrange immeuble à appartements d'Ottawa, où l'on trouvait les meilleurs produits. Elle achetait toujours un « merveilleux ». Une meringue est la meilleure chose à faire avec des blancs d'œufs. Nous préparons ce dessert assez souvent, et nous le nappons de sauce au chocolat chaude, à la table. Tout le monde en raffole.

LA MERINGUE

5 blancs d'œufs

¼ c. à thé de vinaigre blanc distillé

pas tout à fait 2 tasses (180 g) de sucre en poudre, tamisé

LA CRÈME

2 tasses (500 ml) de crème à fouetter (35 % M.G.)

pas tout à fait ½ tasse (90 g) de sucre granulé

1 c. à soupe de rhum

3 ½ oz (100 g) de chocolat noir (70 % de cacao), râpé finement

GARNITURE

3 ½ oz (100 g) de chocolat noir (70 % de cacao)

sauce au chocolat chaude (voir la variante *Chantilly et sauce au chocolat chaude* de la recette d'*Éclairs*, p. 269)

1. Préchauffer le four à 275 °F (135 °C). Découper une feuille de papier parchemin assez grande pour tapisser une plaque à pâtisserie avec rebords et la déposer sur une surface de travail, le côté mat vers le haut. Utiliser un objet rond de la taille d'un quarante-cinq tours pour tracer trois cercles sur le papier. Retourner la feuille de papier et la mettre sur la plaque à pâtisserie.

2. Pour préparer la meringue, fouetter à haute vitesse, dans un batteur sur socle muni d'un fouet, les blancs d'œufs et le vinaigre, jusqu'à la formation de « pics » durs, en ajoutant le sucre en trois temps : au début, au milieu et vers la fin. Cette étape doit prendre environ 6 min.

3. Verser les blancs d'œufs dans une poche à douille munie d'une douille ronde (idéalement, le modèle Ateco nº 807, d'environ ½ po ou 12 mm). Commencer par appliquer une goutte du mélange sous chaque coin du papier parchemin pour faire tenir celui-ci en place pendant la préparation des disques. Si l'on utilise un four à convection, on évite ainsi que le papier s'envole (un peu comme dans les anciens jeux-questionnaires où les concurrents, enfermés dans un genre de cabine en verre, devaient attraper de l'argent volant). Sur les cercles du papier parchemin, former une spirale avec la meringue, en allant de l'intérieur de la ligne tracée vers le centre, en un mouvement continu pour obtenir trois disques. S'il reste de la place et un peu de meringue, en mettre quelques gouttes çà et là.

4. Mettre au four 30 min, puis réduire la température à 225 °F (110 °C) et cuire 2 h de plus, en laissant la porte du four entrouverte, si possible (pour ce faire, une pince en métal peut être utilisée). Les meringues sont prêtes lorsqu'elles sont beige pâle, et que l'extérieur est croustillant mais l'intérieur encore mou.

5. Laisser refroidir sur la plaque avant de transférer sur une grille ou un grand plateau. Ne pas s'inquiéter si elles se cassent, car elles seront recouvertes de crème et de sauce.

6. Pour préparer la crème, mettre la crème à fouetter dans un bol et battre, à la main ou à l'aide d'un batteur, en ajoutant le sucre et le rhum graduellement, jusqu'à la formation de « pics » durs. Attention : ne pas transformer la crème en beurre. À l'aide d'une spatule en caoutchouc, incorporer le chocolat en le répartissant uniformément.

7. Mettre une goutte de crème au centre d'une assiette de service et déposer un disque de meringue par-dessus (la crème va empêcher la pâtisserie de bouger). Étendre un tiers de la crème au chocolat uniformément sur le disque et déposer le deuxième disque par-dessus. Recouvrir d'un autre tiers de la crème et déposer le troisième disque par-dessus. Recouvrir de la crème restante, et presser les disques légèrement pour faire dégouliner la crème par les côtés. À l'aide d'une spatule propre, lisser la crème pour recouvrir uniformément le dessus et les côtés.

8. Râper finement le chocolat au-dessus du gâteau. Couvrir et réfrigérer 1 h avant de servir. (En attendant, on peut grignoter les petites meringues.)

9. Juste avant de servir, préparer la sauce au chocolat. Trancher la meringue à l'aide d'un couteau dentelé trempé dans l'eau froide (essuyer le couteau entre chaque coupe). Servir la sauce au chocolat chaude à la table.

CHAUD-FROID DE PAMPLEMOUSSE AU ROMARIN

Donne 4 portions

Voici une autre recette fabuleuse du répertoire de Nicolas Jongleux. Nous avions l'habitude de nous moquer des gens qui prétendaient pouvoir préparer un grand dessert pas trop sucré. Mais en vieillissant, et à mesure que l'expresso et le tabac abîment nos papilles gustatives, on commence à avoir un faible pour le bourbon, le citron et le pissenlit. C'est pourquoi on aime le goût vif et percutant de ce dessert parfait. Nous utilisons un chalumeau pour le flamber. Si vous n'en avez pas, utilisez le gril, chauffé à la température maximale. N'oubliez pas d'utiliser des gants de cuisine et un plat allant au four.

LA CRÈME PÂTISSIÈRE

½ tasse (100 g) de sucre

1 ½ c. à thé d'amidon de maïs

6 c. à soupe (90 ml) de jus de citron frais

1 œuf, blanc et jaune séparés

1 œuf entier

le zeste râpé d'un citron

¼ tasse (55 g) de beurre non salé, coupé en dés

LE SIROP

¼ tasse (50 g) de sucre

2 ½ c. à soupe d'eau

1 ½ c. à thé de romarin frais, haché

4 pamplemousses, roses ou blancs

1. Pour préparer la crème pâtissière, mélanger dans un bol le sucre et l'amidon de maïs. Incorporer le jus de citron, le jaune d'œuf et l'œuf entier en fouettant vigoureusement (réserver le blanc d'œuf). Filtrer dans un tamis au-dessus d'un bol. Incorporer le zeste de citron et le beurre.

2. Verser le mélange dans une casserole épaisse et chauffer à feu moyen, en remuant sans cesse, jusqu'à une température de 185 °F (84 °C). Lorsque des bulles commenceront à se former sur les parois, transférer immédiatement le mélange dans un bol et réfrigérer.

3. Pour préparer le sirop, rincer la casserole et y ajouter le sucre et l'eau. Remuer une fois et porter à ébullition à feu moyen. Retirer du feu, ajouter le romarin et laisser infuser 5 min. Filtrer le sirop dans un tamis et réserver.

4. Peler les pamplemousses à vif, en laissant les quartiers entiers (consulter Google pour une vidéo). Égoutter, puis boire le jus avec du gin et un filet de sirop de romarin.

5. Dans un petit bol, fouetter le blanc d'œuf réservé jusqu'à la formation de « pics » durs. Réserver.

6. Préparer le chalumeau ou le gril. Prendre quatre assiettes allant au four ou plats à gratin individuels. Disposer côte à côte les quartiers du premier pamplemousse dans une des assiettes ; faire de même avec les autres quartiers de pamplemousse. Arroser chaque portion de 1 c. à soupe de sirop de romarin. Incorporer délicatement le blanc d'œuf à la crème pâtissière, puis verser celle-ci uniformément sur les portions de pamplemousse.

7. Caraméliser la crème pâtissière avec le chalumeau, ou mettre les assiettes ou les plats sur une plaque à pâtisserie avec rebords, et placer sous le gril 1 ou 2 min. Le principe du chaud-froid est de chauffer le dessus mais pas le dessous. Servir immédiatement.

LES ÎLES FROMAGÈRES :

ÎLES DE LA MADELEINE
ET L'ISLE-AUX-GRUES

L'ARCHIPEL DES ÎLES DE LA MADELEINE compte une douzaine d'îles, situées près de l'Île-du-Prince-Édouard, dans le golfe du Saint-Laurent. Cartier y est allé, Champlain aussi (après les autochtones, bien sûr). Le climat qui y règne a toujours rebuté la plupart des gens qui ont voulu s'y installer, dont les premiers colons français. En comparaison, l'Î.-P.-É. a une allure tropicale et urbaine. L'Isle-aux-Grues, quant à elle, se trouve au milieu du fleuve Saint-Laurent, à mi-chemin environ entre Québec et La Pocatière.

La majorité des premiers habitants étaient des naufragés, ce qui explique que le phare soit le symbole emblématique des Îles de la Madeleine. Aujourd'hui, seulement huit îles sont habitées en permanence, pour un total d'environ 14 000 résidants. Elles font partie du Québec, même si elles sont plus près des provinces maritimes. Nous avons toujours voulu y faire un voyage, mais en attendant, nous nous rendons à la sublime Fromagerie Atwater, où nous pouvons goûter à ce que ces îles offrent de mieux.

Le paysage nordique des îles nous rappelle tellement Winslow Homer et le romantisme de la *Hudson River School*; chaque fromage de ce coin de pays évoque la passion, l'air salin et la folie. C'est comme si l'on pouvait goûter l'endroit. Les fromages sont fabriqués de la même façon depuis des siècles et méritent que vous les essayiez si vous en trouvez. Ils sont excellents, surtout en été et en automne, lorsque les pâturages sont à leur meilleur.

RIOPELLE DE L'ISLE, ISLE-AUX-GRUES

Nommé en l'honneur du célèbre peintre québécois qui s'est éteint à l'Isle-aux-Grues, ce fromage évoque la chasse aux oies, les chevrotines et les gilets humides. Le goût, génial, rappelle ce que l'on ressent lors d'une longue nuit dans un chalet au bord de l'eau, avec, pour seul éclairage, une simple ampoule.

PIED-DE-VENT, HAVRE-AUX-MAISONS

Sans doute le plus célèbre des fromages madelinots, ce délicieux fromage à pâte molle et à croûte lavée évoque le vent nordique et le canotage sur glace.

TOMME DE GROSSE-ÎLE, ISLE-AUX-GRUES

Ce fromage est un hommage aux milliers d'immigrés irlandais enterrés sur Grosse-Île, l'île la plus méridionale de l'archipel de l'Isle-aux-Grues. Ce fromage musqué aux notes de champignons a une croûte comestible. C'est un fromage québécois classique.

TOMME DES DEMOISELLES, HAVRE-AUX-MAISONS

Semblable au Pied-de-Vent, ce fromage est affiné pendant six mois et possède un goût de fumé plus prononcé. Il nous rappelle Winslow Homer, fumant sa pipe et peignant en pantalon-bottes. On adore s'imaginer des hommes fumer la pipe en déclamant des poèmes, peindre à l'aquarelle et pêcher, en mangeant du fromage emballé dans un mouchoir propre. C'est ainsi que nous voulons vieillir : en sirotant du brandy maison, affublés de vestons de chasse en tweed et ne consommant que le fruit de notre chasse et de nos élevages.

MI-CARÊME, ISLE-AUX-GRUES

Ce fromage à pâte molle et à croûte mixte (on lave la croûte puis on laisse le fromage mûrir pour favoriser la croissance de sa flore typique) est fait à base de lait de vache thermisé. C'est un fromage délicieux, mais on se passerait du clown sur l'emballage.

Même s'il n'est pas des Îles de la Madeleine ni de l'Isle-aux-Grues, le cheddar Avonlea de l'Île-du-Prince-Édouard est trop bon pour ne pas être mentionné. Avec son parfum d'herbes, de purée de pommes de terre et de palourdes en saumure, il est incomparable. Il est fabriqué par *COWS Creamery*, et on peut le trouver à la Fromagerie Atwater, située à Montréal, mais aussi dans d'autres villes. C'est un cheddar crémeux de 10 kg qui s'émiette lorsqu'on le tranche. C'est un incontournable pour le dessert, mais il peut aussi être servi à tout moment.

Pour vous renseigner sur les fromages québécois, consultez www.fromagesdici.com/repertoire. Pour trouver un fromager qui vend des fromages canadiens, consulter le livre *Canadian cheese : A pocket guide*, écrit par Kathy Guidi (McArthur and Company, 2010).

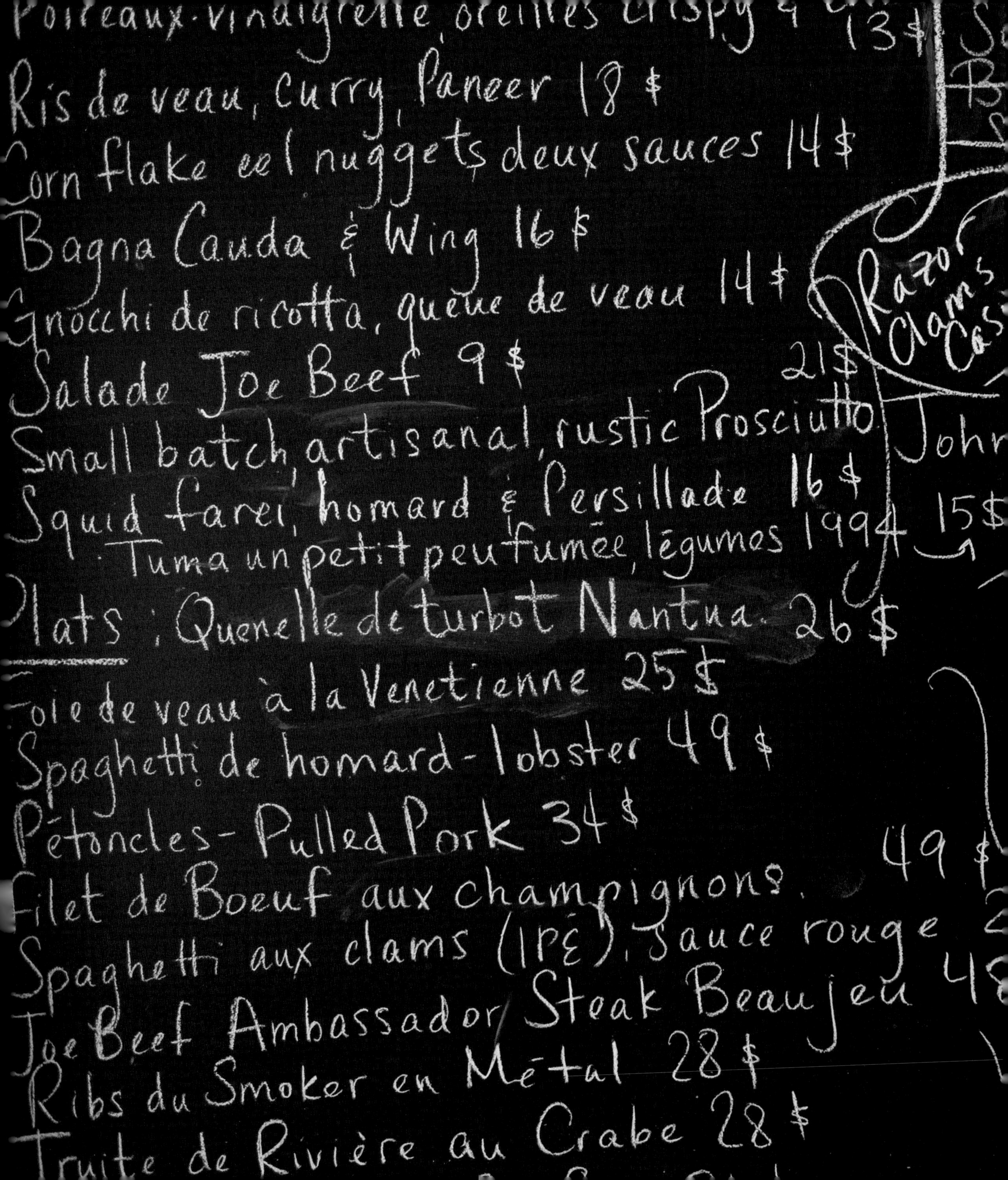

Poireaux vinaigrette, oreilles crispy 13 $

Ris de veau, curry, paneer 18 $

Corn flake eel nuggets deux sauces 14 $

Bagna Cauda & Wing 16 $

Gnocchi de ricotta, queue de veau 14 $

Salade Joe Beef 9 $

Small batch, artisanal, rustic Prosciutto 21 $

Squid farci, homard & Persillade 16 $

Tuma un petit peu fumée, légumes 1994 15 $

Plats ; Quenelle de turbot Nantua 26 $

Foie de veau à la Venetienne 25 $

Spaghetti de homard - lobster 49 $

Pétoncles - Pulled Pork 34 $

Filet de Boeuf aux champignons. 49 $

Spaghetti aux clams (IPE), sauce rouge

Joe Beef Ambassador Steak Beaujeu 4

Ribs du Smoker en Métal 28 $

Truite de Rivière au Crabe 28 $

Razor Clams Cos

John

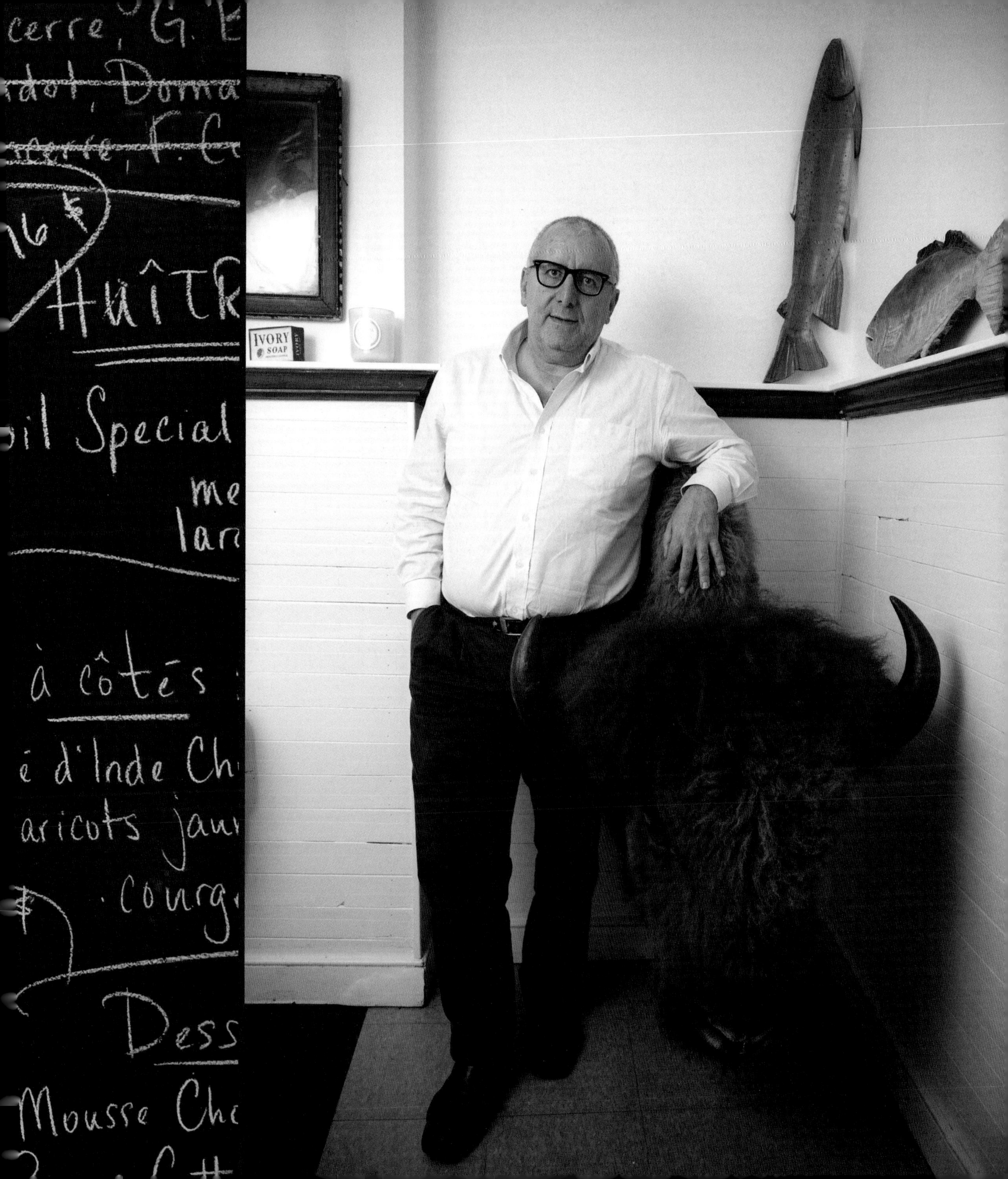
IVORY SOAP
Special
à côtés
Mousse

PARCOURIR MONTRÉAL EN DEUX JOURS

CHAQUE SEMAINE, DES GENS nous téléphonent pour réserver une table et bavarder à propos de la fin de semaine qu'ils vont passer à Montréal. «Génial, répondons-nous. Mais qu'est-ce que vous voulez faire à part ça?» Ils nous dressent alors la liste des activités prévues, probablement choisies après mûres réflexions, mais leurs choix sont, pour la plupart, catastrophiques. Juste à les entendre parler, on sait tout de suite que certaines attractions ne leur plairont pas. C'est comme lorsque vous visitez une nouvelle ville et que vous dites à un ami qui y habite que vous allez manger chez X; s'il croise les bras en répondant «Hein?», c'est que ce n'est pas fameux.

Lorsque nous voyageons, ce sont les marchands et nos amis de la place qui nous disent où dormir, où manger et quoi faire. Les sites d'avis de voyages nous font paniquer. C'est pourquoi nous avons inclus une liste de trucs à faire en deux jours à Montréal, peu importe la saison, selon les recommandations de David.

Cet itinéraire s'inspire de ce que nous faisons chaque semaine. Si vous choisissez l'une de nos bonnes adresses, aux pages 280 et 281, vous ne pouvez pas vous tromper. Tous les endroits de cette liste appartiennent à des amis ou des collègues qui partagent nos idées, et qui voudront rendre votre voyage à Montréal inoubliable.

JOUR 1

La famille Antonopoulos est propriétaire de plusieurs hôtels dans le Vieux-Montréal. Mon préféré est le Nelligan: il est branché, bien situé et achalandé, et les prix sont raisonnables. Cet hôtel est près de tout: vous pourrez vous rendre où bon vous semble sans dépenser des fortunes en taxi. Et si vous êtes un grand marcheur, c'est le paradis.

Au réveil, café et petit-déjeuner sont de mise. Du Nelligan, parcourez cinq rues vers l'ouest, jusqu'à Olive + Gourmando. Nos amis Éric et Dyan — des gens vraiment super! — sont les propriétaires de ce bijou du Vieux-Port au décor magnifique, où vous trouverez du café, des viennoiseries, des salades et des sandwichs délicieux.

Après le petit-déjeuner, dirigez-vous vers le sud, en direction du bord de l'eau. Il y a une quantité de boutiques excentriques et intéressantes sur les rues Saint-Antoine, Saint-Paul, Notre-Dame et de la Commune. Bonne balade!

Pour le lunch, appelez un taxi à l'hôtel vers 11 h 30 pour aller à L'Express. Ce restaurant est une institution montréalaise et l'endroit le plus français que vous trouverez sans avoir à prendre l'avion. Jetez un coup d'œil à leur carte des vins, qui sont abordables et extraordinaires (et demandez à voir le deuxième «inventaire» de vins: c'est divin!). Assurez-vous d'aller faire un tour chez Arthur Quentin, la boutique d'articles de cuisine située juste en face de L'Express, et le Carré Blanc, juste à côté, pour la literie. Ce quartier est fabuleux pour passer quelques heures à faire les boutiques.

Après le lunch, marchez en direction sud, de L'Express jusqu'à la rue Roy, puis vers l'ouest, jusqu'à Saint-Laurent. C'est une rue formidable, remplie d'histoire et de délices. En marchant vers le nord, arrêtez-vous à La Vieille Europe, une épicerie fine européenne. Dans cette boutique, j'ai l'impression de sentir l'odeur de tous mes aliments préférés en même temps: fromage, viande fumée, cornichon, thé et choucroute.

Je dirais qu'il est maintenant à peu près 15 h, l'heure idéale pour aller déguster un sandwich au *smoked meat* chez Schwartz's, quelques boutiques au nord de La Vieille Europe. Entrez, installez-vous au comptoir et savourez. Ensuite, écrivez-moi une lettre pour me raconter votre expérience; c'est un endroit véritablement magique.

À partir de chez Schwartz's, marchez vers le sud jusqu'au Vieux-Montréal. Vous croiserez nos anciens repaires, le Buona Notte et le Globe, vous traverserez le quartier chinois et vous serez de retour à l'hôtel, où vous pourrez faire une sieste.

Fred et moi sommes des types nostalgiques, et nous nous lassons facilement des restaurants ultra-branchés qui poussent partout en ville. Nous adorons fréquenter les vieux restaurants classiques, même s'il en reste peu. Je vous propose donc de réserver une table au Mas des Oliviers, que Mordecai Richler avait l'habitude de fréquenter. Demandez à Quentin, le maître d'hôtel, de vous placer à la table de Richler. Le Mas (nom que les habitués lui donnent) propose un pâté de campagne, des escargots, du poisson frais préparé simplement, un steak-frites, des bordeaux, du calvados, de l'armagnac, quelques taquineries, un peu de tirage de cheveux — vous voyez le genre.

Il est encore tôt, et la soirée n'est pas encore terminée. Hélez un taxi et rendez-vous au bar à vins Pullman. Asseyez-vous au bar ou à proximité et commandez encore du vin. Le propriétaire, Bruno Braën, s'y trouve habituellement entouré de sa cour, sirotant un verre de grappa avec des artistes et des journalistes. C'est un endroit amusant, où vous serez bien servi.

Lorsque vous n'en pouvez plus, retournez à l'hôtel, buvez de l'eau et couchez-vous. Vous avez bien performé aujourd'hui !

JOUR 2

Réveillez-vous, sautez dans un taxi et rendez-vous au Café Myriade pour déjeuner et boire l'un des meilleurs cafés de la ville.

De là, allez sur la rue Bishop et marchez vers le nord jusqu'à la rue Sherbrooke, où vous trouverez plusieurs galeries d'art, le Musée des beaux-arts et des boutiques branchées. Holt Renfrew est un magasin formidable et l'un des meilleurs endroits au Canada pour se procurer des articles de mode. Tout près se trouve Ogilvy, un autre grand magasin.

De la rue Sherbrooke, marchez quelques rues vers le sud, en direction de la rue Sainte-Catherine E., puis parcourez celle-ci jusqu'à Metcalfe, pour aboutir à la taverne Square Dominion. C'est un restaurant

sompteux, qui se trouve là depuis toujours et qui a récemment été soigneusement restauré.

Mangez votre lunch ici ; c'est très bon et l'endroit est visuellement très attrayant. Ensuite, réservez votre table pour le souper : Au Pied de Cochon, DNA, Brasserie T !, Lawrence, Le Filet, Le Club Chasse et Pêche — vous avez l'embarras du choix, mais voilà les endroits où je choisirais de manger.

Sautez dans un autre taxi, direction ouest, jusqu'au vénérable marché Atwater. Il y a deux niveaux, avec chacun une douzaine d'étals occupant 2 500 pi². Au rez-de-chaussée, on trouve de petites merveilles, comme Les Douceurs du Marché (une fusion de deux boutiques — l'une de spécialités des Caraïbes et l'autre d'importations italiennes — qui ont décidé de faire dans l'italo-antillais). Au bout de la rangée se trouve notre fromagerie préférée, la Fromagerie Atwater. À l'étage, vous trouverez les bouchers. Ils sont tous bons, mais certains sont meilleurs pour préparer des terrines et des pâtés, alors que d'autres se démarquent grâce à leurs excellentes saucisses. La compétition est féroce ! Nous fréquentons aussi la Boucherie de Tours, où l'on trouve une bande bigarrée, toujours prête à plaire et amusante à observer. Le chef de la bande, c'est Yves, un boucher français qui a l'air d'un vieux bouledogue français avec son éternel béret rouge. Yves offre les meilleurs produits québécois, vous ne serez pas déçu. En quittant le marché, promenez-vous le long du

canal de Lachine, aux alentours de la rue Notre-Dame. S'il n'est pas trop tard, vous aurez peut-être le temps de prendre un verre de vin et une bouchée au McKiernan.

À l'heure qu'il est, vous décidez de retourner dans l'est et de manger Au Pied de Cochon (PDC) : c'est un bon choix. Je crois fermement que tous ceux qui visitent Montréal doivent vivre cette expérience en français. La langue française est notre richesse, notre culture et notre force. Tous ceux qui aiment le Québec doivent absolument la préserver et maintenir nos traditions. Le Pied de Cochon est l'un des plus ardents défenseurs de la tradition culinaire québécoise, ce qui en fait un arrêt obligatoire de l'itinéraire. Après un repas au PDC, nous aimons traîner dans les formidables petits bars du boulevard Saint-Laurent, comme le Whiskey Café, pour boire quelques verres purgatifs d'alcool brun.

LES BONNES ADRESSES DU JOE BEEF

Gîtes touristiques

Bed & Breakfast Downtown Montreal:
3458, avenue Laval, Montréal (Québec)
H2X 3C8, 1 800 267-5180,
www.bbmontreal.ca

Casa Bianca: 4351, avenue de L'Esplanade,
Montréal (Québec) H2W 1T2, 514 312-3837,
www.casabianca.ca

Manoir aux Pains d'Épices: 3445, avenue
Laval, Montréal (Québec) H2X 3C7,
514 597-2804, www.gingerbreadmanor.com

Passants du Sans Soucy, Les: 171, rue
Saint-Paul Ouest, Montréal (Québec) H2Y
1Z5, 514 842-2634, www.lesanssoucy.com

Hôtels

Groupe Antonopoulos: www.
experienceoldmontreal.com/
fr/a-propos-de-nous

La famille Antonopoulos est véritablement
montréalaise. M. Antonopoulos a
commencé comme cuisinier de casse-
croûte, et il a réussi à économiser
suffisamment d'argent pour acheter
quelques immeubles du Vieux-Montréal
décrépit et dévasté des années 1970.
Aujourd'hui, c'est un magnat de l'hôtellerie
qui possède cinq somptueux hôtels à
Montréal. Quel exploit!

Auberge du Vieux-Port:
97, rue de la Commune Est, Montréal
(Québec) H2Y 1J1, 514 876-0081,
www.aubergeduvieuxport.com

Hôtel Nelligan: 106, rue Saint-Paul Ouest,
Montréal (Québec) H2Y 1Z3, 514 788-2040,
www.hotelnelligan.com

Le Petit Hôtel: 168, rue Saint-Paul Ouest,
Montréal (Québec) H2Y 1Z7, 514 940-0360,
www.petithotelmontreal.com

Le Place d'Armes:
55, rue Saint-Jacques Ouest, Montréal
(Québec) H2Y 3X2, 514 842-1887,
www.hotelplacedarmes.com

Lofts du Vieux-Port:
97, rue de la Commune Est, Montréal
(Québec) H2Y 1J1, 514 876-0081,
www.loftsduvieuxport.com

Quartiers, restaurants et boutiques notables

AVENUES LAURIER ET DU PARC

Baldwin Barmacie (pharmacie devenue
bar): 115, avenue Laurier Ouest, Montréal
(Québec) H2T 2N6, 514 276-4282

Buvette chez Simone (bar à vins):
4869, avenue du Parc, Montréal (Québec)
H2V 4E7, 514 750-6577

Cafè in Gamba (café):
5263, avenue du Parc, Montréal (Québec)
H2V 4G9, 514 656-6852

Dieu du Ciel! (bistro-brasserie):
29, avenue Laurier Ouest, Montréal
(Québec) H2T 2N2, 514 490-9555

Henriette L. (mode): 1031, avenue Laurier
Ouest, Outremont (Québec) H2V 2L1,
514 277-3426

Juni (restaurant et bar à sushis):
156, avenue Laurier Ouest, Montréal
(Québec) H2T 2N7, 514 276-5864

Leméac (restaurant): 1045, avenue Laurier
Ouest, Outremont (Québec) H2V 2L1,
514 270-0999

Lyla (lingerie): 400, avenue Laurier Ouest,
Outremont (Québec) H2V 2K7,
514 271-0763

Malabar (costumier): 5121, avenue du Parc,
Montréal (Québec) H2V 4G3, 514 279-3223

Milos (restaurant): 5357, avenue du Parc,
Montréal (Québec) H2V 4G9, 514 272-3522

Orbite (salon de coiffure):
221, avenue Laurier Ouest, Montréal
(Québec) H2T 2N9, 514 271-6333

Touilleurs, Les (articles de cuisine):
152, avenue Laurier Ouest, Montréal, QC,
H2T 2N7, (514) 278-0008

PLATEAU MONT-ROYAL, RUE SAINT-DENIS ET AVENUE DULUTH

Arthur Quentin (articles de cuisine):
3960, rue Saint-Denis, Montréal (Québec)
H2W 2M2, 514 843-7513

Au Pied de Cochon (restaurant):
536, avenue Duluth Est, Montréal (Québec)
H2L 1A9, 514 281-1114

Bistro Cocagne (restaurant):
3842, rue Saint-Denis, Montréal (Québec)
H2W 2M2, 514 286-0700

Café Neve (café): 151, rue Rachel Est,
Montréal (Québec) H2W 1E1, 514 903-9294

Carré Blanc (literie française):
3999, rue Saint-Denis, Montréal
(Québec) H2W 2M4, 514 847-0729

Le Filet (restaurant):
219, avenue du Mont-Royal Ouest,
Montréal (Québec) H2T 2Y6, 514 360-6060

L'Express (restaurant):
3927, rue Saint-Denis, Montréal (Québec)
H2W 2M4, 514 845-5333

Romados (restaurant): 115, rue Rachel Est,
Montréal (Québec) H2W 1C8, 514 849-1803

CENTRE-VILLE

Brasserie T! (restaurant):
1425, rue Jeanne-Mance, Montréal
(Québec) H2X 2J4, 514 282-0808

Café Ferreira (restaurant): 1446, rue Peel,
Montréal (Québec) H3A 1S8, 514 848-0988

Café Myriade (café): 1432, rue Mackay,
Montréal (Québec) H3G 2H7, 514 939-1717

Holt Renfrew (mode):
1300, rue Sherbrooke Ouest, Montréal
(Québec) H3G 1H9, 514 842-5111

Kitchenette (restaurant):
1353, boulevard René-Lévesque Est,
Montréal (Québec) H2L 2M1, 514 527-1016

Le Mas des Oliviers (restaurant):
1216, rue Bishop, Montréal (Québec)
H3G 2E3, 514 861-6733

Les Créateurs (mode):
1444, rue Sherbrooke Ouest, Montréal
(Québec) H3G 1K4, 514 284-2102

Marché Vic (aliments santé et café):
376, avenue Victoria, Westmount (Québec)
H3Z 1C3, 514 488-7722

Matt Bailey (bijoutier-horloger):
1427, rue Crescent, Montréal (Québec)
H3G 2B2, 514 845-8878

M:brgr (restaurant): 2025, rue Drummond,
Montréal (Québec) H3G 1W6, 514 906-0408

Musée McCord (musée):
690, rue Sherbrooke Ouest, Montréal
(Québec) H3A 1E9, 514 398-7100

Ogilvy (mode): 1307, rue Sainte-Catherine
Ouest, Montréal (Québec) H3G 1P7,
514 842-7711

Pullman (bar à vins):
3424, avenue du Parc, Montréal (Québec)
H2X 2H5, 514 288-7779

Queue de Cheval (grilladerie):
1221, boulevard René-Lévesque Ouest,
Montréal (Québec) H3G 1T1,
(514) 390-0090

Taverne Square Dominion (restaurant):
1243, rue Metcalfe, Montréal (Québec)
H3B 2V5, 514 564-5056

WESTMOUNT: RUE SHERBROOKE OUEST ET AVENUE VICTORIA

Appetite for Books (livres de cuisine):
388, avenue Victoria, Westmount (Québec)
H3Z 2N4, 514 369-2002

Ben & Tournesol (cadeaux):
4915, rue Sherbrooke Ouest, Westmount
(Québec) H3Z 1H2, 514 481-5050

James (mode): 4910, rue Sherbrooke
Ouest, Westmount (Québec) H3Z 1H3,
514 369-0700

Lola & Emily (mode): 4920, rue Sherbrooke Ouest, Westmount (Québec) H3Z 1H3, 514 483-4040

Mimi & Coco (mode): 4927, rue Sherbrooke Ouest, Westmount (Québec) H3Z 1H2, 514 482-6362

Pretty Ballerina (chaussures): 392, avenue Victoria, Westmount (Québec) H3Z 2N4, 514 489-3030

Wilfrid & Adrien (articles de cuisine): 4919B, rue Sherbrooke Ouest, Westmount (Québec) H3Z 1H2, 514 481-5850

WESTMOUNT: RUE SHERBROOKE OUEST ET AVENUE GREENE

Bleu Marine & Co (mode): 1383, avenue Greene, Westmount (Québec) H3Z 2A5, 514 935-9825

Galerie de Bellefeuille (art): 1367, avenue Greene, Westmount (Québec) H3Z 2A8, 514 933-4406

Kaizen (restaurant et bar à sushis): 4075, rue Sainte-Catherine Ouest, Westmount (Québec) H3Z 3J8, 514 707-8744

Nicholas Hoare (librairie): 1366, avenue Greene, Westmount (Québec) H3Z 2B1, 514 934-4201

Premium (mode): 1385, avenue Greene, Westmount (Québec) H3Z 2A5, 514 937-3627

Taverne sur le Square (restaurant): 1, carré Westmount, Westmount (Québec) H3Z 2P9, 514 989-9779

TNT (mode): 4100, rue Sainte-Catherine Ouest, Westmount (Québec) H3Z 1P2, 514 935-1588

VIEUX-MONTRÉAL

Club Chasse & Pêche, Le (restaurant): 423, rue Saint-Claude, Montréal, QC, H2Y 3B6, (514) 861-1112

DNA (restaurant): 355, rue Marguerite-d'Youville, Montréal (Québec) H2Y 2C4, 514 287-3362

Galerie Orange (art): 81, rue Saint-Paul Est, Montréal (Québec) H2Y 3R1, 514 396-6670

Garde-Manger (restaurant): 408, rue Saint-François-Xavier, Montréal (Québec) H2Y 2S9, 514 678-5044

Gibbys (restaurant): 298, place d'Youville, Montréal (Québec) H2Y 2B6, 514 282-1837

L'Orignal (restaurant): 479, rue Saint-Alexis, Montréal (Québec) H2Y 2N7, 514 303-0479

Olive + Gourmando (restaurant): 351, rue Saint-Paul Ouest, Montréal (Québec) H2Y 2A7, 514 350-1083

Reborn (mode): 231, rue Saint-Paul Ouest, Montréal (Québec) H2Y 2A2, 514 499-8549

Rooney (mode): 395, rue Notre-Dame Ouest, Montréal (Québec) H2Y 1V2, 514 543-6234

MILE-END ET « LA MAIN »

Barros Luco (restaurant): 5201, rue Saint-Urbain, Montréal (Québec) H2T 2W8, 514 270-7369

Battat Contemporary (art): 7245, rue Alexandra, Montréal (Québec) H2R 2Y9, 514 750-9566

Bottega (restaurant): 65, rue Saint-Zotique Est, Montréal (Québec) H2S 1K6, 514 277-8104

Café Olimpico (restaurant): 124, rue Saint-Viateur Ouest, Montréal (Québec) H2T 2L1, 514 495-0746

Dépanneur Le Pick-Up (restaurant): 7032, rue Waverly, Montréal (Québec) H2S 3J2, 514 271-8011

Galerie Simon Blais (art): 5420, boulevard Saint-Laurent, Montréal (Québec) H2T 1S1, 514 849-1165

La Vieille Europe (épicerie fine): 3855, boulevard Saint-Laurent, Montréal (Québec) H2W 1X9, 514 842-5773

Lawrence (restaurant): 5201, boulevard Saint-Laurent, Montréal (Québec) H2T 1S4, 514 503-1070

Moishes (restaurant): 3961, boulevard Saint-Laurent, Montréal (Québec) H2W 1Y4, 514 845-3509

Nouveau Palais (restaurant): 281, rue Bernard Ouest, Montréal (Québec) H2V 1T5, 514 273-1180

Schwartz's (restaurant): 3895, boulevard Saint-Laurent, Montréal (Québec) H2W 1X9, 514 842-4813

The Sparrow/Le Moineau (restaurant): 5322, boulevard Saint-Laurent, Montréal (Québec) H2T 1S1, 514 690-3964

U & I (mode): 3650, boulevard Saint-Laurent, Montréal (Québec) H2X 2V4, 514 844-8788

Wilensky (restaurant): 34, avenue Fairmount Ouest, Montréal (Québec) H2T 2M1, 514 271-0247

PETITE BOURGOGNE, GRIFFINTOWN ET SAINT-HENRI

Beige (articles de cuisine): 2475, rue Notre-Dame Ouest, Montréal (Québec) H3J 1N6, 514 989-8585

Brasserie Capri (brasserie): 2172, rue Saint-Patrick, Montréal (Québec) H3K 1B1, 514 935-0228

Burgundy Lion (pub anglais): 2496, rue Notre-Dame Ouest, Montréal (Québec) H3J 1N5, 514 934-0888

Dilallo Burger (restaurant): 2523, rue Notre-Dame Ouest, Montréal (Québec) H3J 1N6, 514 934-0818

Fait Ici (produits du Québec): 2519, rue Notre-Dame Ouest, Montréal (Québec) H3J 1N6, 514 439-3888

Geppetto (restaurant): 2504, rue Notre-Dame Ouest, Montréal (Québec) H3J 1N5, 514 903-3737

Grand Central (antiquités): 2448, rue Notre-Dame Ouest, Montréal (Québec) H3J 1N5, 514 935-1467

Green Spot (restaurant): 3041, rue Notre-Dame Ouest, Montréal (Québec) H4C 1N9, 514 931-6473

Griffintown Café (restaurant): 1378, rue Notre-Dame Ouest, Montréal (Québec) H3C 1K8, 514 931-5299

Itsi Bitsi (cupcakes): 2621, rue Notre-Dame Ouest, Montréal (Québec) H3J 1N9, 514 509-3926

Jane (restaurant): 1744, rue Notre-Dame Ouest, Montréal (Québec) H3J 1M3, 514 759-6498

Joe Beef (restaurant): 2491, rue Notre-Dame Ouest, Montréal (Québec) H3J 1N6, 514 935-6504

Lili & Oli (café): 2515, rue Notre-Dame Ouest, Montréal (Québec) H3J 1N6, 514 932-8961

Liverpool House (restaurant): 2501, rue Notre-Dame Ouest, Montréal (Québec) H3J 1N6, 514 313-6049

Madame Cash (antiquités): 2465, rue Notre-Dame Ouest, Montréal (Québec) H3J 1N6, 514 932-4321

Marché Atwater (marché public): 138, avenue Atwater, Montréal (Québec) H4C 2H6, 514 937-7754

McKiernan Luncheonette (restaurant): 2485, rue Notre-Dame Ouest, Montréal (Québec) H3J 1N6, 514 759-6677

Rétro Ville (antiquités): 2652, rue Notre-Dame Ouest, Montréal (Québec) H3J 1N7, 514 939-2007

Rona (meilleure quincaillerie de tous les temps): 2371, rue Notre-Dame Ouest, Montréal (Québec) H3J 1N3, 514 932-5616

Surface Jalouse (design intérieur): 2672, rue Notre-Dame Ouest, Montréal (Québec) H3J 1N7, 514 303-6220

REMERCIEMENTS

FRÉDÉRIC MORIN

Un mot pour Allison : Si vous avez déjà travaillé pour quelqu'un qui s'entend mal avec ses fournisseurs, vous pouvez imaginer le malaise. J'aimerais remercier Allison parce qu'elle passe seize heures au bureau, qu'elle réussit toujours à déchiffrer mes factures de menues dépenses ou à calmer un client furax (même si c'est de ma faute), et qu'elle honore le travail de cuisine. Et aussi parce qu'elle arrive à m'arrêter juste avant que je défonce la porte du frigo.

Tu es la meilleure.

Bisous à Allison, Henry et Ivan.

Merci à David, mon meilleur ami, mon témoin à mon mariage et mon homme pour les listes de lecture.

À Meredith, pour tout ce qu'elle arrive à finir.

À ma chère mère, mon père patenteux, mes grands-parents, mon frère Benoît, sa femme et Ed.

Aux deux Jean-Marie, celui des plantes et celui de la roche, et à leurs familles.

À Dave Lisbona, Jeff Baikowitz et Ronnie Steinberg, qui m'offrent un bureau où dormir.

Aux cuisines, du passé et du présent, des restaurants Joe Beef, McKiernan et Liverpool House, ainsi qu'à toutes celles où j'ai travaillé (pour la patience de mes collègues).

À tous ceux qui m'ont aidé à bricoler, dont Antoine et Max.

À Frank, Marco, Emma, Jackie, Manu, Kaunteya, Donna, Pelo, Curtis, Pier Luc et Mark.

Merci à Cumbrae's, la Boucherie de Tours, la Fromagerie Atwater, la Pépinière Jasmin et aux Maachi.

Aux employés sur le plancher, Ryan, Vanya et toute l'équipe.

Aux plongeurs, qui font vivre leurs familles en ayant deux boulots et qui s'absentent seulement s'ils ont une bonne raison.

À Pierre Chaumard, Marcel Kretz, Phillipe Belleteste, Normand Laprise, Claude Barnabe, Josée di Stasio, Nick Malgieri, Riad Nasr, David Chang et Peter Meehan.

À John Bil, Michelle, chez Appetite for Books, Birri et Frères, Martin Picard, Wally, Mathieu et le Hoff.

À François Reno, Melanie Dunea, Leigh, Omar, Pelo, Thomas, Osman et Kholitha.

À Joshua et Jessica, et tout le monde chez Fleisher's, Cole Snell, chez Provincial Fine Foods, Guillaume L'Émouleur, Bonnie Stern, John, chez La Mer, Frank Castronovo et Falcinelli, le Big Gay Ice Cream Truck, Krissy Longtin, Twitter, Elvio Gallaso, Phillipe Poitras, la crème glacée, Gold Bond, Peter «Spiro» le plombier, aux trains, à Roy Bar, Avi, Luc, Nial et Doris.

À Adam, pour la promenade en train, Paul et Dominique-Ann, chez LCC, Charles le frère, aux hommes de métier, à Paul Bocuse, Larousse et Time Life, Jean et Mark, Mathieu Gaudet, Cousin François, aux Swift, à VIA Rail (s.v.p., revenez aux vrais repas), au chalet à l'Î.-P.-É. et à Phyllis Carr. À Rita Assouline et Mike, chez Beige.

Merci à Kim Witherspoon, Julie Bennett, Katy Brown, Aaron Wehner et, bien sûr, Jennifer May.

Merci à Paul Benjamin, Marie Labrecque, Marylène Kirouac, Chantal Bergeron et toute l'équipe de Parfum d'encre et Benjamin.

Merci à Dara Gallinger.

Et à nos clients.

DAVID McMILLAN

Merci à ma Julie et à mes magnifiques filles, Dylan et Lola. Je vous aime beaucoup !

À ma mère et mon père, parce que vous m'endurez, et à tous nos amis qui mangent chez nous.

À ma partenaire d'affaires, Allison, qui s'assure toujours que tout est délicieux. Tu es une bonne capitaine, et j'apprécie beaucoup le travail solitaire que tu fais.

À mon frère, Fred — les douze dernières années ont été géniales. Ton énergie et ton léger retard mental nous inspirent tous ; tu es un super copain et un merveilleux père.

À Meredith, pour t'être consacrée à ce livre sans jamais perdre ton sang froid. Je suis ton éternel obligé.

À mes amis — quelle bande pitoyable ! — Hoffer, Ryan Gray, Lisa, Vanya, Samia, P. L., JC, Primeau, Veronica, Steve-O, Wally et Baikowitz et compagnie. Phil Price, tu es un dégénéré. À Chucky, Timmy, Kyle, John Bil, Mike et Kenny, Cass et Marley, la famille Cardarelli, Moose, Trav, Monica, Kitchenette Nick et la famille, et, bien sûr, la famille royale Battat.

À mes amis et clients : les familles de Jeff et Lenny, Brian et Amber, Eric C, Hollywood, Jeff, chez Drake, Barb, Nicholas Metivier, Jane Dixon, Glen G, la famille Tedeschi, la famille Bensadoun, la famille Rubenstein, Bobby Sontag, la famille Schwartz, les Mikula, J.-F. Sauvé, Master Paul Raymond, les frères Rodrigue, les Black, Kelly Yee, Avi et, bien sûr, la famille Goineau. Hubert et Claude, Greenspoon, Bagel, la famille Niro, la famille Lavigne et les Faita.

À Anna Maria, aux Habs, à Mike Griffon et aux enfants, Dany Lavy, à la famille Schiller, la famille Isenberg, la famille Cohen, la famille Hill, Vito Salvaggio le « bien-habillé », et la baronne Couture.

À la famille Takefman, la famille Coffin, les Bambera, Huge Galdones et la famille Schwam.

À Dan et Caroline, ainsi qu'à Billy Brownstein et à sa famille. À Mathieu Gaudet, Jean Paul Riopelle, Simon Blais, la famille Medalcy et les Grateful Dead.

À Martin et l'équipe du PDC.

À David Chang, Mark Ibold, Pete Meehan, Riad Nasr et Michel Ross et sa famille. À Zack et les gens de chez Lucille. Au Burgundy Lion, où j'ai terminé de trop nombreuses soirées — merci à Toby, Paul, Jean-Michel et Will.

À www.vintageframescompany. com, Gabe, chez Fedora, Joseph Leonard, www.domainedemontille. com, Chris et l'équipe du Incanto, la famille Occhipinti, B.G.L., Billy Brownstein, Petzicoulis, Adam

Sachs, Adam Gollner, le musée McCord, le village de Kamouraska, Martin Spaulding, le restaurant M. Wells, Rowan Jacobsen et Joe Dressner.

Aux équipes des restaurants DNA et Bottega. À Roberto Pesut, Massimo, Angelo Leone, Daniel Schandelmayer, Jean Paul Thibert, Jean Pierre Clerc, Nicolas Jongleux et aux équipes du Sooke Harbour House et du Dominion.

À Stephen et Claudine Bronfman, l'équipe du Diamantis, Wisemans, Mme McNicol, Francis et Gilles Martin, Dom Allnutt, Rezin, Geoff et Kate Molson, Stewart et Claire Webster, Kim Côté, l'équipe du Pullman, l'équipe du Michael's Genuine, Ruben Fogel, les Riddle, Sallenave Fam, Wine Bill Zak, M. Tailleferre, Paul Macot, Hal et Anne Gill, Dara Galinger, Normand et Charles-Antoine, du Toqué !, Hagen, Dr. Bombay, Notkins, Marc Emond, A. Hopkins, Dave Janecek, les frères Marier, Kirk Muller, « Angry » Kevin, Sean O'Donnell et Pops, « Maître » Steve Kelley, le véritable P. K., Mashaals, Pelo, « Young Master Cundill », Lesley Chesterman, l'équipe du Griffintown Café et « Molson » Melanie.

Aux gens qui rendent tout cela possible : le personnel du Joe Beef, du Liverpool House et du McKiernan. Je vous exprime toute ma gratitude.

À Kim Witherspoon, chez Inkwell, et Julie Bennett, Katy Brown et Aaron Wehner, chez Ten Speed Press.

Merci à Jennifer May.

Merci à mon professeur de mathématique du secondaire, qui m'a un jour suggéré d'essayer de travailler avec mes mains, étant donné que mon cerveau «ne fonctionne pas comme celui d'une personne normale».

Pardon à ceux que j'oublie. Vous savez où me trouver. Je vous remercie tous sincèrement d'avoir fait partie de cette aventure.

MEREDITH ERICKSON

À Fred et Dave, des frères de deux mères différentes. Qui aurait pensé qu'après cinq ans à travailler ensemble, on en serait venus à ceci? Vous êtes ma famille.

À l'équipe du Joe Beef, dans son intégralité. Oui, je parle aussi du Liverpool House et du McKiernan (notre Island of Misfit Toys). Sans vous, rien de tout cela n'aurait été possible. Ce fut un plaisir de travailler avec vous. Je sais que le service est déjà assez difficile sans moi. Mais voilà, je suis partie! Un merci particulier à Frank «Le Tank» Côté. Je te promets de ne plus jamais te dire: «Frank, euh, j'ai une question.» À Marco aussi, dont l'empressement à donner un coup de main lorsque c'était possible m'a permis de continuer. À Vanya Filipovic et Ryan Gray: votre connaissance de la boisson et (qui plus est) votre capacité d'ingestion m'ont vraiment sidérée. À Pier Luc Dallaire, parce qu'il goûte à tout, cuisine sans cesse et apporte son aide de toutes les manières possibles. Tu as ce qu'il faut.

Un gros merci à Allison Cunningham, pour nous avoir permis de détruire ta cuisine pendant des week-ends complets, et à Julie Sanchez, une alliée de tous les instants.

À Peter Meehan, qui est non seulement un très bon ami, mais aussi mon sensei depuis le premier jour. Merci infiniment, Pete. Et la prochaine fois que nous irons manger ensemble, essaie de ne pas t'endormir.

À Mark Ibold, dont les conseils lumineux et les commentaires culinaires m'ont toujours fait sourire. Tu as raison, une recette obscure, c'est comme la face B d'un vinyle — vous savez, ce côté que l'on n'écoute jamais?

À Jennifer May, ma coéquipière et colocataire. Merci pour la (belle) preuve que ceci a vraiment eu lieu.

À Kim Witherspoon — notre première conversation a vraiment été un grand moment pour moi. Un gros merci à Julie Schilder et Allison Hunter.

À l'équipe de Ten Speed Press, en particulier Aaron Wehner, pour avoir osé faire affaire avec des abrutis comme nous, et à Julie Bennett, pour ta patience et tes remarques toujours pertinentes. Un gros merci à Katy Brown, pour avoir compris notre direction artistique tordue.

À John Bil et tous les insulaires, qui nous ont séduits.

À Theo, Paul Coffin et la confrérie montréalaise du vin.

À VIA Rail, pour les billets de train. Et à Josée Vallerand, de l'Exporail, pour sa patience et sa connaissance des chemins de fer.

À Peter DeLottinville, pour les mots et l'inspiration.

À David Chang, Riad Nasr et Josée di Stasio: vos bons mots ne nous ont jamais fait de tort.

À tous les goûteurs, en particulier Veronique Dryden, Sybille Sasse et Patrick McEntyre.

À mes parents — tous les quatre — qui sont sans doute ceux qui s'enthousiasment le plus pour ce livre. À mes grands-parents, qui les suivent de près.

À mes amis, qui m'ont soutenue pendant le chaos. Merci pour votre écoute.

À Oliver Sasse — tu m'as aidée à rester sur le droit chemin quand j'aurais pu facilement dérailler.

À PROPOS DES AUTEURS ET DE LA PHOTOGRAPHE

FRÉDÉRIC MORIN est le copropriétaire et cochef du Joe Beef, du Liverpool House et du McKiernan Luncheonette. Destiné à devenir artisan, Fred se levait, dès l'âge de 12 ans, à 6 h 30 pour travailler dans sa cour arrière, qui ressemblait à une sorte de chantier. À l'âge de 13 ans, il a reçu un fumoir de son grand-père, ce qui l'a amené à revoir son choix de carrière. Plus tard, il a étudié à l'École Hôtelière des Laurentides. Il se rappelle (entre autres choses) que, pendant la rénovation de l'école, certains cours avaient lieu dans une grilladerie abandonnée, jadis nommée « Pep ». Les cours de pâtisserie se donnaient dans le vestiaire. Après avoir obtenu son diplôme, il a travaillé au marché Jean-Talon, où il vendait des poivrons et des oignons.

Fred a notamment travaillé comme garde-manger au distingué Toqué!, avant de devenir chef de cuisine au Globe. Il y a travaillé sept ans avant d'ouvrir le Joe Beef.

Quand il n'est pas aux restaurants en train de jardiner, de travailler dans son atelier ou de cuisiner, on peut le trouver chez lui, tout près, avec Allison (sa femme et la troisième associée des restaurants) et ses fils.

DAVID McMILLAN est le copropriétaire et cochef du Joe Beef, du Liverpool House et du McKiernan Luncheonette. Natif de Québec, David a passé son enfance à jouer au hockey, à creuser des trous dans les bancs de neige et à regarder l'émission *Wok with Yan.*

Inspiré par l'école française, David a travaillé dans plusieurs grands restaurants de Montréal. Il considère Nicolas Jongleux comme son principal mentor : David pratique toujours la méthode de la cuisine bourgeoise que lui a enseignée Nicolas, et qu'il a perfectionnée pendant un séjour en Bourgogne. Il estime également que son expérience au vénérable

Sooke Harbour House, sur l'île de Vancouver, a changé sa vie.

David s'entoure de sa cour depuis près de 20 ans dans le milieu de la restauration. Lorsqu'il n'est pas aux restaurants, on peut le trouver en train de peindre dans son studio de Saint-Henri ou avec sa femme et ses filles à leur chalet à Kamouraska.

MEREDITH ERICKSON a fait partie des premiers employés du Joe Beef. Elle a écrit pour divers magazines, journaux et séries télévisées. Elle collabore actuellement à plusieurs livres et partage son temps entre Montréal et Londres.

JENNIFER MAY photographie principalement de la nourriture, des paysages extérieurs et des gens. On peut admirer son travail dans des livres publiés par *Clarkson Potter Publishers* et *Stewart, Tabori & Chang,* ainsi que dans le *New York Times.* Native de l'ouest canadien, elle reste maintenant à Woodstock (New-York), où elle habite avec son mari, l'artiste Chris Metze.

INDEX

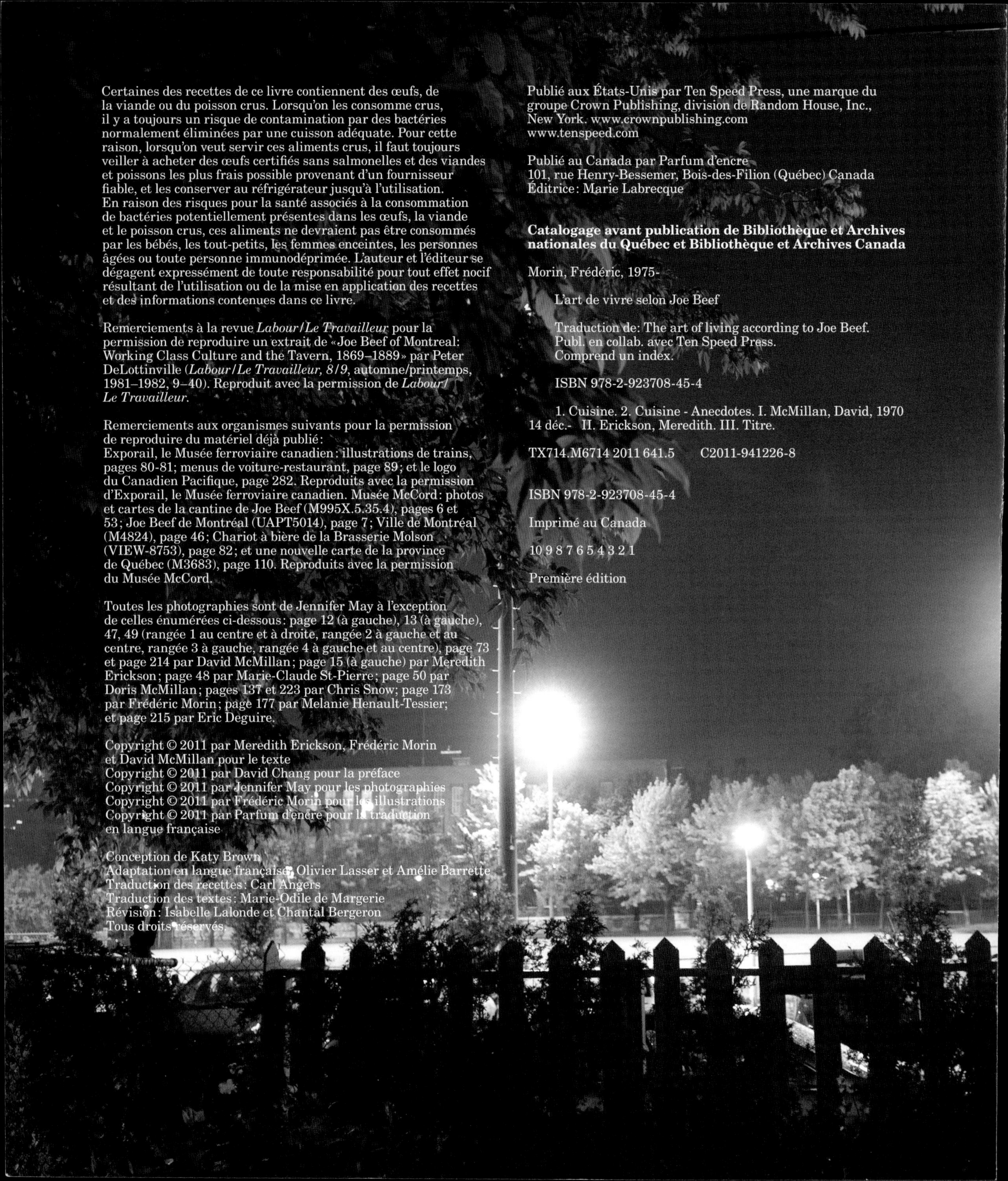

Remerciements à la revue *Labour/Le Travailleur* pour la
permission de reproduire un extrait de «Joe Beef of Montreal:
Working Class Culture and the Tavern, 1869–1889» par Peter
DeLottinville (*Labour/Le Travailleur, 8/9*, automne/printemps,
1981–1982, 9–40). Reproduit avec la permission de *Labour/
Le Travailleur.*

Remerciements aux organismes suivants pour la permission
de reproduire du matériel déjà publié:
Exporail, le Musée ferroviaire canadien: illustrations de trains,
pages 80–81; menus de voiture-restaurant, page 89; et le logo
du Canadien Pacifique, page 282. Reproduits avec la permission
d'Exporail, le Musée ferroviaire canadien. Musée McCord: photos
et cartes de la cantine de Joe Beef (M995X.5.35.4), pages 6 et
53; Joe Beef de Montréal (UAPT5014), page 7; Ville de Montréal
(M4824), page 46; Chariot à bière de la Brasserie Molson
(VIEW-8753), page 82; et une nouvelle carte de la province
de Québec (M3683), page 110. Reproduits avec la permission
du Musée McCord.

Toutes les photographies sont de Jennifer May à l'exception
de celles énumérées ci-dessous: page 12 (à gauche), 13 (à gauche),
47, 49 (rangée 1 au centre et à droite, rangée 2 à gauche et au
centre, rangée 3 à gauche, rangée 4 à gauche et au centre), page 73
et page 214 par David McMillan; page 15 (à gauche) par Meredith
Erickson; page 48 par Marie-Claude St-Pierre; page 50 par
Doris McMillan; pages 137 et 223 par Chris Snow; page 173
par Frédéric Morin; page 177 par Melanie Henault-Tessier;
et page 215 par Eric Deguire.

Publié aux États-Unis par Ten Speed Press, une marque du
groupe Crown Publishing, division de Random House, Inc.,
New York. www.crownpublishing.com
www.tenspeed.com

Publié au Canada par Parfum d'encre
101, rue Henry-Bessemer, Bois-des-Filion (Québec) Canada
Éditrice: Marie Labrecque

**Catalogage avant publication de Bibliothèque et Archives
nationales du Québec et Bibliothèque et Archives Canada**

Morin, Frédéric, 1975-

    L'art de vivre selon Joe Beef

    Traduction de: The art of living according to Joe Beef.
    Publ. en collab. avec Ten Speed Press.
    Comprend un index.

    ISBN 978-2-923708-45-4

    1. Cuisine. 2. Cuisine - Anecdotes. I. McMillan, David, 1970
14 déc.- II. Erickson, Meredith. III. Titre.

TX714.M6714 2011 641.5   C2011-941226-8

ISBN 978-2-923708-45-4

Imprimé au Canada

10 9 8 7 6 5 4 3 2 1

Première édition